KB023048

체념한 당신이 놓치고 있는

서울아파트
2급지의 비밀

서울아파트 2급지의 비밀

제1판 1쇄 2021년 1월 18일
제1판 3쇄 2022년 5월 2일

지은이   가즈하(박광섭)
펴낸이   이경재

펴낸곳   도서출판 델피노
등록   2016년 8월 11일 제2020-000082호
주소   서울시 양천구 신정중앙로 86, 덕산빌딩 6층
전화   070-8095-2425
팩스   0505-947-5494
이메일   delpinobooks@naver.com
ISBN   979-11-972275-9-2 (03320)

책값은 뒤표지에 있습니다.
파본은 구입하신 서점에서 교환해 드립니다.
이 도서의 국립중앙도서관 출판예정도서목록(CIP)은
서지정보유통지원시스템 홈페이지(http://seoji.nl.go.kr)와 국가자료종합목록
구축시스템(http://kolis-net.nl.go.kr)에서 이용하실 수 있습니다.
(CIP제어번호 : CIP2020054679)

체념한 당신이
놓치고 있는

부린이를 위한
실전 부동산

서울아파트

HIGH RISK
1급지
HIGH RETURN

2급지의

LOW RISK ▼
2급지
MIDDLE RETURN ▲

비밀

LOW RISK ▼
3급지
LOW RETURN ▲

가즈하 지음

델피노

프롤로그

최근 몇 년간 부동산 폭등세는 대한민국을 우울하게 했다. 더불어 전세가 폭등과 하급지 키 맞추기는 부동산에 끼어있던 거품을 시세로 고정시키는 결과까지 가져왔다. '2015년 가격으로 돌아가면 바로 살 텐데…' 또는 '딱 1년 전으로만 가격이 돌아가도 바로 살 텐데…'라는 푸념은 뒤로 하고 과연 지금이라도 집을 사야 하는지에 대해 진지하게 고민해야 한다.

하지만 안타깝게도 5년 전에는 집을 살 수 있었던 돈이 이제는 전세금을 내기도 버거운 것이 현실이 됐다. 그래서 우리는 가격 부담이 적은 2급지에 관심을 기울여야 한다. 2급지란, 1급지보다 싸고 3급지보다 좋아서 일반인들이 접근할 수 있고, 입지적으로 나쁘지 않으며, 투자로도 괜찮은 지역을 지칭한다.(필자는 편의상 잠실을 기준으로 그 위는 1급지, 그 아래는 2급지로 분류한다) 1급지가 저만치 비싸져 버린 상황에서 2급지는 선택이 아닌 필수가 됐다.

평소 초보자분들을 위한 맞춤형 글을 '부동산 스터디' 카페에 꾸준히 게재해 왔던 필자는 감동적인 댓글을 많이 만나게 됐고, 부동산에 대해 더 열심히 공부하게 됐다. 또한 하나의 글을 쓰더라도 읽는 사람이 편하게 받아들일 수 있도록 '쉽고 도움이 되는 글인가'를 염두에 두고 써왔다.

즐겁고 감사한 마음으로 배워가며 각종 시황과 저평가 지역을 중심으로 많은 이야기를 몇 년간 풀어나갔다. 특히 부동산 철학과 같은 기본 진리와 원칙에 대해서 늘 고민하고 열정적으로 탐구하며 그 결과물을 글로 옮겼다. 이에 많은 분이 도움을 받으시고 개인적인 쪽지로 문의를 해오기도 했는데 그 수를 세어보니 2,000건이 넘었다.

때로는 돈 한 푼 안 받고 개인적인 상담을 해주는 것은 불필요한 체력 낭비가 아니냐고 하시는 분들도 있었다. 하지만 오히려 실질적인 이야기를 듣고 간접적으로 경험할 수 있었으며, 상담을 해주는 과정에서 나의 내공이 쌓여갔다. 또한 쪽지로 상담을 받았던 분들은 근사한 식사라도 한 끼 대접하고 싶어 하셨다. 진심을 담은 감사의 표현에 나 역시 따뜻한 마음을 받고 내적인 만족을 많이 얻었다.

그러던 어느 날 '이번에는 어떤 분이 고민을 보내왔을까?' 하는 마음으로 쪽지를 열어봤다. 그런데 출판사에서 보낸 출간 문의 쪽지였다. 설레는 마음 반(半) 두려운 마음 반(半)으로 통화해보니 '현재 많은 분이 강제적으로 2급지를 찾을 수밖에 없는 실정이다. 평소 2급지에 관한 이야기를 많이 써온 가즈하님이 이번에 출간하고자 하는 책의 취지에 딱 맞는 저자'라는 것이었다.

필자가 평소 글을 많이 써야 하는 직업을 가지고 있긴 했지만 책을 낼 정도로 문장력이 좋은지 확신하기 어려웠다. 또한 부동산 분야에 있어서 '다른 네임드 유저보다 뛰어난 실력을 갖췄는가?'라는 자문에 머뭇거렸고 '아직 부족하다. 나보다 실력이 좋은 고수도 많다. 그리고 많이 알려지지는 않은 가즈하라는 인물이 자신의 이름으로 책을 낸다면 건방진 것은 아닌가?'라는 생각도 있었다.

하지만 내 글이 이 시대를 살아가는 분들, 특히 부동산에 치여 어려움을 겪고 있는 분들께 도움을 드릴 수 있다는 확신만큼은 명확했다. 조금은 부족한 필자일 수 있지만 누구보다 진정성 있고 좋은 내용으로 알차게 구성해 실질적으로 도움이 되는 책을 쓸 자신은 있었다.

'집을 언제 어떻게 사야 하는가'에 대한 기본적인 물음부터 과거와 현재 시세 및 부동산 전망을 파악하는 방법과 초보자의 입장에서 실질적으로 집을 사는 구체적인 시뮬레이션 등을 수록했다. 또 부동산 고수가 되기 위한 마인드 형성에 대한 내용과 저평가로 불릴만한 곳을 심도 있게 선정해 리스크가 최소화되는 하방 경직성이 높은 투자처를 소개했다. 단순히 소개하는 것을 넘어 저평가 단지를 찾는 방법을 독자분들께 체계적으로 알려주고 싶다는 마음으로 글을 완성했다.

나는 정답이 없는 상황에서 어려움을 해결하는 데 희열을 느낀다.

부딪히고 쓰러져도 다시 일어날 수 있다는 걸 알기에 실패가 두렵지 않다. 집을 사는 문제에서 최고의 타이밍에 가장 완벽한 물건을 사는 것은 불가능에 가깝다고 본다. 그러나 이런 과정을 여러 번 시뮬레이션 해보거나 실제 집을 사는 경험을 해보면 조금씩 최선의 타이밍과 본인에게 맞는 최적의 집을 구매하는 데 근접할 수 있게 된다. 이것은 경험의 누적으로 결정되며 한 번의 집을 사더라도 얼마나 분석했었나에 따라 경험의 밀도가 결정된다. 집을 사는 일로 겁먹을 필요 없다. 지금 집 밖으로 뛰쳐나가 세상에 부딪혀 봐야 한다. 해보지 않으면 알 수 없다. 등기 한 번 안 쳐본 사람이 어떻게 부동산을 논할 수 있을까? 이는 탁상공론일 뿐이다. 필드에서의 적극적인 경험은 여러분을 단단하게 만들어줄 것이다.

필자는 게임을 해도 대회에서 수상할 정도로 한번 꽂히면 잘하고 싶어 한다. 그러다 보면 어느 정도의 성과가 나오게 되고 이는 더 큰 인생의 만족감을 선사한다. 게임(Starcraft)은 대회 준우승 4회를 했고 장기는 현재 공식 프로 초단으로 등록돼있다. 내 특이점은 이기기 어려운 팀 구성을 좋아한다는 것이다. (아군이 약체, 적군이 강체) 장기도 고수와의 대국을 즐긴다. 권위나 낯선 상황을 두려워하지 않다 보니 한 번은 2014년 아마추어 시절 KBS 장기 왕전 준우승자(현 프로 9단)를 만나 대회에서 판장기로 이긴 전력도 있다. 이렇게 어려운 상황을 극복하기를 주저하지 않는 내 성향은 낯선 부동산 시장의 필드에서 싸워 부딪히는 것을 즐거운 경험으로 만들어줬고 단단한 내공으로 돌아왔다.

많은 분이 부동산에 어려움을 겪는 것이 바로 낯선 경험 때문이 아닌가 싶다. 그래서 아직 경험이 부족한 분들이 쉽게 이해하고 접근할 수 있도록 현실적인 내용을 많이 다뤘으며 낯설지 않도록 친근하게 만들려는 노력을 담았다.

부동산을 본격적으로 시작한 건 오래되지 않았지만, 하루 평균 2~3시간씩 꾸준하게 글을 읽고 뉴스를 보며 생각을 재정립하고 투자하며 임장을 반복했다. 이제는 투자철학도 확실하고 스스로 좋은 투자를 하고 있다고 생각한다. 여러분도 자신만의 좋은 투자를 하기를 바라며 《체념한 당신이 놓치고 있는 서울아파트 2급지의 비밀》이 독자들의 삶을 윤택하게 하는 데 의미 있는 도움이 되길 진심으로 기원한다.

가즈하

차례

STEP 3.
부동산 고수가 되는 길

STEP 4.
서울 저평가 단지를 찾아라

별책부록

에필로그

STEP 1

무주택자
지금이라도
사야 하나?

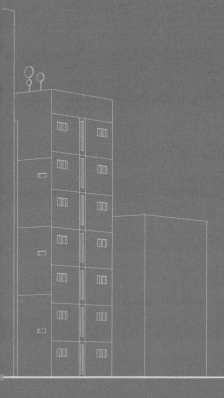

01

서울아파트,
계속 오를 것인가?

  최근, 특히 2017~2020년의 부동산 폭등장세로 '이제는 집을 못 사는 것이 아닌가?' 하는 불안감을 가지게 된 분이 많다. 자신이 가진 금액으로 5년 전에는 매매할 수 있었던 집이 현재는 그 돈으로 전세도 얻기 힘든 현실이 됐다. 또한 급등장세의 지속으로 현실을 받아들이기 힘들어 부동산으로 스트레스를 겪는 분도 많아졌다.

  그러나 뭐든지 오름이 있으면 내림이 있고, 집값의 영원한 상승도 영원한 하락도 없다. 상승과 하락은 일정한 이유와 근거로 움직인다. 이런 패턴을 알면 여러분의 성공적인 주택 구매에 큰 도움이 될 것이다.

  패턴을 분석한다는 것은 기존의 데이터를 재해석한다는 의미다. 향후의 집값을 예상하기 전에 과거 집값의 흐름을 알아야 한다. 어떤 흐름으로 진행돼왔는지 그 이유는 무엇인지 잘 알아야 한다. 1932년 충정로에 생긴 최초의 아파트까지 알 필요는 없지만 적어도 문재인 정부가 들어선 이후의 흐름 정도는 알아야 한다. 그리고 그 이유에 대해서도 충분한 분석이 필요하다. 과거를 알아야 미래의 흐름을 예상하지 않겠는가?

문재인 정부가 들어선 이후의 상승장을 살펴보면 공식처럼 보이는 패턴이 있다. 먼저 약하게 상승하다가 폭등하는 장세가 펼쳐졌다. 그 타이밍을 분석하면 다음과 같이 정리할 수 있다.

상승장 정리
2013~2021년 현재

완만한 상승기 – 2013년 하반기부터 2017년 봄까지

1폭등기 – 2017년 뜨거웠던 봄의 끝자락부터 2017년 8월 2일 이전까지
[2017년 8·2대책이 변곡점]

2폭등기 – 8·2대책이 사람들의 기억에서 흐려지는
2017년 12월부터 2018년 9월 13일까지
[2018년 9·13대책이 변곡점]

3폭등기 – 9·13대책이 사람들의 기억에서 흐려지는
2019년 7월 말부터 2019년 12월 16일까지
[2019년 12·16대책이 변곡점]

4폭등기 – 12·16대책이 사람들의 기억에서 흐려지는
2020년 6월부터 2021년 현재까지
여전히 수요는 많이 줄었어도 매도 호가는 낮아지지 않고 있음.

이렇게 네 차례의 폭등이 있었다. 좀 더 자세히 상황을 요약해보겠다.

2013년 하반기부터 슬금슬금 오르기 시작하던 서울의 집값으로 많

은 분들이 매수타이밍을 재고 있었다. (2013년 하반기부터 2017년 봄까지는 완만한 상승장) 그러던 중 2017년 강력한 부동산 대책을 내놓을 것이라는 문재인 정부의 말에 언제 어떤 뉴스가 어떻게 터질지가 초미의 관심사였다. 다른 건 몰라도 부동산만은 확실히 하겠다는 강력한 의지를 내비친 정부의 모습에 이를 믿고 전세로 버티며 아파트 구매를 미룬 수요자들도 많았다.

그러나 2017년 5월 문재인 정부가 출범하고 서울아파트의 가격 상승 속도는 오히려 가팔라졌다. 이때 불안감을 느낀 정부는 6·19대책 (2017.06.19)을 발표했다. 조정대상 지역 내에 LTV(주택담보대출비율을 말한다. 주택의 담보가치에 따른 대출금의 비율을 뜻함)와 DTI(금융부채 상환능력을 소득으로 따져서 대출한도를 정하는 계산 비율)를 규제하는 것을 주요 골자로 한 6·19대책이 시장에 주는 메시지는 투기수요를 막겠다는 것이었지만 시장의 해석은 달랐다.

cf. LTV가 집값 대비 대출량을 말한다면 DTI는 소득 대비 월 상환량을 의미한다고 간단히 약술할 수 있다.

시장에서는 강력한 부동산 대책이 터지리라 예상했는데 의외로 너무 약한 대책이 터졌다. 그러자 강력한 부동산 정책에 대한 두려움으로 주택 구매를 보류했던 일부 수요자들이 '불확실성의 해소'라는 이유로 집을 사기 시작했다. 실제로 2017년 6·19대책이 발표된 6월부터 통계적으로 보면 이번 상승장 최초의 급등장이 펼쳐졌다. (KB시세 2017년 6~8월 시세 참고) 뒤에 다시 나오겠지만 2020년 6·17대책도 같은 이유로 급등장세를 연출시킨 측면이 있다.

1폭등기가(2017년 여름) 시작되는 타이밍에 이미 상승 5년 차(2013.

2014, 2015, 2016, 2017)라서 이젠 끝물이라고 생각한 사람들이 많았다. 폭락론자들이 주장하는 강력한 하락 논거는 10년 주기설인데 10년 주기설이란 부동산이 상승하고 하락하는 사이클은 10년이라는 것이다. (실제로 과거에 서울의 부동산은 10년 정도를 주기로 상승과 하락이 움직인 측면이 다소 있다) 이는 5년 넘게 연속으로 집값이 상승하기 어렵다는 결론을 내리게 되는데, 당시 상승 5년 차였던 서울의 아파트가 끝물이라는 확신을 하기에 나름 괜찮은 근거로 여겨졌다.

> 그들의 생각
> 2003년부터 2008년까지 상승했고,
> 2008년부터 2013년까지 하락했다.
> 2013년부터 2018년까지 상승했으니
> 그렇다면?
> 2018년부터 2023년까지 하락할 것이다.

사실 2002년부터 큰 폭의 상승이 펼쳐졌지만 폭락을 주장하기 위한 핵심 근거인 10년 주기설을 주장하는 사람들에겐 중요하지 않아 보였다.

어쨌든 위의 공식에 따른다면, 2018년부터 대세 하락이 시작되면 2017년에 매수하는 건 꼭지가 된다. 1폭등기가(2017년 여름) 시작되자 사람들은 꼭지 또는 상투라는 말로 현 상황을 해석하며 유튜브나 블로그, 카페를 통해 자기 생각을 전달하는 폭락론을 펼치며 활개를 쳤다. 확신에 찬 폭락론자들의 열변을 듣고 이에 심취한 많은 구독자는 '당장은 집값이 오르고 있어도 현재가 단기 고점이므로 지금 사면 물린다'고 생각하게 됐고 그들은 기다리고 또 기다렸다.

그리고 7월 27일 문재인 대통령은 기업인과 대화 행사에서 "집값을 잡으면 피자를 쏘겠다"고 발언했고 이 내용이 곧 뉴스로 도배됐다. 그로부터 6일 후인 2017년 8월 2일 부동산 종합대책이 발표됐다. (그 유명한 8·2대책이다)

8·2대책(2017.08.02)이 터지자 이제 곧 폭락할 것이라는 주장이 시장 분위기를 이끌었다. 아직 상승이 남았다고 주장하기도 했으나 당시 분위기는 상승을 외치면 '자기 집을 빨리 처분하고 싶어서 남에게 천덕꾸러기를 떠넘기려는 이기적인 사람' 또는 '집을 산 지 얼마 되지 않은 사람'으로 치부됐고 '고수는 다 팔고 떠났다'라는 말이 유행처럼 번졌다.

8·2대책은 서울 일부와 경기도 전체에 강력한 공급정책을 제시할 것을 암시했고(실제로 2017년 11월 27일에 무주택 서민을 위한 100만 호 주거·복지 로드맵을 발표했음) 비과세 요건을 까다롭게 바꿨으며(주택의 비과세를 희망하면 조정 대상 지역의 경우 실거주 2년 추가되는 조건) 임대사업자 혜택을 강력히 제시해 음지에 있던 임대인들을 양지로 들여 집값을 제어하겠다는 의도를 다분히 보여줬다. 또한 서울을 다양한 규제지역으로 나눠 LTV와 DTI를 강하게 제한하는 등 파격적인 내용을 많이 담고 있었다. 강력해 보이는 대책에 놀란 매도자들이 일부 급매를 던지기도 하고 어수선한 분위기에서 다소 상승률이 줄어들기도 했다. 그러나 8·2대책의 약발은 채 1달을 넘지 못했다. cf. 역으로 8·2대책으로 나온 급매를 잡은 사람들은 큰 수익을 보게 된다.

8·2대책으로 집값이 폭락할 줄 알았던 사람들은 2폭등기(8·2대책 후 급등기-2017년 연말 이후)가 되자 황당해 하다가(이번이 진짜 끝물이며 일시적인 오버슈팅 후 폭락할 것이라고 주장한 사람이 많음) 3폭등기(9·13대책 후 급등

기-2019년 7월 말 이후)에는 당황해하며 서울아파트의 매수 의지가 좌절되는 모습이 여러 현장에서 연출됐다. cf. 흔히 사람들은 황당과 당황의 차이를 이렇게 말한다. 변을 보다가 방귀를 뀌면 황당한 것이고, 방귀를 뀌다 덩어리가 나오면 당황스러운 것이다. 2폭등기가 황당하다면 3폭등기는 당황스러운 것. 2폭등기가 기가 막힌 상황이라면 3폭등기는 기절초풍할 만한 상황이었다.

2019년 12월 16일에 나온 부동산 종합대책으로 순간 얼어붙은 부동산 시장은 코로나 사태가 2020년 1월에 터지면서 급속하게 냉각되는 듯 보였다. 그러나 냉각된 것은 1급지였지 2, 3급지는 아니었다. 특히 3급지의 경우 그간의 미상승분이 2020년 상반기에 반영돼 급등한 지역도 많았다. (실제 2020년 1, 2, 3월의 KB시세는 급등 수준인데 바로 2, 3급지의 비상으로 인한 것이다)

그리고 2020년 6·17대책이 터졌다. 역시 폭락론자들은 '올 것이 왔다'라고 했으나 필자를 비롯한 유명 네임드 외 전문가들은 1폭등기를 이끌던 2017년 6·19대책과 비슷한 흐름을 이어갈 것으로 예상했다.

기본적으로 이렇게 시기를 넷으로 구분한 이유는 폭등장세가 일시적으로 멈춰지는 타이밍을 기준으로 나눈 것인데 정부 정책이 나온 시점과 거의 일치한다. 강한 상승 후 정부의 규제로 일시적으로 잠잠해지다 언제 그랬냐는 듯 다시 폭등하는 모습을 보여왔다. 2019년 12·16대책이 발표됐을 때 역시 2017년 8·2대책이나 2018년 9·13대책이 발표된 직후의 분위기와 같았다. 그래서 필자는 2019년 말의 상황이 위험한 자리라 투자에 신중하라고 조언한 바가 있다.

12·16대책이 나오기 1달 전부터 1급지의 경우 위험하다고 느꼈다. 첫 번째 이유는 1년 단위로 터지는 부동산 대책이 조만간 터질 때가 됐

으며 대책이 나오면 일시적으로 분위기가 죽기 때문이다. 부동산 시장 분위기가 죽으면 가장 먼저 체감하는 곳이 시세를 리딩하는 1급지다. 단기적으로 볼 때 타이밍상 큰 흐름이 좋지 않다는 것이었는데 2급지의 경우 오히려 비상할 것이라는 말을 덧붙였다. cf. 필자가 점쟁이는 아니지만 그래도 나름 잘 맞춘 듯하다. 부동산 시장의 주도적인 분위기를 정확히 예상하는 건 불가능에 가깝지만, 부동산 대책이 터진 후에 대책이 어떤 파급효과를 가져올지와 2, 3급지의 매수타이밍은 어느 정도 예상이 가능하다.

두 번째 이유는 2013년부터 너무 긴 시간 동안 많이 올랐다는 점도 시장 전망을 밝게 예측하기 힘들게 했으며 11월 폭등장세가 펼쳐짐에도 시장의 상승 흐름이 끊길 수 있음에 매수 적기는 아니라고 봤다.

그러던 2020년 1월 20일 한국에 초대형 이슈인 코로나 사태가 터졌다. 이때부터 부동산을 찾는 매수세도 다소 줄어들고 경제 전망이 더욱 어두워짐에 따라서 불확실성으로 거래량 감소가 하락폭을 키울 것이라는 전망이 곳곳에 들려왔다. 그러나 어김없이 2020년 여름 다시 폭등은 찾아왔다. 역시 1급지보단 2~3급지의 상승률이 높았다. (전부 다 그런 것은 아니며 대체로 그렇다는 의미) 그리고 2021년이 시작된 지금도 매수세는 줄었으나 호가만 높게 형성돼있다.

2015년에 살 수 있었던 서울아파트를 2020년에는 전세금을 주기도 어려워졌다. 그래서 서울아파트를 구매하려던 전세 세입자의 경우 오히려 경기도로 밀려나는 경우가 속출했다. 결국 2015년에는 서울아파트를 살 수 있었던 돈이 2020년 현재엔 같은 조건의 경기도 전세금을 낼 수 있는 돈이 됐다. 과연 이런 분위기가 언제까지 이어질까? 이제 집으로 돈을 버는 매수 적기는 끝난 것일까?

아니면 다시 5폭등기가 도래해 다시 한 번 파란을 가져올까?

1~4폭등기와 시세를 직접 확인해보자. KB부동산 시세는 2019년 12월 16일에 나온 대책에서 9억 원 이하, 15억 원 이하, 15억 원 초과를 나누는 기준으로 실제 대출할 때도 적용되며 부동산 시세를 가장 대표적으로 보여주는 지표다.

2016년 이전 자료까지 볼 필요는 없으나 2017년 이후는 흐름을 파악하려면 반드시 알아야 한다. 특히 3번의 대형 대책(2017.8.2–2018.9.13–2019.12.16) 주변과 1~4폭등기 중심으로 보면 더욱 유용하다.

가격지수는 2019년 1월 가격을 100으로 놓고 계산(KB시세 사이트 참고)

매매				전세		
	연 / 월	가격지수	전월 대비 변동률	연 / 월	가격지수	전월 대비 변동률
1 폭 등 기	2017년 1월	83.7	+ 0.03%	2017년 1월	96.6	+ 0.06%
	2017년 2월	83.7	+ 0.04%	2017년 2월	96.6	+ 0.03%
	2017년 3월	83.8	+ 0.01%	2017년 3월	96.6	+ 0.04%
	2017년 4월	83.9	+ 0.14%	2017년 4월	96.7	+ 0.08%
	2017년 5월	84.1	+ 0.22%	2017년 5월	96.8	+ 0.11%
	2017년 6월	84.8	+ 0.85%	2017년 6월	97.1	+ 0.32%
	2017년 7월	85.5	+ 0.86%	2017년 7월	97.5	+ 0.35%
	2017년 8월	86.4	+ 1.05%	2017년 8월	97.8	+ 0.35%
2017년 8월 2일 부동산 종합대책 발표				2017년 8월 2일 부동산 종합대책 발표		
2 폭 등 기	2017년 9월	86.6	+ 0.15%	2017년 9월	98	+ 0.16%
	2017년 10월	87	+ 0.45%	2017년 10월	98.1	+ 0.19%
	2017년 11월	87.5	+ 0.62%	2017년 11월	98.3	+ 0.02%
	2017년 12월	88.1	+ 0.66%	2017년 12월	98.5	+ 0.17%
	2018년 1월	89.1	+ 1.12%	2018년 1월	98.7	+ 0.18%
	2018년 2월	89.9	+ 0.99%	2018년 2월	98.8	+ 0.12%
	2018년 3월	91.1	+ 1.25%	2018년 3월	98.9	+ 0.12%
	2018년 4월	91.8	+ 0.81%	2018년 4월	98.9	− 0.01%
	2018년 5월	92.2	+ 0.4%	2018년 5월	98.8	− 0.07%
	2018년 6월	92.5	+ 0.39%	2018년 6월	98.8	− 0.04%

매매				전세		
	연 / 월	가격지수	전월 대비 변동률	연 / 월	가격지수	전월 대비 변동률
2 폭 등 기	2018년 7월	93	+ 0.53%	2018년 7월	98.8	+ 0.03%
	2018년 8월	94.1	+ 1.17%	2018년 8월	99	+ 0.18%
	2018년 9월	97.7	+ 3.83%	2018년 9월	99.6	+ 0.59%
2018년 9월 13일 부동산 종합대책 발표				2018년 9월 13일 부동산 종합대책 발표		
	2018년 10월	99.5	+ 1.84%	2018년 10월	100.1	+ 0.48%
	2018년 11월	99.9	+ 0.4%	2018년 11월	100.2	+ 0.12%
	2018년 12월	100	+ 0.11%	2018년 12월	100.1	−0.1%
	2019년 1월	100	− 0.01%	2019년 1월	100	−0.1%
	2019년 2월	99.9	− 0.09%	2019년 2월	99.7	− 0.34%
	2019년 3월	99.7	− 0.17%	2019년 3월	99.4	− 0.28%
	2019년 4월	99.6	− 0.14%	2019년 4월	99.2	− 0.16%
	2019년 5월	99.5	− 0.06%	2019년 5월	99.1	− 0.1%
3 폭 등 기	2019년 6월	99.5	− 0.08%	2019년 6월	99	− 0.07%
	2019년 7월	99.8	+ 0.37%	2019년 7월	99.1	+ 0.03%
	2019년 8월	100.2	+ 0.4%	2019년 8월	99.2	+ 0.12%
	2019년 9월	100.7	+ 0.45%	2019년 9월	99.3	+ 0.13%
	2019년 10월	101.3	+ 0.58%	2019년 10월	99.6	+ 0.24%
	2019년 11월	101.8	+ 0.56%	2019년 11월	99.8	+ 0.21%
	2019년 12월	102.9	+ 1.07%	2019년 12월	100.1	+ 0.38%
2019년 12월 16일 부동산 종합대책 발표				2019년 12월 16일 부동산 종합대책 발표		
	2020년 1월	103.6	+ 0.67%	2020년 1월	100.5	+ 0.35%
	2020년 2월	104.1	+ 0.51%	2020년 2월	100.8	+ 0.26%
	2020년 3월	104.9	+ 0.73%	2020년 3월	100.9	+ 0.18%
	2020년 4월	105.1	+ 0.15%	2020년 4월	101	+ 0.07%
	2020년 5월	105.1	0%	2020년 5월	101.1	+ 0.06%
4 폭 등 기	2020년 6월	105.6	+ 0.52%	2020년 6월	101.4	+ 0.35%
	2020년 7월	107.9	+ 2.14%	2020년 7월	102.4	+ 1%
	2020년 8월	110.1	+ 2.05%	2020년 8월	103.6	+ 1.18%
	2020년 9월	112.3	2%	2020년 9월	105.8	2.09%
	2020년 10월	112.3	2%	2020년 10월	105.8	2.09%
	2020년 11월	113.1	0.74%	2020년 11월	107.2	1.36%
	2020년 12월	114.9	1.54%	2020년 12월	110.2	2.77%

출처: onland.kbstar.com

통계와 현실은 1달 정도의 유격이 있다. 예를 들어 2017년 8·2대책으로 순간 얼어붙은 시장의 분위기는 2017년 9월의 통계에 나온다. 곧, 8월의 시장 분위기는 9월 통계표로 확인해야 한다. 마찬가지로 2018년 9·13대책의 파급력은 10월의 통계표를 보는 것이 합당하며 2019년 12·16대책 역시 2020년 1월 이후로 봐야 한다.

집값이 오를 때는 급등하지만 내릴 때는 서서히 내려간다. 대책이 발표되면 일부 급매물이 몇억 원씩 내려간 가격으로 시장에 나오기도 하지만 실제로 그런 경우는 극히 일부다. 그런 일부의 거래가 뉴스로 많이 뜬다. 정책이 나올 때 시장이 받아들이는 시간을 계산하면 1달 정도의 유격은 염두에 둬야 한다. 이 부분은 굉장히 중요한데 보통 시장의 반응이 있고 이런 분위기가 통계로 반영되는 시간까지 1달 정도가 소요된다고 보는 것이 합리적이다. (실제 거래가 되면 실거래가가 바로 올라오지 않고 2달이라는 등재 기간의 여유를 줬던 것도 현장과 통계의 괴리에 영향을 줬다. 현재는 실거래 계약 후 등재 기간이 1달로 바뀌었으며, 잔금일이 아닌 계약일을 기준으로 등록된다)

보통 대책이 터지고 바로 급락하지는 않는다. 8·2대책(2017년), 9·13대책(2018년), 12·16대책(2019년)이 터지고 순간적으로 급등세를 진정시켰을 뿐이다. 매매시장 동향(매수세 파악)은 대책 발표와 동시에 급락했으나 통계수치는 계단식으로 하락한다. 특히 9·13대책의 경우 8월의 초폭등세가 무려 3.83%였는데 대책이 터진 후에도 1.84% 올랐다. 그만큼 시장의 과열이 심했다는 것이다. 다만 이러한 사태 진정이 문제를 근본적으로 해결(집값을 안정화)하는 것이 아닌 급등을 순간적으로 막기 위한 일시적인 미봉책에 불과했다. 그래서 그 뒤로 계속 폭등이 또 나타나는 것이다.

02

이번 상승장에서
집값 폭등의 공식

이번 부동산의 상승에는 일정한 공식이 있었다. 이런 흐름을 이해해야 다음에 그 흐름을 예견할 수 있고 비교적 정확히 타이밍을 잡을 수 있다. 이 책은 여러분들이 쉽게 타이밍을 재고 쓸만한 몇 가지의 근거를 제시해서 실제로 써먹는 최적의 시간 차를 계산하도록 도와줄 것이다.

이번 상승장의 간략한 상승 공식을 다시 한 번 정리하면 다음과 같다.

분위기 전환 ⇨ 상승 ⇨ 폭등 ⇨ **정부 정책** ⇨ **소강 상태**
⇨ 분위기 전환 ⇨ 상승 ⇨ 폭등 ⇨ **정부 정책**
⇨ **소강 상태** ⇨ 분위기 전환 **반복…**

2013년 하반기부터 2017년 봄까지는 완만한 상승이 있었다. 어떻게 보면 이 시기의 상승은 당연한 상승이었다. 서브프라임 모기지 후 2008년 하반기부터 떨어지기 시작한 집값이 2013년 초까지 이어진

건 그간의 인플레이션을 생각할 때 결국 서울 집값의 힘을 응축시킨 것이다. 실제로 당 기간에 지방의 부동산은 폭등하기도 했다.

2017년 5월부터 달아오른 시장을 잠재우기 위해 정부에서 제시한 6·19대책은 오히려 '불확실성의 해소'라는 명분으로 부동산 시장 분위기의 흐름을 타게 했고 2017년 한여름의 부동산 열기는 끓어올랐다.

⇨ 당시 정부는 집값을 잡아야 한다는 생각에 비중을 뒀던 것 같다. 원인을 분석할 여유는 없어 보였다.

2017년 8·2대책이 터지고 부동산 뉴스로 도배되며 딱 1달간(2017년 9월만) 상승률이 축소됐다.

⇨ 대책을 살펴보면 근본적인 해결책이 아닌 미봉책이라는 느낌을 지울 수 없다. 실제로도 딱 1달 눌러놓는 효과에 그쳤다.

cf. 2017년 8월의 상승률은 높고 2017년 9월의 상승률은 낮다. 이는 통계와 현장의 분위기가 1달이라는 유격차가 발생하는 점을 고려할 때 8월의 현장이 순간 급랭했고 이게 9월의 통계에 뜬 것이라 보면 된다.

2017년 10월부터 높은 상승이 연출됐으며 2018년 9·13대책이 나올 때까지 급등했다.

⇨ 이때부터의 상승은 정책 실패로 인한 영향이 컸다.

2018년 9·13대책이 터지고 점차 매수자 우위로 돌아서 2019년 1~6월까지 (통계상) 하락했다.

⇨ 2018년 9·13대책 역시 근본적인 해결책이 아닌 누르는 정책과 규제 일변도의 대책이었다. 다만 2017년 8·2대책에 비해서는 더 다듬어진 모습이었다.

2019년 7~9월까지 오르다 11월부터 폭등하게 돼 2019년 12·16대책이 등장한다.

⇨ 2019년 12·16대책은 8·2대책이나 9·13대책에 비해 촘촘하게 잘 짜인 그물망을 통해 만든 [규제종합책]으로 불릴만하다. 부동산 카페 내 많은 분석가가 이번 대책으로 부동산이 차갑게 식어버릴 것으로 주장했다.

2019년 11월 서울의 부동산은 폭등장을 연출했다. 이때 사면 돈을 번다는 인식이 만연했고, 커뮤니티에는 무주택자를 조롱하는 글과 집값 상승에 대한 펌프질하는 글이 매우 많았다. 필자는 그러한 상황에서도 2019년 연말이 다소 위험한 자리라고 말했다. 실제로 부동산 시장의 1급지는 2020년 2분기까지 약보합세를 보였다. '영원한 상승은 없다'라는 것이 필자의 지론이다. 2, 3급지는 안 오르는데 1급지만 영원히 오를 수는 없다.

과연 그렇다면 영원한 하락은 있을까? 개인적으로 대한민국이 망하지 않는 한 그럴 일은 없다고 본다. 인구는 2025년부터 줄어들지만 (내국인만 생각하면 2019년 11월을 기점으로 인구가 줄어들지만, 해외유입까지 계산하면 2025년부터 통계적으로 줄어든다) 아무리 인구가 줄어도 지방이 줄지 서울과 경기의 수도권 인구가 줄긴 힘들다. 인구가 감소할수록 지방에 빈집이 늘어날지언정 서울 한복판에 있는 아파트에 빈집이 생길 리 없다. cf. 지방에서 서울로 가는 경우와 서울에서 지방으로 가는 경우의 이유를 집값과 연결지어 생각해보면 간단하다.

2020년 상반기에 코로나 시국으로 다소 매수세가 줄고 통계상 하락한 단지가 눈에 띄지만, 다시 5월부터는 서서히 급등장의 조짐이 보이기 시작했다. 상반기에 강남권의 1급지는 대부분 하락세를 이어나갔고 2급지와 3급지는 거래량은 줄었으나 집값은 꾸준히 우상향하는 흐름을 보여줬다. 중요한 것은 상승장과 하락장에 1급지와 2급지 그리고 3급지는 약간씩 타이밍이 다르다는 것이다. 이를 이해한 투자자들은 타이밍을 상당히 쉽게 잡을 수 있었다. 급지별 상승 타이밍을 이해한다면 서울아파트 시장에 대한 전반적인 분위기를 이해하고 통찰력을 얻는 데 큰 도움이 될 것이다.

서울아파트의 경우 1급지가 상승한 후에 2급지가 오르며, 2급지가 상승한 후에 3급지가 오르는 모습은 늘 있었다. 이러한 공식 같은 현상을 이해하지 못한다면 우리는 늘 시간 차에 따른 이익을 보지 못하고 다소 올라있을 때 집을 사야 하거나 떨어진 후에 집을 팔아 결과적으로 큰 손실을 보게 될 수도 있다. 구체적인 내용은 STEP 2에서 다루도록 하겠다.

매매동향

부동산 시장은 결국 매수자와 매도자의 줄다리기 싸움이다. 매도자가 많아지면 매수자가 유리해지고 매수자가 많아지면 역으로 매도자가 유리해진다. 매매동향을 알아야 부동산의 현재 심리를 이해할 수 있기에 좋은 보조자료로 활용되는 것이 바로 매매동향(매동)이다. 매매동향은 통계표와 달리 현실을 즉각적으로 반영한다. 주간상승률과 월간상승률 등의 통계는 통계 수치와 현장 분위기 사이에 유격(시간 차)이 발생한다는 점에서 차이가 있다.

매매동향(매동) 보는 법

매수자 우위라는 표현은 매수자가 많다는 뜻이 아니라
매수자가 우위에 있어 유리하다는 말이고,
매도자 우위라는 표현은 매도자가 많다는 뜻이 아니라
매도자가 우위에 있어 유리하다는 말이다.
곧, 매수자 우위일 때 싸게 살 수 있고,
매도자 우위일 때 비싸게 팔 수 있다는 소리다.

2017년, 2018년, 2019년, 2020년의 매매동향을 따로 분석해서 그래프로 보면 다음과 같다.

2017년 매매시장 동향

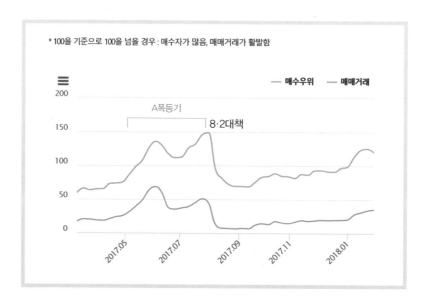

* 100을 기준으로 100을 넘을 경우 : 매수자가 많음, 매매거래가 활발함

2017년의 뜨거웠던 여름을 기억하는가? 필자는 날씨도 무더웠지만 그 이상으로 뜨거웠던 한여름의 부동산 상승의 열기를 선명하게 기억한다. 저 시기에 매일 같이 최대 상승률을 찍으면서 집값 공포(?)에 시달렸던 분들이 많았으리라 짐작된다. (2017년의 1폭등기)

이 그래프는 정확히 2017년 8월 2일(8·2대책)에 나온 대책으로 급격하게 분위기가 급랭하는 모습을 잘 보여준다. 수도권에 100만 호가 지어질 것이라는 이야기부터 각종 규제의 완전판이라는 말을 들은 8·2 대책은 이제 진짜 부동산은 끝났다는 말이 돌기에 충분한 매우 강력해 보이는 정책이었다.

매수우위/매매거래 지수는 주간상승률과 달리 더 시장의 현장 상황을 정확하게 보여주기 때문에 현장에서 유용하게 살피게 되는 자료다.

2018년 매매시장 동향

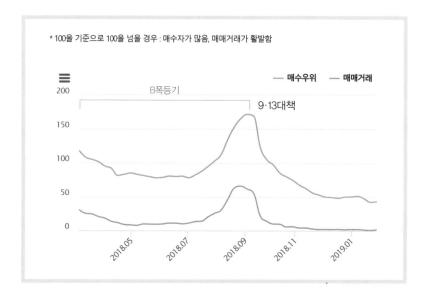

* 100을 기준으로 100을 넘을 경우 : 매수자가 많음, 매매거래가 활발함

2018년 여름 역시 마찬가지다. 8·2대책으로 임대사업자 등록이 끝나 급매물이 3월까지 소진을 마치자 4월부터 매물의 잠김이 심화됐고 분위기가 조금씩 바뀌다가 갑자기 활활 타오른 집값은 불길이 번지듯 무서운 속도로 여기저기 퍼졌다. 2017년에는 1급지 중심으로 1급지 일부의 상승이 이어졌다면 2018년에는 그동안 잘 오르지 않았던 2급지가 엄청난 속도로 상승해 갭을 줄여나갔다. 역시 2018년 9월 13일(9·13

대책)에 나온 대책으로 분위기가 급반전돼 급랭모드가 됐다. 그리고 2019년 5월까지(통계상 6월) 냉각된 분위기가 유지됐다.

2019년 매매시장 동향

* 100을 기준으로 100을 넘을 경우 : 매수자가 많음, 매매거래가 활발함

─ 매수우위   ─ 매매거래

C폭등기

12·16대책

2019년 늦은 여름에 다시 찾아온 상승은 10월이 되자 폭주하기 시작했다. 11월, 12월에는 호가가 실거래보다 10%씩 높은 매물들이 심심치 않게 보였고, 놓치면 안 된다는 심리로 당시 최고가보다 10%씩 높게 신고가를 찍으면서 물건을 잡은 분들이 많다. 흔히 말해 집값이 미쳤다는 말로 표현이 가능한 상황이었다. 당시에는 꼭지니 상투니 했지만 2020년 폭등장을 생각해보면 결과적으로 당시 매수는 현명한 선택

이었던 셈이다.

2017년, 2018년과 마찬가지로 2019년 역시 2019년 12월 16일(12·16 대책)에 나온 대책으로 분위기는 반전된다. 차이점은 12·16대책은 과거의 8·2대책이나 9·13대책에 비해 더욱 촘촘하고 세밀해졌고 정책 전반에서 신경을 많이 쓴 모습(군데군데 공을 들인 흔적이 보임)이었다. 시장의 반응은 역시나 위험에 대해 두려워하는 자와 정책의 영향을 무시하는 자로 나뉘었다. 그러나 전체적으로 시장의 흐름은 매수자 우위의 시장으로 바뀌었다. 그렇게 2020년 4월까지 분위기는 식었다. (2019년 12월 16일부터 2020년 4월 말까지 부동산 시장을 주도하는 1급지는 힘을 못 썼다)

계속 이야기하지만 2020년 5월의 분위기는 통계상 2020년 6월에 나타난다. (5월부터 분위기가 반전됐다) 이러한 통계적 경향은 집값의 추이와 전망을 제시할 때 굉장히 유용하다.

2020년 매매시장 동향

2019년 12·16대책은 매수세를 극심할 정도로 줄이는 정책이자 총체적인 세금 정책이었다. 1년에 한 번씩 이런 대형 부동산 대책을 내놓는 현 정부의 미봉책으로 일시적인 분위기의 하락이 이어졌고 거기에 코로나 사태가 터지며 부동산에도 악영향을 미쳤다. 결국 1급지는 고전을 면치 못했다. (1급지가 분위기를 가장 먼저 받으며 2급지는 1급지의 최근 흐름에 키 맞추기가 일어나고 3급지 역시 2급지에 키 맞추기에 들어간다)

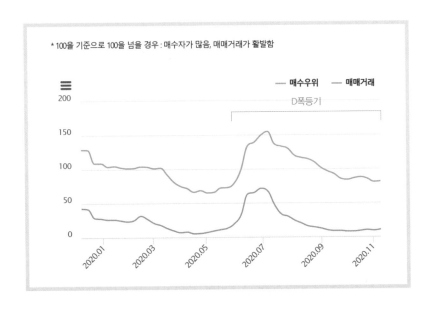

* 100을 기준으로 100을 넘을 경우 : 매수자가 많음, 매매거래가 활발함

매수우위 — 매매거래

D폭등기

그러나 장기폭등장의 1급지 상승 에너지가 2020년 2급지와 3급지로 온기가 퍼져갔다. 2020년 상반기에 1급지는 조정 후 보합, 2급지는 완만한 상승, 3급지는 상승장이었다. 특히 지금 아니면 집을 못 산다는 의식이 팽배해져서 패닉바잉이라는 말이 뉴스로 도배됐다. 필자는 2020년 초여름 바뀐 분위기를 느끼고 상승장을 예상케 하는 징후들을 정리해서 6월 5일 '상승장을 예상케 하는 징후들 정리'라는 제목으로 카페에 글을 올린 바 있다. 실제로 6월부터 서울아파트 시장은 급등세가 펼쳐졌으며 한여름을 뜨겁게 태우며 찐한 상승장을 다시 보여줬다. 여러 가지 이유가 있겠지만 가장 큰 것은 역시 유동성(시중에 돈이 많이 풀림), 기준금리 최저 유지, 공매 일시 금지로 주가의 부양이 부동산에 미치는 영향, 전세가 상승 등이 대표적이었다. 그리고 임대차 3법(전월세신고제, 계약갱신청구권제, 전월세상한제)으로 전세가 폭등을 가져오리라는 예측(많은 고수가 예상했겠지만) 역시 필자가 사전에 '7·10대책 분석'이

라는 글로 공유했다. 누군가는 내 글로 어려움을 겪지 않았으리라(전세가 폭등에 의한 위험을 사전에 대처) 생각한다.

실제로 2020년 12월에 사는 집값과 2020년 6월에 사는 집값은 큰 차이가 있는데, 6월에는 실거래가와 호가가 비슷했고 5월의 반전된 분위기가 확인된 후라 굉장히 집을 사기에 안정적인 타이밍이었다. (2020년 이후 집을 사야 한다면 당연히 6월의 분위기를 보고 최대한 빠르게 사는 것이 좋았다)

이번 상승장의 최종적인 상승 공식은 다음과 같이 간략히 정리할 수 있다.

① 정부의 공급 틀어막기: 재건축 규제 및 임대사업자 장려로 인한 매물 잠김과 양도세 강화로 시장에 풀리는 물량이 줄어듦.
② 시장이 정책에 적응하며 규제 부작용으로 집값 상승 후 폭등
③ 정부의 강한 수요 틀어막기(2017년 8·2대책, 2018년 9·13대책, 2019년 12·16대책)
④ 일시적 하방압력 및 분위기 전환
⑤ 부작용(8·2대책―임대사업자 등록으로 매도물량 감소, 9·13대책―1주택자의 청약 포기로 매수세 합류 및 2금융권의 대출 폭증, 12·16대책―갈아타기의 어려움으로 매도물량 감소와 2020년 패닉바잉을 초래함)
⑥ 정책이 사람들에게 잊히며 집값 상승 후 폭등
⑦ ①~⑥ 반복

자, 조금 감이 오는가? 정부의 규제가 곧 집값을 잡는다는 확신은 결국 자기 자신에게 독이 됐다는 사실을 말이다. 또한 집이 1채 있는 경우에 대부분 대책에서 규제를 벗어난다. 어찌 보면 정부에서 실거주 1채를 건드리기는 상당히 어렵다. 정치적으로는 표심을 잃을 수 있기 때문이기도 하고 상식적으로 1가구에 집 1채는 자연스러운 취득이기 때문이다. 그래서 실거주 1채에 대한 양도세 비과세를 (9억 원 이하의 경우) 없애기도 힘들다.

2020년 6·17대책과 7·10대책으로 1가구 1주택에 대한 각종 세금을 올리자 다소간에 조세저항이 일어나는 모습도 있었는데 이는 1주택을 투기꾼으로 봐선 안 된다는 의미의 저항이다. 표심을 매우 중시하는 현 정부에게 1주택자의 불만은 결국 세금정책을 강하게 몰아붙이기 힘든 압박으로 다가올 것이다. cf. 사실상 1주택자를 투기꾼으로 몰아붙이는 건 전혀 바람직하지 않다. 특히 실거주 1채의 경우는 더욱 그러하다.

2017년에는 8·2대책이 있었고, 2018년에는 9·13대책이 있었다. 그리고 2019년 12·16대책이 발표되고 세 번 다 하나같이 나오는 말이 '고수는 이미 다 팔고 떠났다', '부동산은 끝났다'라는 말이었다. 실제로 대책이 나오자 활활 타오르던 시장 분위기가 일시적으로 약해진 건 공통적인 사실이고, '부동산 스터디' 카페에는 폭락을 주장하는 유저들이 늘어났다. 그중에서 인기를 끌게 된 사람도 많았다. '과연 정부는 정책으로 수요를 차단해 집값을 완벽히 잡을 수 있을까?'라는 궁금증은 다음으로 넘기기로 하자.

아무튼 실거주 1채는 상승장이든 하락장이든 손에 들고 있는 편이 좋다. (필자는 늘 그렇게 주장해왔다) 상승장에선 인플레이션 헷지(돈 가치의 하락으로 인한 자산방어)를 할 수 있어서 좋지만, 하락장에선 갈아타기를 통해 상위 급지로 이동할 수 있는 계기가 되기 때문이다. (물론 하락장에 집이 없으면 손해를 그만큼 덜 보겠지만 2급지의 경우 하락률이 미미하므로 그 미미한 하락을 피하려고 무주택을 고수하는 것은 어리석다고 하겠다. 2급지와 서울아파트의 하락기와의 상관관계는 Chapter 2에서 자세히 다루도록 하겠다) 만약 가점도 낮으면서 집값이 내려갈 것 같다는 이유로 무주택을 고수한다면 스스로 부동산 투자의 발목을 잡는 격이라고 본다. 실거주 1채의 유익함은 굳이 부연이 필요 없을 정도로 자명하다.

집값이 계속 오르는데 정부가 뻔히 보고만 있어선 안 될 것이다. 그러나 대책의 결과를 전혀 예상하지 못하고 미봉책으로 위급함만 넘겨서(양도세 한시 면제 등) 부메랑처럼 돌아올 후폭풍을 계산하지 못한다면 지적받아 마땅하다. 또한, 3번의 큰 대책을 중심으로 설명했지만 자잘한 내용을 합치면 총 24번의 대책이 나왔고 그러한 대책들을 국민들이 다 학습하기는 어렵다. 일선에서는 실제로 세무사들도 헷갈릴 때가 있다고 한다.

이렇게 횟수만 많은 대책보다 근본적인 해결책은 없을까? 결국 모든 재화의 가격은 수요와 공급이다. 수요를 잡는 것이 집값을 잡는 데 영향을 미친 부분은 다소 공감한다. 그러나 공급이 더 큰 문제라는 사실을 인지해야 한다. 집을 사려는 수요자들이 원하는 공급은 국토부에서 내놓는 3기 신도시 이후의 경기권 대량입주나 임대주택을 통한 공급이 아니다. 결국 그들이 원하는 공급을 하려면 서울 시내에 양질의 아파트를 대량으로 공급하기 위해 양도세를 낮추거나 재건축을 완화

하거나 그린벨트를 푸는 방법밖에 없다.

> ## 위축된 수요보다 시장에 크게 작용하는 것이 있다.
> ## 바로 '매도자의 심리'다.
>
> 집값이 내려가도 언젠가는 다시 고점 위로 치솟았던 경험은 결코 낮은 호가에 매물을 등록하지 않게 한다. 호가가 내려가야 실거래가 낮게 찍히고 집값이 하락한다. 또한 대출규제로 부채 건전성이 좋아져 급히 던지는 물건(급매물)은 매우 줄어들었고, 낮은 호가의 매물은 더 이상 서울에서 쉽게 찾기 힘들어졌다.

이제 2021년 서울아파트 공급절벽이 다가오고 있다. 두렵지 않은가? 일부는 이런 말을 한다. 이미 주택보급률이 한참 인구를 초과했다고 말이다. 그러나 중요한 건 주택보급률이 아닌 '사람들이 좋아하는 주택에 대한 보급률'이다. 2020년 11월 아파트의 환상을 버리라며 임대주택이 좋다고 말한 최신축 아파트에 거주하는 모 의원의 말은 잘 공감이 가지 않는다. 우린 임대주택도 아파트만 경쟁이 치열한 이유를 생각해봐야 한다. 짓기만 한다고 다 같은 집은 아니다. 우리는 더 좋은 곳에 살고 싶고 더 나은 위치에서 머물고 싶은 자연스러운 감정을 가지고 살아가고 있기 때문이다.

03

최적의 매수타이밍은
언제인가?

정확히 몇 년 몇 월에 집을 사라고 주장하는 건 예언가나 할 수 있는 일이다. 필자는 그럴 능력이 없다. 또한 그렇게 말하는 건 굉장히 위험한 발언이다. 우리는 예측이 아닌 대응을 해야 한다. 과거를 보고 이에 맞게 미래를 설계해야지 미래를 예상해서 맞추면 좋고 틀리면 아니고 식의 말은 너무나도 무책임하다.

하지만 타이밍을 재는 방법이 전혀 없을까? 필자는 집을 사게 될 때 최적의 타이밍을 잡는 방법을 늘 고심해왔다. 그리고 하나의 결론을 내렸다. 타이밍을 잡기란 상당히 어렵지만, 다음의 합리적인 기준으로 시기를 어느 정도 유추할 수는 있다.

그래서 이번 장에서는 정교한 매수타이밍에 대해 알려드리고자 한다. 청약 가점이 낮은 무주택자가 1주택으로 가는 것은 자금이 허락되는 한 최대한 빠른 것이 좋다. 그러나 하락이 두려운 투자자가 굳이 타이밍 재기를 원한다면 다음의 기준이 여러분들의 타이밍 재기에 도움이 되기를 바란다.

첫 번째 기준 - 추세 :
주간상승률이 (-)에서 (+)로 바뀌는 첫째 주

(−)에서 (+)로 돌아서는 때가 가지는 의미는 무엇일까?

주간상승률이 (−)에서 (+)로 바뀌는 상황이란 의미는 시장 분위기가 일주일~보름 전부터 이미 달아오르고 있다는 뜻이다. 그런데 여기서 중요한 것은 부동산이라는 특성상 분위기가 반전되기가 어렵지 한 번 반전되면 한동안 그대로 쭉 간다는 것이다. 곧, 상승이 조금이라도 일어난다면, 아주 조금이지만 조금씩 시장이 반등세를 보일 수 있는 작은 근거가 된다. (−)에서 (+)로 돌아선 직후의 실제 시장 상황은 이런 분위기의 반전을 모르는 일부 매도자들의 급매물 찾기가 어렵지 않기 때문에(우리는 싸게 사야 한다) 매수하기에 적절하다. 저점을 확인하고 가는 만큼 안전하고, 하락의 최저점에 사는 것과 유사한 가격에 살 수 있다.

반등하는 조짐이 있는 타이밍!
그러면서 아직 급매물이 남아있는 시장.
이건 너무나도 좋은 매수타이밍이다.

대한민국의 부동산 시세는 크게 KB시세와 한국부동산원(구 한국감정원: 2020년 12월 10일 사명이 변경됨) 두 기관의 공신력이 가장 크다. (이외에도 부동산114나 부동산뱅크 등에서 유의미한 자료를 제공한다) 이들 시세를 유심히 들여다보면 그 타이밍이 나온다. 주간상승률이 (−)를 꾸준히 유지하다가 서서히 (+)로 돌아서는 날이 오면 타이밍이 왔음을 직감해야 한다. (이 흐름만을 통해 타이밍을 정확히 잡을 순 없다. 어느 정도 중요한 하나의 보조지표일 뿐이다)

매주 목요일에 KB시세와 한국부동산원의 뉴스가 발표되므로 매주 목요일 오후 6시 즈음에 `검색어 : 서울아파트 상승률` (예전에는 주간상승률 검색하면 쭈욱 떴는데 요즘은 검색이 잘 안 되니 다양한 방법으로 검색하시길 권함.) 을 검색해보면 된다. 주간상승률은 시장 상황보다 일주일에서 2주일 정도 반응이 늦다. (현장과 통계의 유격 때문이다) 상식적으로 생각해도 결과가 나온 걸 발표하려면 수집 기간이 필요하기에 당일의 시장 상황을 당일에 발표하는 것은 말이 안 된다. 예를 들어 7월 14일에 발표되는 KB주간상승률은 7월 첫째 주 시장 상황을 보여준다고 말할 수 있다.

기본적으로 KB주간상승률은 실거래가와 공인중개사의 의견을 동시에 들어 보고 이를 계산해 산정한다. 또한 다양한 통계들이 실거래가와 호가, 공인중개사들의 의견을 기준으로 잡기 때문에 조금씩 다른 결과를 나타낸다. 한국부동산원의 경우는 조금 더 보수적인데 실거래가에 포인트를 맞춘다. 그래서 실제 시장보다 다소 반응이 느린 편이다.

한국부동산원은 실거래가만을 기준으로 데이터 수집한다고 알려졌지만, 조사하는 단위 지역에 조사관이 있으며 그들의 의견이 첨가된다. cf. KB시세 리서치 담당관 & 한국부동산원 리서치 담당관과의 전화통화를 통해 알 수 있었던 정보였으며 이렇게 불확실한 부분이 있으면 직접 전화를 걸어서 사실확인(Fact Check)을 하는 것이 좋다.

또한 KB와 한국부동산원 모두 표본조사를 통해 전체를 유추하는 방식을 택한다. 만약 표본에 들어가지 않은 곳이라면 해당 단지의 거래는 상승률에 영향을 주지 못한다는 점도 유의하자. (그래서 한국부동산 원의 경우 2021년부터 표본을 만 개 늘린다는 뉴스가 2020년 10월 19일에 발표됐 다)

실제 거래가 되면 실거래가가 바로 올라오지 않고 1달이라는 등재 시기의 여유를 주고 있다. 실거래가 이뤄지면 계약일을 국토교통부에 등재하게 돼있다. 그런데 기존에 2달의 기간을 줬던 것이 현 시세를 잘 반영하기 힘들어서 2020년부터는 1달의 시간을 주고 있다.

만약 직전 달보다 거래량이 급격히 많아졌다면?

주간상승률의 반전도 중요하지만, 거래량의 증가 또한 의미가 크 다. 거래량의 증가는 매수심리가 커졌다는 의미라는 것이 부동산계의 중론이다. 반대로 거래량의 감소는 매수심리의 위축으로 보는 것이 일 반적이다.

거래가(去來價)는 매도자의 심리가 더 크게 반영된다. ⇨ 매도호가가 실거래가에 강한 영향을 미친다. 거래량(去來量)은 매수자의 심리가 더 크게 반영된다. ⇨ 매매동향과 연결된다.

두 번째 기준 - 정책 :
정책상 매수하기 좋을 때

2021년 3월 말을 기억하라.

　문재인 정부의 정책 방향은 일명 '핀셋규제'다. 핀셋규제란 특정한 지역, 수요자, 시기에 대해 규제가 이뤄지는 것을 말한다. 역으로 말하면 핀셋에 들지 않은 지역, 수요자, 시기는 규제가 없다는 말이다. (2020년 늦은 여름 김포가 숲포가 된 것은 〈집값 급등〉 6·17대책의 규제지역에서 누락된 점이 큰 영향을 미쳤다) 또한 특정 시점부터 규제해 효력이 발효한다면 그 전까지는 효력이 없다는 말이 되므로 이런 부분을 잘 활용하면 타이밍을 잴 수 있다.

　일시적 양도세가 유예되는 시점(양도세가 약해지면 차익을 위한 매도물량이 나타나 집값에 전체적으로 악재가 된다)이 끝나고 양도세를 강하게 하는 때가 오면 '세금을 낼 바에야 보유하자'는 입장이 많아진다. 이는 매도물량의 잠김으로 집값이 오르는 요인이 된다.

예시1. 2018년 4월부터 다주택자의 양도세율을 올리기로 발표했다.
(2017년 8·2대책)

⇨ 결론. 2018년 3월까지 급매물이 늘고 4월부터는 어차피 양도세 중과를 면치 못하게 됐으므로 그냥 보유하는 경우가 많아질 것이다. 매도하려는 경우가 줄어들고 4월부터는 매물이 잠겨서 (공급이 줄어들어) 집값에 영향을 줄 것이다.
⇨ 적용. 2018년 3월 말에 잔금을 치르는 조건으로 1월에 값싼 물건들이 시장

에 나왔다. 특히 2018년 2월에는 막판 장고 끝에 떨이로 시세 대비 초급매 물건을 시장에서 꽤 많이 볼 수 있었다. 결국 이에 대비해 현금을 준비한 투자자들은 큰 이익을 거뒀다.

예시2. 2021년 6월부터 양도세 일시 감면 혜택이 중단된다.

⇨ 결론. 2021년 5월까지 양도세 일시 감면 혜택을 받기 위한 매물이 나타나고 6월부터 다시 매물이 잠길 것이다. (곧, 애매한 경우 어지간하면 양도세 혜택을 받기 위해 조금 당겨서 처분할 것이고 그런 경향은 집값을 다소 다운시킬 수 있으나 결과적으로 혜택이 끝나는 지점에서의 매도물량의 잠김으로 재현될 것이다)

⇨ 적용. 양도세 유예 혜택으로 인한 매물이 다 나타나고 매도하려는 물량의 소진이 마무리되면, 결국 매도물량(공급)이 감소할 것이 예상돼 2021년 6월부터 결국 집값도 수요와 공급의 법칙에 의해 상승 기조를 탈 확률이 높다. 적어도 2021년 5월까지 하락이었다면 최소한 하락률을 낮출 것이며 상승 중이었다면 더 큰 폭의 상승을 끌어낼 것이다.

특정 시점을 매수 적기라고 표현하는 것은 굉장히 위험하지만 2021년 3월 말은 특별한 의미가 있다. 바로 위의 예시 2에 나오는 것처럼 2020년 7·10대책에서 나오는 양도세 중과 일시 면제 혜택이 끝나는 시점이 2021년 6월이기 때문이다.

2021년 5월 말까지 잔금을 치르기 위해 2달 전인 3월 정도에는 매물이 나타날 것이다. 특히 4월 말부터 5월 초는 갑작스럽게 매도를 결정한 일부 투자자들의 물건이 시세 대비 초급매로 나올 공산이 크다. 이때의 물건을 잡기 위해서는 단기간(5월 말까지 잔금을 치르는 조건)에 많은 돈을 낼 수 있어야 한다. 3월, 4월은 인접 1달에 비해 비교적 집을 저렴하게 구할 확률이 높고 양도세 유예 직전은 2021년 상반기에 주택 구매를 희망하는 분에게 괜찮은 매수타이밍이 된다. 이런 부분을 인식한 발 빠른 투자자의 경우 3월 말부터 4월 초에 급매물을 찾을 것이다.

반대로 집값의 반등으로 급하게 6월부터 집을 사려는 경우에는 이미 분위기가 반전된 후 높은 호가를 덥석 물 확률이 높다. 서울아파트도 수요와 공급의 법칙을 벗어날 수 없다. 다른 집도 비슷하지만, 특히 서울아파트의 소유자들은 부동산 불패, 즉 장기 우상향을 믿고 있는 경우가 많다. 집을 샀을 때 상투를 잡는 것이 두려운 것처럼 '내가 혹시 저점에 파는 것은 아닐까' 하는 아쉬움도 갖기 싫은 것이 인간의 심리다.

서울아파트 소유자들은 보통 가지고 있을 수 있는 만큼 최대로 보유하려는 모습을 그동안 보여줬다. 그러나 2021년 6월부터 양도세 한시 면제가 끝나기 전에 팔고 혜택을 받는 것이 유리하다고 판단한 소유주들의 물건이 막판에 급매물로 나올 확률이 높다.

2021년 6월부터 양도세 한시 면제가 해제된다면, 많은 경우 여유 있게 처분하기 위해 2021년 1분기 때 시장에 물건을 내놓을 것이다. 그러나 팔리지 않았거나 막판까지 보유를 고심하던 매물이 결국 매도를 결정했을 때 엄청난 할인 폭을 자랑하며 매물로 등장할 것이다. 그 시기가 필자는 2021년 3월 말이라고 본다. 2021년 3월 말에 나오는 매물(발 빠른 사람은 3월부터 물건을 탐색할 것이다)을 잡기 위해 미리 원하는 지역에 관한 공부를 끝내야 할 것이다.

또한 갭투자 매물이 등장할 확률이 높으므로 (실거주 매물을 타이밍 맞춰 세팅하기란 여간 힘든 일이 아니다) 일정량의 현금이 필요할 수 있다. 잔금일정이 2021년 5월 말까지일 것을 대비해서 본인의 자금력을 2021

년 5월 말에 총동원할 수 있게 미리 세팅해놔야 한다.

그렇다고 2021년 3월까진 하락기며 2021년 6월부터는 상승기가 된다고 단정하는 것은 아니다. 그렇게 쉽게 예측하기엔 미래는 예상키 힘든 변수들로 너무도 복잡하고 다양하다. 단정적으로 미래의 일을 표현할 수는 없다. 그러나 이 정도의 이야기는 할 수 있다. 2021년 6월을 기점으로 당시 하락 중인 상황이면 하락 폭이 줄어들 것이고, 상승 중이었으면 그 폭이 커질 것으로 보인다.

반대로 2021년 6월부터는 양도세 한시 유예가 종료된 시점이므로 시장에 풀리는 매물은 줄어들 것이다. 곧, 2021년 6월부터 공급이 줄어들고 그동안 재건축 규제로 인해 서울아파트의 공급량은 처참할 수 있다. (공급이 줄어들면 가격은?) 이런 경향은 p.43의 예시 1에 나오는 과거 2018년 2월에도 그랬다. 2018년 4월부터 양도세 중과가 시작되기에 막판까지 매도를 고민한 매물이 2018년 2월에 급매물로 시장이 나오는 사례가 많았다.

세 번째 기준 - 상황 :
자신의 생애 주기상 자금 동원이 쉬울 때

여러분들은 10년 주기설을 믿지 말고 생애 주기설을 믿어야 한다. '10년마다 오른다, 떨어진다'라는 건 뇌피셜이며 역사적인 작은 경험에서 비롯된 것이다. 그러나 생애 주기설은 여러분의 상황에 필요한 행동을 하는 실질적인 도움이 되며 여러분이 죽을 때까지 변하지 않는 진정한 부동산 테크의 필수 지침이 돼야 한다.

기본적으로 서울아파트 실거주 1채는 살 수 있을 때 최대한 빨리 사야 한다. (단기 추세는 예상이 어려워도 어차피 장기는 우상향) 그리고 내 가용 금액에서 무리하지 않는 선에서 가장 좋은 매물을 사야 한다. 작은 것을 사고 갈아타서 상급지로 갈 수도 있겠지만, 거래 횟수가 잦을수록 발생하는 비용을 생각해야 한다. 곧, 자신의 상황에서 갈아타는 횟수를 최소로 줄이는 것이 좋다. 부동산을 대하는 데 있어서 겸손해져야 한다. 정확한 시기를 맞추려는 생각은 버리고 자신의 상황에 맞는 적절한 자세를 취하는 것이 중요하다.

네 번째 기준 - 입주물량 :
공급이 적을 때

모든 경제적 가치는 수요와 공급으로 결정된다. 현 정부가 수요를 차단하는 데 일정 부분 성과를 거뒀지만, 공급을 더욱 차단해 결과적으로 가격폭등에 큰 영향을 미치게 됐다.

아파트 공급물량을 알아보는 가장 좋은 지표는 무엇일까? 바로 입주물량과 건축 인허가 물량이다. 건축물이 들어서기 위한 인허가가 많아질수록 공급량이 증가한다. 일반적으로 인허가된 건축물은 3년 (또는 4년 이내) 뒤에 준공 후 입주물량이 되기에 2021년의 입주물량은

2017~2018년의 인허가 물량을 통해 계산할 수 있다.

국토교통부에 따르면 서울아파트 상반기 인허가 실적은 2017년에 2만 2,551호, 2018년 1만 644호, 2019년 2만 2,436호였다.

⇨ 2020년보다 2021~2022년의 공급 부족 예상이 가능하다.

또한 입주 물량은 당해 입주하는 세대 수 파악에 유용하다.

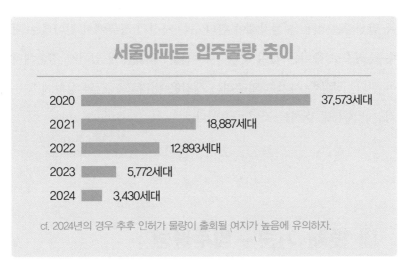

서울아파트 입주물량 추이

2020	37,573세대
2021	18,887세대
2022	12,893세대
2023	5,772세대
2024	3,430세대

cf. 2024년의 경우 추후 인허가 물량이 출회될 여지가 높음에 유의하자.

자료 : 아파트 실거래가 어플

04

서울과 지방의 차이

물가상승률이 낮아지고 있지만 특별한 사유가 없는 한 물가상승률이 마이너스를 기록한 경우는 없다. 다른 물건들은 가격이 오르는데 서울아파트 가격만 내려갈 것으로 생각하는 것 자체가 오류다. (물론 일시적으로 내려가는 단기하락은 언제나 얼마든지 있을 수 있다) 2013년 하반기부터 2017년 봄까지의 완만한 상승은 어느 정도 예상 가능한 상황이었다. 해마다 (편차는 있지만) 월급을 포함해 각종 물가가 오르는 상황에서 부동산은 안 오른다는 것은 상식적으로 이해하기 어렵다.

미국발 서브프라임 모기지 사태(2007년)로 인한 금융위기로 리먼브라더스 사태(2008년)와 더불어 전 세계적 충격이 있었다. 이로 인해 서울의 부동산(2008년 하반기~2013년 상반기)도 힘을 쓰지 못했다며 당연한 하락이라고 주장할 수 있다. 그러나 지방 부동산의 경우 해당 기간 (2008년 하반기~2013년 상반기) 급등세를 펼친 것을 생각하면 온전히 타당하다고 주장할 순 없다.

2008년 하반기부터 2013년 상반기에 서울이 하락하고 지방이

상승한 건 2007년 이전에 서울부동산은 강력하게 시세를 분출했고 지방은 보합세를 유지했기 때문이다. 그리고 이런 전례를 통해 2013~2020년에 서울아파트 시세 분출이 있었고 지방부동산은 큰 등락이 없었기 때문에 2020년 이후의 시장은 서울아파트보다 지방아파트로 관심을 돌려야 한다는 말이 나오기도 한다. 사실 단지와 물건 선별만 잘한다면 지방도 서울 못지 않은 수익률을 기록할 수 있다고 본다. 하지만 서울아파트는 지하철 1km 이내, 500세대 이상의 조건만 갖춘다면 물건 보는 눈이 없어도 언제나 평타는 칠 수 있다.

> 필자도 단기적 흐름을 정확히 맞출 수 없겠지만
> 적어도 장기적으로 봤을 때는
> 그래도 서울아파트를 사는 것이 좋다고 생각한다.

'짜장면값이 내려가는가?' 생각해보자. 일부 매장에서 행사를 위해 싸게 팔거나 엄청난 봉사의식을 가지고 10년간 가격동결을 하는 우연찮은 경우를 제외하고는 늘 올라왔다. 곧 통화량의 증가로 인한 화폐가치의 하락은 물가상승을 동반하고 집값도 이에 따라 오르는 것이다.

많은 분이 "그럼 지방 집값은 왜 내려가는가?"라고 하면서 물가상승률만큼 집값이 꼭 오르는 것은 아니며 올라야 할 필요도 없다고 주장한다. 지방도 물가가 상승하는데 집값이 정체하거나 하락하는 경우를 심심치 않게 볼 수 있기 때문이다. (실제로 이런 말들이 베스트 댓글이 되는 경우도 있었다) 난 이 주장이 부동산의 기본 철학이 정립되지 않은 초보적인 소견이라고 본다. (이렇게 생각하신 분이 있다면 죄송스럽게 생각하나

때로는 강한 일침이 필요하다고 본다) 기본적으로 집은 건물값도 있지만 건물의 대지지분, 즉 땅값도 있다. 건물의 가치는 시간이 지나면서 감가상각이 이뤄져서 그 가치가 떨어진다. 자동찻값이 시간이 지날수록 떨어지듯 건물의 가치도 내려가는 것이 당연한 이치다.

그러나 땅은 다르다. 서울에는 더 이상 집 지을 공간이 없어서 건물의 가치가 다해도 땅의 가격이 계속 오를 수밖에 없다. 결과적으로 그 땅을 깔고 앉아 있는 건물의 총 가격도 상승하게 되는 것이다.

(ex) 건축비 5억 원에 땅값 5억 원짜리인 총 10억 원의 가치를 지닌 서울아파트가 30년이 지나서 건물의 가치는 1억 원이지만 땅값이 20억 원이 돼 21억 원의 가치를 지닌 건물이 된다)

중요한 점은 대한민국의 모든 아파트가 30년이 되면 재건축이나 리모델링을 하는 것은 아니라는 것이다. 재건축이든 리모델링이든 그런 사업을 시행할만한 가치가 있는 입지를 갖춰야 한다. 지방의 경우 30년이 돼 재건축 시기가 된다고 해서 새 아파트로 탈바꿈하는 것은 아니다. 보통 사업성이 떨어지기 때문에(모든 지방이 다 그런 것은 아니고 일부 재건축의 경우 사업성이 나오기도 한다) 방치된다.

더 중요한 것은 지방의 경우 30년이 된 아파트 옆에 새로 지을 땅이 많아서 그냥 근처에 새 아파트를 지으면 되는 것이다. 이것이 서울은 신축이 들어서면 집값이 오르고, 지방은 신축이 들어서면 집값이 내려가는 이유다. 그래서 서울은 구축아파트 근처에 신축이 들어서면 '구축이라 불편한 것도 있지만 언젠가는 저렇게 새 아파트가 되겠구나' 하는 심리가 작용한다면 지방의 구축아파트 근처에 신축이 들어서면 '구축이라 불편하겠구나'에서 끝나는 것이다.

서울은 신축이 들어서면 인근에 편의시설이 생기거나 거리가 깨끗하게 탈바꿈한다. 한 예로 길음 동부 센트레빌의 경우 근처에 센터피스(신축 2019년식)가 생기고 그사이에 도서관(길빛도서관-2019년 12월 개관)이 생겼으며 클라시아(신축 2022년식)가 생겨 그사이에 있는 옹벽이 철거되고 공원으로 조성된다. 이렇게 신축아파트가 들어서면서 주변 경관 및 편의시설이 자연스럽게 형성되는 데 영향을 미친다.

하지만 지방은 다르다. 지방의 경우는 낡은 집을 군이 재건축해 무너뜨리고 다시 지을 필요가 없다. 그냥 옆에 넓은 공터를 찾아 지으면 된다. 다시 말하면 건물의 가치가 내려가는 만큼 땅값이 올라주지 않아서 아파트가 소모품처럼 계산된다. (ex) 건축비 2.5억 원에 땅값 2.5억 원짜리 총 5억 원의 가치를 지닌 지방아파트가 30년이 지나 건물의 가치는 0.5억 원이지만 땅값이 4억 원이 돼 4.5억 원의 가치를 지닌 건물이 된다)

곧, 땅의 희소성에서 서울과 지방은 비교의 여지가 없다.
이것이 서울아파트가 장기 우상향이 되는 초석이자
근본적인 이유다.

한 예로 과천과 분당은 경기도인데도 특이하게 서울만큼 꾸준히 상승해왔다. 과천과 분당의 지도를 자세히 보면 그 답을 알 수 있다. 주변이 산으로 막혀 있어서 더 이상 집을 짓기가 쉽지 않다. 땅값이 계속 오를 수밖에 없고 행정구역상 경기도지만 지하철이 용이한 점을 고려하면 서울에 준한다고 할 수 있다.

다음은 산으로 덮여 있는 분당구의 모습이다.

역시 주변이 산으로 덮여 있어서 확장성이 떨어지는 과천시의 모습
이다.

⇨ 이렇게 근처에 새로 지을 땅이 충분하지 않은 경우 기존 아파트는 재건축이나 리모델링을 통해 업그레이드가 될 수 있다. 결국 서울아파트처럼 집값이 오를 수밖에 없다. 그렇다고 교통, 직장 수, 학군, 인프라, 발전가능성 등 기본적인 입지도 없는데 주변이 산으로 둘러싸여 있다고 덜컥 투자하는 우(愚)를 범해선 안 될 것이다.

⇨ 서울아파트의 가장 큰 특징은 확장성이 없다는 것이다. 땅을 다 쓰고 있어서 기존 아파트를 부수지 않으면 공급이 생기기 어려운 구조다. 좋은 입지인데 확장성이 없다면 서울아파트와 같은 장기 우상향을 한다고 보는 것이 일반적이고 합리적인 견해라고 볼 수 있다. (ex) 과천, 분당) 입지가 받쳐주지 않는다면 확장성이 떨어진다는 이유만으로 투자하는 건 위험하다.

> 가장 중요한 것은 첫째도 입지,
> 둘째도 입지, 셋째도 입지다.

05

완만한 상승 2013년부터 2017년 상반기, 폭등 2017년 여름부터 2020년

2008년 하반기부터 2013년 상반기까지의 하락은
2013년 이후의 상승폭을 키우는 여건을 만들었다.

서브프라임 모기지 사태(미국의 초대형 모기지론 대부업체들의 파산)로 인해 세계 경제가 위기에 처하자 전 세계적인 부동산의 하락이 찾아왔다. 이는 우리나라의 부동산에도 큰 영향을 미쳤고 2008년 하반기부터 2013년 상반기까지 하락장이 이어졌다.

이것은 역으로 2008년 하반기부터 2013년 상반기까지의 하락은 강한 상승에너지를 응축시켰다는 말이다. 집값을 물가상승률만큼만 잡아도 응당 올라야 할 것이 떨어졌으니 그만큼 상승압력이 거세졌기에 이 시기 전세가가 자연스럽게 폭등한 것이다. 곧 집값이 올라야 하는데 떨어지고 있으니 서울에 살고 싶다는 욕구가 전세로 전환되면서 전세가가 상승하고 결과적으로 언젠가는 오를 수밖에 없는 여건이 조성되는 계기가 됐다.

그리고 무주택을 유지하던 우리 가족 중 한 분이 이 시기에 처음으로 집을 샀다.

그렇게 2013년 말부터 2017년 봄까지의 상승은 당연한 것이었고 나 역시 가족에게 이러한 사실을 알려서 집값의 상승을 믿지 않던 분들 가운데 2017년 2분기에 집을 구매하신 분도 있었다. 당연히 상승 뒤에는 보통 오버슈팅이 이어지는데 아직 오버슈팅까지 가기에는 여유가 있는 시기였다. 그래서 2017년 2분기의 상황이 서울아파트 투자에 있어 굉장히 안전한 시기라고 봤다.

필자는 우리 가족이 집을 살 때 가용자금 확인, 자금 계획 설정, 호재지 선정, 지역별 단지 분석, 매물선정, 가격 및 부동산중개료 협상과 지급계획 설정, 계약서 작성(특약 조율) 등을 해준다. 여러분들 주변에 부동산 공부를 많이 하셨거나 경험이 많은 분의 도움을 받으면 한결 수월하게 투자에 임할 수 있다. 만약 그런 분이 없다면 여러분이 공부해서 주변을 도와주는 그런 경험 많은 분이 되는 것도 괜찮은 생각이 아닐까? 상대는 고마워하고 여러분들의 내공은 쌓여 간접경험의 누적으로 고수의 길로 나아가게 될 것이다.

2017~2020년 폭등장의 특징

2017년 8·2대책의 결과물이자 정부가 만들어 놓은 덫으로 생겨난 기형적 상승이 일어난 때! 그때부터는 인위적으로 집값이 상승했다고 본다. 집값은 물가상승률만큼은 오르는 것이 일반적이고 실제로 평균적인 계산을 해보면 그보다 조금 높게 올랐다. 그러나 정부에서 공급을 틀어막고 수요도 억제시키는(이런 상황을 유도한 것인지는 알 수 없지만 적어도 결과적으로 보면 매수세와 매도세가 모두 약해져서 거래절벽이 심화됐다) 정책들은 결과론적으로 끓는 냄비를 억지로 눌러 결국 위로 터지게 만든 것이다.

만약 집값이 싸다면 수요가 몰려서 당연히 오르는 것이 맞다. 또한 집값이 비싸다고 여겨지는 이유가 더 많이 있다면 자연스럽게 하락할 것이다. 다만 정부가 해야 할 일은 서울로 너무 몰리는 수요들을 분산시키거나 서울 내에서 살고 싶은 사람들의 욕망을 채워주기 위한 적정량의 공급을 해주면 된다.

미국의 서브프라임 모기지(채무상환 능력이 부족한 신용등급이 낮은 사람들에게 대출을 무리하게 해줌) 사태를 고려할 때 원리금 상환능력이 없는 경우 대출을 제한하는 것은 다소 부동산 시장 건전성을 높여준다고 볼 수 있다. 다만 그 제한이 과해서 때로는 능력이 되는데 집을 사지 못하게 하거나 개인의 신용대출을 제한하는 것은 바람직하지 않다. 능력이 되는 선에서 대출하는 건 개인의 자유고 상환능력이 충분할 때 투자하는 것은 투자자의 몫이기 때문이다. 오히려 1금융권을 막으면 신용등급이 낮은 경우 3, 4금융으로 넘어갈 수밖에 없어 결국 벼랑끝으로 내

몰린다.

예를 들어 맛있는 감자칩이 200g에 700원이면 금세 팔려나갈 것이고 7,000원이면 소비자들이 자주 찾지 않을 확률이 높다. 결국 시장 가격은 적당한 가격을 찾아 나가는 것이며, 제과업체들이 담합해서 강제로 감자칩의 가격을 올리는 행위(부동산으로 치면 담합이나 불법적 행위)를 적발해 처벌하면 될 일이지 감자칩의 가격(집값)을 인위적으로 통제한다는 발상은 시장을 너무 우습게 본 것이다.

정부가 인위적인 강제 정책으로 수요와 공급을 오히려 왜곡시킨 결과는 참혹했다. 이상주의적 정부의 마음과 다르게 현실은 냉정했다. 부자연스런 흐름을 주도한 정부정책과 맞물려 2013년 하반기부터 2020년 하반기까지 장기적인 상승장이 펼쳐지게 됐다. (중간중간 하락장세가 나왔으나 큰 그림에서는 쭈욱 올라갔다)

> 2013~2017년 : 자연스러운 소폭 상승
> 2017~2020년 : 인위적인 폭등장

06

2021년 이후의
부동산 시장은?

이제 최근 서울부동산 시세의 흐름을 파악했으니 이를 토대로 미래를 생각해봐야 한다. 2020년 이후의 시장이 보여줄 모습을 가늠하자면 다음의 일곱 가지로 축약할 수 있다.

1. 차별화 장세
2. 지방의 힘
3. 서울 2급지의 이슈
4. 임대차 3법으로 하방 경직성 형성
5. 법인 소유 많은 지역 Risk Up!
6. 비규제지역 두더쥐 잡기식 단기 폭등
7. 공시지가 1억 원 이하의 서울 및 수도권 아파트 상승세

1. 양극화와 차별화 장세가 펼쳐질 것이다

차별화 장세가 펼쳐진다고 해서 다른 곳은 폭등하는데 특정 지역만 하락하는 일은 흔치 않을 것이다. 다만 호재지와 악재지를 선별하지 않으면 투자수익률의 차이가 과거보다 클 것이라는 말이다. 이전에는 키 맞추기를 통해 1급지가 오르면 일정한 시간 차를 두고 2급지가 오르고 또한 시간 차를 두고 3급지가 올라왔다. 1급지 내에서도 2급지, 3급지 역시 그 안에서 키 맞추기가 이뤄졌다. 물론 어느 지역이든 키 맞추기는 향후에도 계속될 수밖에 없다.

cf. 키 맞추기란? 일정한 간격의 가격 차이를 둔 두 개의 단지가 서로 집값에 영향을 준다는 것이다. 한 단지만 비약적으로 오르고 다른 단지는 내려가는 경우는 특별한 사유가 발생되지 않는 한 존재하기 어렵다.

2008년 하반기부터 2013년 상반기에 서울아파트가 하락하고 지방이 상승한 것은 2008년 이전에 서울이 급등하고 지방이 보합이었던 부분이 다소간에 키 맞추기에 들어갔다고 봐도 크게 무방하다. (서울 집값이 이렇게 비싼데 지방은 너무 싸다면 지방에 관심을 둘 수 있을 것이다) 다만 그 키 맞추기의 영향력이 2021년 이후에는 조금 줄어들 것이라고 본다. 이유는 집값을 주도하는 세력들이 30대의 젊은 층이기 때문이다. 그들은 정보에 빠르고 기민하며 빠른 판단과 결정력을 갖추고 있고 과감하다. 하락장을 경험해보지 못한 젊은 세대들은 그들이 투자가치가 높다고 판단되면 적극적으로 매수세에 동참할 것이며 높은 호가에도 두려워하지 않기에 수급이 일시에 몰려 집값이 크게 요동칠 수도 있으리라고 본다.

2019~2020년 부동산 시장을 뜨겁게 달군 주역들은 50대도 40대도 아니었다. 바로 30대였다. 우리는 그들의 특성을 잘 알아야 한다. 그들은 정보에 민감하고 선택을 주저하지 않는다. 특히 정보가 개방된 곳이라면 누구보다 상황을 예민하고도 면밀히 분석해서 과감하게 결정하는 결단력 또한 갖췄다. 2018년에 출간된 베스트셀러에 ≪90년생이 온다≫라는 책이 있다. 이제 그들이 부동산 시장의 큰손이 된 것이다. 그러나 그들은 아직 하락장을 경험해보지 못한 세대다. 하방 경직성보다는 투자가치가 높은 곳을 찾아갈 가능성이 크다.

이러한 투자 방식은 High Risk High Return이 될 확률이 높다. 만약 상승이 꾸준히 이어졌는데 끝물에 들어간다면 오랜 시간 마음고생을 할 것이다. 물론 시간이 아주 많이 지나면 결국 서울아파트는 전고점을 복구하겠지만 말이다.

2020년의 차별화 장세를 예측하는 가장 큰 이유가 바로 이것이다. 과감하며 저돌적인 그러나 합리적인 젊은 세대들이 몰리면 그곳의 집값이 비약적으로 뜨게 되지만 그들이 놓치고 있는 '하방 경직성'에 대해 진지하게 고민하지 않는다면 퇴로를 잃고 난관에 봉착하게 될 것이다. 우리는 시대적 트렌드에 맞게 젊은 세대들이 좋아할 만한 곳을 선별해 선취매하는 것도 좋지만 혹시 모를 하락에 대비해 안정적인 투자를 하는 것도 잊어선 안 된다.

그래서 우린 호재지와 악재지를 구분하고 또한 이러한 정보가 최근의 시세에 얼마나 반영돼있는가를 살펴봐야 한다. 부동산은 주식과 달리 정보가 퍼졌어도 이를 받아들이는 시간이 필요하다. 검증의 시간도 있어야 한다. 이때 정보를 미리 면밀하게 분석해 선취매를 한다면 큰 차익을 볼 수 있다.

현재의 30대가 지금 집을 많이 샀다는 것은 그들이 40대가 됐을 때의 구매력을 미리 사용했다는 표현으로 뒤집어서 생각해볼 수도 있다.

2. 일부 지방 부동산도 상당히 힘을 쓸 수 있다

2019년 11월 6일에 일산과 부산의 조정지역이 해제됐다. 그리고 일시적으로 수급이 몰렸다. 당연히 두 지역의 일시적인 상승은 어느 정도 예견됐다. 2017년부터 2019년 11월까지만 보면 상승률이 평균 0에 수렴하는데(오히려 하락한 곳도 많음) 규제가 풀린다는 발표가 나자마자 발 빠르게 움직인 사람들은 단기 시세차익을 거뒀다. 발 빠른 투자자들의 움직임은 분주했다. 매도를 생각한 분들은 매도시기를 살짝 늦췄을 것이고 매수를 생각한 분들은 시세 상승 전 선취매를 했을 것이다.

다음은 부산 해운대의 KB시세 변동표다.

가격지수는 2019년 1월 가격을 100으로 놓고 계산함. (KB시세 사이트 참고)

매매			전세		
연 / 월	가격지수	전월 대비 변동률	연 / 월	가격지수	전월 대비 변동률
2019년 10월	97.3	−0.12%	2019년 10월	98.4	−0.08%
2019년 11월	97.4	+ 0.04%	2019년 11월	98.4	−0.03%
2019년 12월	99.6	+ 2.31%	2019년 12월	98.7	+0.31%
2020년 1월	100.2	+ 0.55%	2020년 1월	98.8	+0.09%
2020년 2월	100.6	+ 0.45%	2020년 2월	98.8	+ 0.07%

부산 해운대구 KB시세

보이는 대로 2019년 11월에 조정지역 해제 발표가 나자 시장이 크게 들썩였다. 역시나 현장 분위기는 1달 늦게 통계로 나오므로 2019년 12월의 +2.31%가 2019년 11월의 분위기를 나타낸다고 보면 된다.

cf. 이렇게 뉴스와 동시에 시세급등 전 선취매를 하는 것은 바람직하나 그래도 공급 물량이 많은 것으로 알려진 곳은 조심하는 것이 좋다. 수요와 공급이 부동산의 핵심이므로 늘 공급량을 파악하며 들어가야 한다.

이렇게 단기적 차익을 거두려는 욕심 말고 장기적으로 투자하려면 어디를 해야 할까? 역시 서울이다. 한정된 서울이라는 공간에 밀집된 인구는 집값에 떠밀려 경기도로 밀려나게 만들기도 하지만 사람들의 서울에 대한 갈망은 여전하다. 이것이 세계 10위권 도시인 울트라 슈퍼도시 서울에 집 한 채 가지고 있어야 하는 이유다.

그런데 2019년 말부터 2020년 여름을 가장 뜨겁게 달군 곳은 서울이 아닌 바로 세종이다. 교통망 호재로 2019년 말부터 2020년 초까지 상승하던 세종시는 2020년 7월 20일 민주당 김태년 원내대표의 '청와대, 국회, 정부를 모두 세종으로 옮기자는 주장과 이해찬 당시 당 대표의 언급 등으로 발전에 대한 기대감에 단기 초급등했다. 이러한 급등은 평생에 한 번 겪기 힘든 수준의 폭등이었고 6억 원이던 아파트를 1달 새 10억 원으로 만들어 버렸다. (ex) 한뜰마을 3단지 세종더샵 레이크파크)

3. 2급지의 비상이 시작될 것이다

2급지의 비상이 예견되는 이유

1. 2019년 12·16대책 이후 1급지에 비해 2급지는 LTV(주택 담보 대출 비율)의 대출제한이 적다.

2. 30대가 집을 구매하는 주요 층으로 성장함에 따라 그들이 접근할 수 있는 2급지에 관한 관심은 더 뜨거워질 것이다.

3. 2020년 시작된 전세가의 상승은 그러잖아도 전세가율이 높은 2급지의 비상을 부채질할 것이다.

4. 2013년 하반기부터 2020년 하반기까지 장기간의 상승으로 인한 피로감으로 혹시 모를 하락을 걱정하는 신중한 예비 집주인들은 역사적으로 하방 경직성이 매우 강한 2급지를 찾을 것이다.

2급지가 1급지보다 왜 하방 경직성이 강하냐고 묻는다면 철저한 실수요 중심의 단지들이기 때문이고(투자보단 실수요), 전세가율이 높으며 역사적으로 그러했던 경험이 오버랩돼 사람들이 쉽게 매도하지 않을 것이기 때문이다.

4. 임대차 3법으로 인한 전세가 급등은 집값에 강력한 하방 경직성을 형성할 것이다

임대차 3법을 보고 여러분은 어떤 시장을 예측했는가? 일단 정부의 생각을 유추해보면 다음과 같다.

가즈하가 판단하는 임대차 3법을 보는 정부의 알고리즘

임대차 3법이 시행된다.

⇨ 전세 갱신 시 5%로 상한이 정해진다.
⇨ 전세가 상승률이 축소된다.
⇨ 갭(매매가−전세가)가격이 커져 투자심리가 위축돼 집값이 안정될 것이다.
⇨ 계약갱신청구권으로 세입자는 더 안정적인 주거생활을 누리게 될 것이다.

여러분들은 위의 알고리즘에 동의하는가? 필자는 2020년 7·10대책이 나왔을 때 이 대책은 전세가 3법으로 인해 예상되는 전세가 상승에 대한 대응 부재가 아쉽다고 말해왔다. (2020년 7월 11일 부동산스터디 카페에 쓴 7·10대책 분석 글 참고) 임대차 3법은 당연히 전세가의 폭등을 만들고 높은 전세가는 매매가를 다시 밀어 올릴 공산이 크기 때문이다. 결국 임대차 3법은 전세가를 폭등시켰다. 다음은 필자의 알고리즘이다.

임대차 3법을 보는 필자의 알고리즘

임대차 3법이 시행된다.

⇨ 집주인 입장에서 기존 세입자를 유지하는 것이 부담된다.
(전세가를 5% 넘게 올릴 수 없고 세입자가 원할 때 2년을 강제로 연장할 수 있기 때문이다)

⇨ 결국 임대차 3법으로 집주인은 3가지 선택지를 생각할 수 있다.
1. 새로운 세입자를 받을 수도 있고
2. 본인이 직접 입주를 할 수도 있으며
3. 기존 세입자를 연장시킬 수 있다.

⇨ 1. 새로운 세입자를 받을 경우
특히 2년 뒤에는 전세금을 올리는 데 한계가 극명하므로 (상한 5%) 미리 당겨서 4년 치 상승분을 한 번에 받아 전세가를 확 높여서 새로운 세입자를 받을 것이다.
시장의 반응: 전세 호가가 비약적으로 높아질 것이다.

⇨ 2. 집주인이 실거주를 할 공산도 크다.
시장의 반응: 전세 물건이 줄어들 것이다.

⇨ 3. 기존에 거주한 세입자들이 임대차 3법을 적용받아 갱신청구권을 써 재계약을 할 경우 부동산 시장에 등장하는 매물은 아닐 것이다.
시장의 반응: 전세 시세에 영향을 주지 못하며 집주인과 세입자의 갈등이 첨예하기 대립할 것이다.

⇨ 이제부터 나오는 전세 매물은 가격이 폭등할 것이며 출회가 되는 매물조차도 희소해질 것이다.

결국 많은 이들의 우려대로 2020년 가을철(이사철)에 보여준 극심한 전세난은 2,000세대 이상의 단지에 전세 매물이 0이 되는 기적을 보여줬다. 또한 전세가 상승률은 역대 최대치를 경신하고 있으며 집주인과 세입자 간의 갈등은 다양한 사례로 나와 뉴스 지면을 장식하고 있다.

임대차 3법이 시장에 준 영향

1. 전세 매물이 줄어들어 2,000세대 이상의 단지에 전세 매물이 0이 되는 기적을 보여줬다.
2. 전세 호가는 크게 상승해 꼭 전세가 필요한 실수요자는 높은 호가에 전세를 살게 됐다.
3. 집주인과 세입자 간의 갈등은 다양한 사례로 나와 뉴스 지면을 장식하고 있다.

집주인은 집주인대로 임대차 3법에 피해를 받지 않기 위한 자구책으로, 세입자는 세입자대로 기존 집을 떠나면 더 많은 돈을 지불해야 비슷한 컨디션의 집을 구할 수 있겠기에 양쪽 중 누구의 잘못도 아니다. 상황이 그리됐을 뿐이다. 서로 배려하고 협의하던 관계는 이제 서로에게 피해를 당하지 않기 위해 때아닌 전쟁을 치르고 있다.

기존에는 부동산에서 허위 매물을 올릴 시 가벼운 경고를 먼저 줬으나 이제 과태료를 강하게 때린다는 메시지로 2020년 8월 하순부터는 허위 매물이 극감소하면서 임대차 3법과 맞물려 전세 매물은 거의 씨가 마르게 된 것이다.

또한 허위 매물이 사라지는 것에 대한 정부의 생각은 이런 것으로 유추된다.

필자가 판단하는 허위 매물 단속에 대한 정부의 알고리즘

부동산에서 허위 매물을 올리지 못할 것이다.
⇨ 가격 급등과 거품을 초래했던 높은 수준의 호가들이 사라질 것이다.
⇨ 정상적인/일반적인 매물들만 남을 것이다.
⇨ 집값이 안정화될 것이다.

이번에는 필자의 알고리즘이다.

허위 매물 단속에 대한 필자의 알고리즘

부동산에서 허위 매물을 올리지 못할 것이다.
⇨ 부동산에서 미끼 매물을 올리지 못할 것이다. (낮은 호가에 올려 매수자
  의 전화를 받는)
⇨ 낮은 호가의 매물들이 사라질 것이다.
⇨ 높은 호가 or 일반적인 시세에 준하는 호가들만 남을 것이다.
⇨ 급매물을 찾기 어려워질 것이다. 시세보다 낮은 가격에 호가를 올린
  후 매수자가 붙으면 매도자에게 가격을 낮추라고 종용하는 형태의 거
  래가 줄어들 것이다.
⇨ 반대로 말하면 집값을 내리는 하방 경직성이 강해질 것이다. (집값의
  하방 압력이 줄어듦)

두 알고리즘 사이의 가장 큰 차이는 바로 '부동산에서 나오는 허위 매물이 가격을 올려서 나오는가? 가격을 내려서 나오는가?'다. 부동산에 조금만 관심이 있는 사람이라면 부동산 중개인이 매수자를 유혹하기 위한 매물로 가격을 높여서 광고하지는 않을 것이라는 걸 충분히 판단할 수 있다. (필드에서 발품을 팔아본 사람이라면 더욱 그러하다)

만약 내가 판단한 정부의 알고리즘이 맞다면 정책을 수립하기 위한 기초적인 조사가 돼있지 않거나 부동산의 현실을 너무나도 모르는 것이다. 많은 폭락 유저들이 허위 매물이 사라져서 집값이 폭락할 것이라고 말했는데 코웃음을 칠 수밖에 없었다. (참 부동산을 기초적인 상식도 없이 선동만 하는 사람들이 많구나) 물론 필자도 허위 매물이 없어지는 부분에 대해서는 잘했다고 판단한다. 어떤 이유가 됐든 (고객을 유치하던, 빠른 거래를 위해 낮은 호가에 물건을 내놓던) 허위 매물 자체가 바람직하지 않

기 때문이다.

그러나 행위의 당위 vs 현실의 결과가 늘 일치하는 것은 아니며 당위적으로 옳으나 현실적으로 다른 방향으로 흘러가는 것은 비일비재하다. 허위 매물의 단속은 당위적으로 옳은 일이겠으나 그 파급 효과가 집값을 떨어뜨리는 데 도움이 되리라는 생각은 현실을 외면한 지엽적인 결론일 것이다. 또한 허매물 증발은 전세가의 폭등에 영향을 미쳤는데 전세 매물이 줄어들자 집주인들이 배짱호가를 더 과감하게 올려놨기 때문이다.

5. 법인이 많은 지역을 피하라

2020년 6·17대책과 7·10대책에서 가장 현실적으로 유의미한 영향력을 끼치는 내용은 바로 법인에 대한 규제다. 법인에 대한 각종 세금의 극단적인 상승은 법인 소유의 부동산 매물을 시장에 내몰 가능성이 크다.

7·10대책 이후 법인에 대한 강력한 세금규제

취득세

기존: 개인 1주택과 동일하게 취득세가 부여됐었다. 법인의 유리함이 많았다.

개정: 주택 수와 상관없이 무조건 12%의 취득세가 부여된다. 법인에 의한 취득에 강한 압박이 된다. 법인에 의한 취득이 불리해졌다.

보유세

종부세: 다주택 법인의 경우 무조건 중과세율인 6%를 적용한다.
　　　cf. 재산세 또한 공시지가의 상승에 공정가액비율의 상승폭만큼 부담이 늘어날 것이다.

위의 규제 말고 양도세 역시 2021년 6월부터 중과세가 된다. 특히 법인의 특성상 다주택의 경우가 많으므로 양도세도 높을 것으로 유추된다. 다만 양도세의 경우 세율이 올라간다고 매도가 유도되는 것이 아님을 유의하자.

양도세의 경우 팔아야 나오는 것이다. 팔았을 때 세금이 크다면 차라리 보유하는 쪽으로 선회하게 된다. 그래서 양도세가 올라간다고 매물이 출회되는 것은 아니다. 또한 양도세의 유예 역시 양도세를 일정기간 줄여주니 그때까지 팔라는(매물이 시장에 풀리길 바라는) 메시지가 담겨 있는 것이다.

법인 아파트 매입 비중이 높았던 지역(단위 : %)		
지역	2019년 6월~2020년 5월	2020년 1~5월
충북 청주 서원구	12	13.43
경기 화성	8.5	11.66
부산 부산진구	10.93	11.04
충북 충주	7.65	10.85
충북 청주 청원구	9.47	10.83
전남 광양	7.92	10.59
인천 미추홀구	8.02	10.55
경기 오산	8.06	10.52
충남 천안 서북구	8.13	10.19
울산 남구	6.52	10.17
경기 의정부	6.44	9.68
인천 남동구	6.75	9.37
경기 수원 권선구	7.66	9.37
경기 평택	6.51	9.36
경남 창원 의창구	5.71	9.09
경남 창원 성산구	5.91	8.61
경기 수원 영통구	7.3	8.58
경기 수원 장안구	6.73	8.12
인천 동구	4.96	7.99

자료: 한국부동산원

07

하락기에도
안전한 곳

집값이 영원히 오를 수 없듯이 끝을 모르고 오르던 집값도 결국은 하락장을 맞이하게 된다. 그리고 우리는 집값이 빠졌을 때 '혹시라도 노태우 200만 호, IMF, 서브프라임 모기지 사태와 같이 30% 가까이 빠지게 되는 상황이 오면 어떡하지?'라는 생각을 머릿속에서 떨치지 못한다.

많은 사람은 강남이 안전자산이라 떨어지지 않는다고 주장한다. 그러나 역사는 강남 집값의 실체를 잘 알고 있다. 강남이 대부분의 서울 사람들이 선호하는 핵심지임은 누구도 부인하기 어렵지만 하락기가 되면 언제 그랬냐는 듯 강한 하방압력을 받는 곳이 강남이기도 하다.

흔히 '강남불패', '똘똘한 한 채'라는 표현을 통해 안전한 투자처라는 인식이 강한 강남의 한 단지도 역시 폭락을 피하지 못했다. 강력한 입지 조건을 갖췄음에도 고점 대비 40% 이상 (실거래 기준) 떨어진 곳도 있다. (본인이 10억 원을 주고 산 집이 5억 원대로 떨어진다면 생각만 해도 아찔할

것이다)

실제로 1급지인 강남구 도곡동의 한 아파트(2006년식)를 보자.
공급 167㎡을 살펴보면,
2008년 4월 8일 [8층] 정점인 가격이 25억 원이었으나 (당시 신축)
2012년 12월 30일 [12층] 결국 14억 3,000만 원까지 떨어지고 말
았다. (-42.8%)

cf. 그러나 2020년 7월 [14층] 35억 9,000만 원을 다시 찍었다.

특히 용인의 신축 단지들과 일산의 대형 평형의 경우 사람들을 패
닉으로 만들기에 충분한 하락을 보여준 단지들이 많았다. 여기서 우리
는 폭락에 대한 하나의 공식을 도출할 수 있다.

신축+대형 = High Risk

1급지는 상승할 때 무섭게 오르지만 하락할 때는 하방 경직성이 낮
아 많이 떨어지기도 한다. 그러나 입지가 안 좋은 경우 대형이라는 말
이 붙으면 하방 경직성이 급격히 약해지며 신축뽕(입지보다 연식)이라는
말이 첨가되면 하방 경직성은 바람 앞에 등불이 된다. 그나마 입지가
우월하면 시간이 지나서 가격이 회복되지만(ex)강남권) 입지가 좋지 않
으면 과거의 고점은 다시 찾아오지 않을 수 있다.

1. 입지보다는 신축빨이 집값에 큰 영향을 미쳤고
2. 대형(특히 전용 115㎡ 초과)이며
3. 집값이 단기적으로 많이 올랐을 뿐 아니라
4. 뽐뿌질(광고)이 과도한 곳이라면
   우리는 그곳을 경계해야 한다.

신축빨이 위험한 이유

신축에 대한 사람들의 열망은 오래전부터 있었다. 누구나 새 아파트에서 깨끗하게 살고 싶을 것이며 새로운 시스템에 의한 쾌적함은 그러한 갈망을 증폭시켰다.

신축아파트의 장점

가장 중요한 건 깨끗한 외관과 실내다. 아무것도 수리하지 않아도 가장 깨끗한 상태로 돼있으니 그 자체로도 좋고 같은 평형이라도 과거보다 공간을 효율적으로 잘 빼서 25평(전용 59㎡)의 경우 95년식은 방2, 화장실1이었다면, 요즘 신축은 대부분 방3, 화장실2로 돼있다. 또한 높은 일조량을 받도록 설계하며 3bay, 4bay 등 베이에도 역시 많은 변화를 줘서 삶의 쾌적함을 더해주고 있다.
그리고 빌트인 시스템에어컨, 지하로 연결된 주차시설, 각종 커뮤니티 시설(헬스, 골프, 찜질방) 등은 물론이고 최근에는 집안 열쇠를 충전해서 들고 다니면 공용 현관문에 접근만 해도 자동으로 열리고 엘리베이터도 각 세대의 층까지 스스로 잡아준다.

자, 이제 위의 장점들을 다시 한 번 곱씹어보자.

역시 오래된 구축아파트에 비해 살기에는 쾌적할 것 같다. 그러나 저 장점들로 인해 투자가치가 얼마나 올라간 것일까? 잘 생각해보자. 시간이 지나면서 아파트는 더 발전할까 퇴보할까? 이런 질문이 의미가 있을까 싶을 정도로 더 좋은 잘 지은 아파트들이 더 좋은 시스템으로 나오지 않을까? 저 위에 열거한 장점들도 지금은 획기적이고 신박한 측면이 있겠지만 시간이 지나면 별거 아닌 게 되는 시점이 온다. (그것도 빠른 시일 내에)

과거에는 지하로 뚫린 주차장이 지상의 쾌적함을 보장하며 안전함과 깨끗함을 지켜준다고 홍보했고 그것이 실제로도 큰 장점이었다. 그러나 더는 신축아파트들이 지하로 연결된 주차장을 크게 내세우지 않는다. 당연한 것이 됐기 때문이다.

위에 열거한 내용 중에서 지금의 신축만 적용되고 미래의 신축은 적용받지 못하는 내용이 있을까? 아마 없을 것이다. 그렇다면 우리는 관점을 바꿔 생각해볼 필요가 있다. 신축과 구축의 가격차는 당연하다. 그러나 같은 입지인데 40% 이상 차이가 날 경우 신축이 그만한 투자가치가 있을까?

어차피 모든 신축은 시간이 지나면 구축이 된다. 또한 현재의 구축은 다시 언젠가는 미래의 신축이 된다는 의미다. 구축이 신축으로 바뀌는 두 가지 경우가 있는데 바로 재건축과 리모델링이다. 공사 방식에서 둘은 차이가 있다. 재건축은 기존의 건축물을 무너뜨리고 부숴서 새롭게 짓는 것이고, 리모델링은 현재의 골조를 유지한 채 수직증축 or 수평증축 or 외관공사 등을 통해 새로운 아파트로 탈바꿈하는 작업이다. cf. 과거에는 수평증축만 허용했으나 2013년 법 개정을 통해 15년이 지난 아파트의 수직증축을 허가했다.

현재 서울의 아파트는 (주상복합^(주복) 제외) 용적률이 300%가 넘으면 재건축이 불가능하지만 리모델링은 용적률의 제한이 없다. 곧, 지금 용적률이 좋아서 사업성이 잘 나오면 재건축을 할 수 있지만 용적률이 300%가 넘어서 사업성은커녕 재건축을 생각조차 할 수 없더라도 리모델링이라는 카드가 있다. 용적률이 좋으면 재건축으로, 나쁘면 리모델링의 이슈를 타고 집값은 뛰는 것이다.

서울에 있는 구축아파트의 경우 재건축 연한인 30년 차가 되면 재건축이 가능하다. 재건축이 진행되려면 여러 단계를 거치게 되는데 단계별로 차이는 있지만 한 번씩 통과되고 진행될 때마다 집값이 꿈틀거린다. 하지만 리모델링 이슈 역시 때로는 강력한 시세 분출을 보여준다.

2019년 하반기에 급등한 송파구 가락동의 [가락쌍용 1차]를 보면 리모델링 이슈로 집값이 2달 새 30%씩 오르기도 했다. 바로 리모델링 이슈가 그만큼 강한 호재로 작용한다고 방증하는 사례다. (2019년 8월 송파구 가락쌍용, 2019년 11월 강동구 선사현대 등)

현재의 구축아파트들도 과거에는 신축이었고 현재의 신축들도 언젠가는 구축이 되는 것처럼 우리는 신축이 구축이 되기 직전에 좋은 타이밍에 가장 좋은 가치(높은 가격)를 보이는 시점(고점)에 매도를 하고 구축이 재건축 or 리모델링으로 신축이 되는 시점(저점)의 저점에 매수를 하는 전략을 취해야 한다.

보통 입주 5년 차에 가장 집값이 활발히 오르며 10년 차가 되면 신축이 기축이 돼 가치가 떨어지기 시작한다는 것이 통설이다. 내가 소유한 단지가 입주 5년 정도가 돼서 드라마틱하게 집값이 올랐는데 이렇다 할 호재가 생긴 것이 아니라면 게다가 매도할 타이밍을 잡고 있었다면 과감히 높은 시세에 매도전략을 세우는 것이 바람직하다.

또한 입주 5년 정도가 됐는데 이렇다 할 상승곡선을 그리지 못했고 호재 또한 발생했다면 보유하는 것이 맞다. 곧 천편일률적으로 공식화해서 '입주 5년에 팔아라'는 식의 발언은 위험하다는 의미다. 현재가 단기 고점인지 단기 저점인지는 최근 집값 상승률과 연식을 함께 보면서 판단해야 한다.

곧, 신축은 거주에는 최적이지만 최근과 같이 급등한 상태에서는 어느 정도 경계할 필요가 있다. 매매가는 미래의 가치를 사는 값이고, 전세가는 현재의 가치를 사는 값이다. 이런 이유로 현재 가치가 낮기 때문에 재건축아파트(30년 이상)는 아무리 입지가 좋아도 집값에 비해 전세가 대단히 낮다. 쉽게 말해 연식이 오래될수록 현재 가치가 낮아 전세가가 낮아지는 것이다.

그러나 이 공식이 항상 적용되는 것은 아니다. 현재 가치가 높은 신축아파트의 경우 전세가가 높게 형성돼야 하지만 꼭 그런 것은 아니기 때문이다. 예를 들어 신축아파트의 경우 당연히 전세가가 높아야 하겠지만(연식이 최신) 입주장에는 전세가가 오히려 낮게 형성되는 경우가 많은데 이는 입주할 때 전세입자를 구하는 집주인들이 급하게 내놓는 경우가 많기 때문이다. 이런 현상은 단지 규모가 클수록 심하다. 이런 상황 특이성을 고려하면서 시세를 체크하면 이해 가지 않는 부동산 시장에 대한 견문이 넓어질 것이다.

연식과 집값에 대해 조금 더 고려해봐야 할 부분들이 있다. 최근 많은 분이 신축+역세권은 절대 빠지지 않는다고 주장한다. 이번 폭등장에 신축 초폭등(적절한 표현은 아니지만 가장 정확히 현 상황을 알려주는 표현이다)이 없었다면 신축+역세권은 진리일 것이다. 그러나 최근 폭등장의 주역은 신축이었고 역세권이었다. 역세권에 지어진 신축아파트는 구축과의 갭을 벌려가며 상승액뿐 아니라 상승률 역시 높았다.

이 부분이 2021년에 신축빨을 경계하면서 접근해야 하는 이유다. 신축은 언제나 사랑받지만 과도한 사랑을 단기에 받았다면 일정 부분 거품을 걷어내야 한다. 반대로 생각하면 이번 폭등장에 여러분들이 관심 있게 보고 있는 신축이 이번 상승장에서 소외됐다면 당연히 크게 매력적이며 굉장히 안전한 투자처가 될 것이다.

(ex) 목동 롯데캐슬 마에스트로)

신축이 가진 메리트를 설명할 때 향후에 공급이 적기 때문이라는 점은 필자도 깊이 동의한다. 서울시에서 재건축을 틀어막아 이제부터 공급이 나타나지 않아 신축 선호가 당분간 유지될 것은 불 보듯 뻔하다. (게다가 4·15 총선 결과는 서울 시내에 양질의 아파트 공급부족을 예상케 하는 측면도 있다) 경기도 신도시로 서울아파트 수요를 깨끗하게 잡을 수는 없기 때문이다.

필자 역시 역세권에 대해서는 이견이 없다. 그래서 필자는 '서울아파트 저평가+2급지+역세권은 진리다'라는 말을 해주고 싶다. 만약 거기에 급매물이라면 언제 어디를 사더라도 결코 손해 보지 않는다고 확신한다.

가장 중요한 것은 입지다. 입지가 좋다면 신축빨로 일시 급등한 거품이 걷혀도 시간이 지나면 결국 기존 가격을 회복하지만 입지가 좋지 않은 곳이라면 신축빨로 인한 거품 가격은 다시 찾아오지 않는다. 과거 이런 현상이 일어났던 지역은 1기 신도시 일산과 버블세븐 중 하나인 용인 등이 있다.

cf. 2006년 부동산 가격이 급등해서 거품이 끼었다고 표현한 대표적인 7개 지역이 버블세븐으로 불렸는데 바로 강남 서초 송파 목동 분당 용인 평촌이다.

이 두 곳의 특징은 일단 인근에 아파트가 들어설 땅이 많고 서울의 3대 업무지구(강남〈GBD〉, 광화문〈CBD〉, 여의도〈YBD〉)와 먼 경기도라는 점이다. 입주 당시에는 강남의 구축보다 높은 가격에 거래되기도 했지만 입주장 때의 고점은 대형의 경우 20여 년이 지난 지금까지도 회복하지 못하고 있다.

분양가 상한제, 재건축 막기로 인해 신축이 귀해졌고 이에 따른 오버슈팅이 일정 부분 납득할 만한 상황이다. 만약 지금 같은 장세가 길어져 시간이 지나도 신축이 강세며 구축은 약세라면 그 상황에서의 신축에 있는 버블은 상당히 리스크가 큰 것으로 봐야 한다.

> 다시 말하지만 부동산은 연식이 아닌 입지다.
> 첫째도, 둘째도, 셋째도 결국은 입지다.

대형이 많이 떨어진 이유에 대한 고찰

'과거에 그러했으니 미래도 그럴 것이다'라는 표현이 때로는 맞고 때로는 틀리는 것처럼 '대형이 과거에 많이 떨어졌으니 미래도 내려갈 것이다'라는 표현은 조심스럽다.

하지만 대형(전용 114㎡)이 그동안 떨어진 이유는 먼저 알고 가자.

대형이 하락기에 많이 떨어진 첫 번째 이유

인구 구조의 변화로 한 가구 당 세대원 수가 줄어들었기 때문이다. 한 가구에 세대원이 4명이면 4명에 맞는 규모의 집이 필요하고 2명이면 2명에 맞는 규모의 집이 필요할 것이다. 과거에는 옹기종기 모여서 한 집에서 살붙이며 살았지만 이제는 1인 가구의 수가 가장 많다.

cf. 2018년 인구총조사에 따르면 이미 1인 가구의 수가 29.3%, 2인 가구의 수가 26%로 집계됐다.

최근에는 1인 가구가 더 늘어나는 추세인데 이는 대한민국의 국민이 2019년 11월부터 감소추세에 들어서지만 오히려 가구 수는 증가하는 이유와 같다. (한국인 인구⇩, 한국에 거주하는 가구의 수⇧)

예를 들어 100명이 4인 가족으로 이뤄진 25가구에서 96명이 2인 가족으로 이뤄진 48가구가 된다면 인구는 4% 줄어들지만 가구 수는 92% 증가하게 되는 것이다.

인구는 줄었어도 주택 수요는 결과적으로 많이 늘어나게 된다고 볼 수 있다. 가구 수가 증가한 면도 있지만 2025년까지는 대한민국에 거주하는 총인구도 함께 증가한다. (외국인의 순입이 자국민의 순감보다 높음)

그래서 인구가 줄어든다는 이유로 집값이 내려간다는 말이 당장은 현실적이지 않은 것이다.

곧, 하나의 가구를 이루는 세대원이 줄어들면서 대형 평형의 인기가 식는 것이다. 오히려 1인 가구의 증가는 초소형의 인기를 가져왔다. 예를 들어 1급지 잠실 리센츠(Ricenz)의 경우 전용 27㎡이 12억 원을 호가하며 전용 124㎡의 경우는 26억 원 정도를 호가한다. 곧, 집의 크기는 4.5배인데 집값은 2배가 조금 넘는 것으로 평당가는 소형이 ㎡당 4,444만 원, 대형이 ㎡ 당 2,097만 원으로 두 배 이상 높다. (2020년 9월 기준)

상대적으로 과거에는 대형 평형이 평당가도 높았는데 그 배경에는 당시 출산율도 높았지만 대형일수록 더 고급스럽게 지었기 때문이기도 했다. (1995~2000년식 아파트는 25평 이하는 복도식인데 33평 이상은 계단식인 경우가 많은데 역시 같은 이유에서다) 과거의 실거래가를 분석해보면 대부분의 서울아파트가 2000년 전후에는 대형 평형의 평당가가 소형 평형의 평당가보다 높았다는 것을 확인할 수 있다. 그러나 인구 구조의 변화와 시대적 트렌드는 대형을 외면하게 만드는 주요인이 됐다.

면적에 대한 이해

공급면적 & 전용면적에 대해 헷갈리면 안 된다.
공급면적 = 전용면적+계단+현관+주거와 관련된 공동으로 사용하는 면적
전용면적 = 실제로 거주자가 단독으로 사용하는 면적 (= 실사용면적)

일반적으로 [공급 79~86㎡] = 전용 59㎡인 경우가 많고
[공급 105~112㎡] = 전용 84㎡인 경우가 많다.

각종 건축법이나 청약 등에서 기준이 되는 면적이 바로 전용 60㎡, 85㎡, 115㎡을 넘는가로 나뉘므로 대부분의 아파트는 그 기준을 만족하는 최대한으로 뽑기 위해 전용 59.xx㎡, 84.xx㎡, 114.xx㎡로 나오는 것이다.

대형이 하락기에 많이 떨어진 두 번째 이유

'미니멀 라이프'를 원하는 사람이 늘기도 했지만 경기가 어려워져서 좋은 입지는 포기하지 못하고 평형을 낮추는 경향 등이 대형 평형의 인기를 식도록 만드는 효과를 만들어냈다. 특히 입지를 위해 대형을 포기한 투자자들은 몸은 힘들었어도 그만큼의 이익을 더 거뒀을 것이다. (최근의 경향은 소형의 평당가가 급등했으며 좋은 입지의 단지들이 더 크게 활약했다)

"쟤네 집 몇 평이니?" 어린 시절 TV에서 볼 수 있는 멘트였다. 과거에는 평수에 따라 같은 동네라도 가격 차이가 컸다. 그래서 부의 척도는 평형이었다. 하지만 지금은 다르다. "너 어디에 사니?"가 됐다. 동네가 비싸면 소형도 비싸다. 시간과 한 편이 돼야 한다. 시간이 지날수록 초조해지는 곳이 아닌 느긋해질 수 있는 곳에 투자해야 한다. 시

간이 여러분의 편이 된다면 그만큼 더 냉정하고 합리적인 결정을 내릴 수 있을 것이다. 결국 '넓은 곳'보다 '좋은 곳'이 더 선호되는 경향은 심화될 것이기 때문이다.

대형이 하락기에 많이 떨어진 세 번째 이유

주택의 면적이 넓을수록 다양한 규제에 직면한다. 전용 85㎡를 초과하면 국민주택 규모를 넘어서기 때문에 세금과 대출 등에 있어서 소형보다 불리하다. 전용 85㎡ 초과는 주택 취득 시 농어촌특별세 0.2%가 부과되며 임대사업자의 경우 아래의 표와 같이 혜택에 차이가 있었는데 역시 평형에 따라 세율이 다름을 확인할 수 있다.

2017년 임대사업자 장려를 위한 혜택들

구분		전용 40㎡ 이하	전용 60㎡ 이하	전용 60~85㎡
재산세	공통		2호 이상 임대시 공동주택 건축 분양 또는 주거용 오피스텔 분양 시	
	4년 단기	면제 (재산세액 50만 원 초과 시 85% 감면)	50% 감면	25% 감면
	8년 장기		75% 감면	50% 감면

오죽하면 임대사업자 절세 Tip이라는 말이 유행처럼 번지던 시기였을까? 또한, 주택금융공사에서 시행하는 디딤돌대출의 경우도 전용 85㎡를 초과하면 신청이 불가능하다. 정리하자면 대형이 더 많은 규제와 제한 사항이 있다는 것이다.

그럼에도 불구하고, 대형!

위에 열거한 내용은 대형이 그동안 떨어지게 된 원인에 대한 분석이다. 그렇다면 앞으로도 이런 흐름이 이어질까?

그때는 맞고 지금은 틀리다

대형의 가능성 1.

현재는 대형이 꼭 그렇게 나쁘지는 않다. 앞서 이야기한 가구 당 세대원 수의 감소는 수요의 차원을 볼 때 인기가 식는 이유라면 공급의 차원에서는 오히려 지금이 대형에 투자하기는 좋은 시기다. 최근 몇 년간 공급된 아파트들의 평형을 보면 소형 및 초소형이 많아졌고(전용 60㎡ 이하), 중형도 줄었으며(전용 85㎡ 이하), 대형(전용 85㎡ 초과)은 큰 폭으로 공급량이 감소했기 때문이다. 부동산114에 따르면 2020년 9월 분양 물량의 경우 중소형이 94.2%이며, 대형은 5.8%에 불과했다. 곧, 대형 평형은 수요도 줄었으나(대형 평형에는 악재) 공급도 줄어드는(대형 평형에는 호재) 현상을 맞이하게 된 것이다.

수요의 감소와 공급의 감소를 동시에 볼 때 그래도 수요의 감소가 더 강한 영향을 미쳤기 때문에(위에 열거한 다양한 요인들) 최근의 대형 평형의 평당가가 낮아진 것이다. 만약 여러분이 관심을 두는 물건이 대형인데 소형의 평당가와 비슷하다면 그리고 해당 지역이 학군지가 아니라면 반드시 피하는 것이 좋다.

예를 들어 학군지의 경우 학령기 자녀와 함께 거주하는 경우가 많아 중형 및 대형이 인기가 많다. 곧, 학군지는 대형이 아직도 소형보다 평당가가 높은 경우가 비일비재하다. 다만 대형과 소형의 평당가가 p.82의 리센츠(Ricenz)처럼 심하게 벌어져 있으면 오히려 대형이 타이밍일 수 있다.

대형의 가능성 2.

세금 문제에서 특히나 주택 수를 중시하는 현 정부의 관점이 유지된다면 똘똘한 한 채 경향이 사라지기 어렵고 이는 대형에 대한 기대감이 커지는 요인이 된다. 누구라도 당연히 넓은 공간을 원할 것이고 한 채밖에 소유할 수 없다면 많은 경우 소형보다는 대형이 선호될 여지가 높기 때문이다.

최근 급등지는 조심히 접근하라

대부분 2014년에 입주한 강서구 마곡의 경우 입주 근방부터 급하게 상승해 2017년에는 다소 고평가였다. 2018년 초입에 마곡을 산 경우 수익률이 높지 않을 것이다. 그러나 2018년부터 2020년까지 다른 서울은 급등기였는데 오히려 마곡은 정체기였다. 그래서 현재는 오히려 마곡이 저평가가 되는 것이다.

저평가와 고평가는 정해진 게 아니라 상황에 따라
최근 상승률에 따라 변하는 것이다.
⇨ 정답을 정해놓고 판단하는 것이 얼마나 위험한지
경계해야 한다.

특정인들 몇몇이 과도하게
뽐뿌질을 한 곳은 피하라

부동산스터디카페(국내 최대 부동산 카페)를 위시한 각종 부동산 커뮤니티를 보면 일부의 유저들이 매일같이 자신의 단지를 홍보하곤 한다. 적당히 1달에 한두 개면 그러려니 하는데 매일 두세 번의 글을 올리면 일부의 유저들(매수 대기자)은 심약해 이러한 분위기에 편승해서 동조하고 분위기에 휩쓸려 덜컥 계약하는 경우가 발생되며 그것은 또 한 번 시세를 만들고는 한다.

여러 사람이 광고 및 홍보했다는 이유로 위험하고 나쁜 단지가 되는 것은 아니다. (사실에 근거한다면) 중요한 건 그런 광고나 홍보 후에 거래량 한두 건으로 버블이 형성되는 경우, 잘못된 소문이 퍼지는 것이 문제다. (최근 실제 실거래가보다 20% 정도 높은 가격에 거래됐다는 소문 등) 거기에 동조해 최고점에 집을 산다면 어떻게 될까? 특정인이 하나의 단지만을 강하게 홍보하고 여러 카페에서 매일 같이 과하다는 느낌으로 홍보가 됐던 단지는 특히나 위험하다.

특히 2019년 말에 인터넷에서 유행하던 홍보 방법이 있었다. 특정 단지에 높은 가격으로 실거래가 됐다고 말하는 것인데 이 중에는 실제 최근 거래가보다 2억 원 높은 거래가 있었다고 해서 사람들이 실거래 등록을 기다렸으나 끝내 등재되지 않은 적이 있다. 이는 실거래가 되면 1달 이내에 등록해야 되는(당시는 2달) 현행법을 비춰볼 때 거래가 이뤄지지 않은 것이다.

만약 실거래가 거짓말 뽐뿌질에 속아서 집을 살 때 잘못된 정보가 반영됐다면 큰 손실이 나게 됐을 것이다. 보통 이런 뽐뿌질을 하는 사람들의 특징은 매일 실거래 뻥튀기 게시글을 두세 개 이상을 작성하는 경우가 많다.

한 유명한 입지 분석 전문가의 책에 소개된 단지가 있었다. (이 분의 책은 필자도 즐겨 읽는다) 이 단지는 2018년 초 5억 원대에 거래되던 곳이었다. 그러던 곳이 유명인의 광고로 쭈욱 급등세를 보이다가 2018년 8월 9억 9,000만 원에 거래된 후 2018년 11월에는 심지어 실거래 11억 1,000만 원이 실거래로 등재됐다.

그러나 이후 하락하다가 2019년 6월 6억 8,000만 원까지 떨어졌으며 2020년 하반기까지 분위기는 8억 원 내외로 형성돼 전 고점인 11억 원과는 거리가 먼 가격대에 머물고 있다. 불과 몇 달 사이에 두 배 가까이 오른 단지가 얼마나 하방 경직성이 있겠는가? 5억 원대에 진입할 수 있었다면 몰라도 이미 상당량 상승한 후에 진입하는 건 리스크가 크다. 수익과 손실을 동시에 염두에 두는 합리적인 투자자라면 이러한 단지는 반드시 조심하라고 말해주고 싶다.

집값 하락 공식

---

1. 집값이 단기적으로 오버슈팅을 했으며 (지나친 급등)
2. 여러분이 보고 있는 매물이 대형이며, 해당 물건이(학군지가 아님에도) 당 단지의 소형과 비교해 평당가가 비슷하거나 높으며
3. 입지보다는 신축빨이 집값에 큰 영향을 미쳤다면(3대 업무지구에서 전부 먼 경우) *3대 업무지구 – GBD(강남), CBD(광화문), YBD(여의도)
4. 최근 홍보맨들이 집착적으로 특정한 단지에 매일 같이 지나치게 글을 올리고 있다면

Risk Up!

일단 말리고 싶은 네 가지다. 상승한 상태에서 더 오를 수도 있겠지만 상승에 대한 기대감에 비해 하락에 대한 위험도가 압도적으로 높으며 하방 경직성이 낮아 하락기에 강한 압박을 받는다. 하락의 공식은 수학 공식처럼 100% 정확하진 않지만 부동산을 공부하는 사람이라면 참고할 만한 가치가 있다.

서울아파트의 하락기는 언제부터일까?

필자는 정확히 장담해 맞출 능력도 없고 그렇게 표현하는 것 자체가 사기다. 그러나 하락기가 언제부터 시작되는지 짚어주길 원하는 독자분들이 많으리라 예상돼 고심 끝에 개인적인 예측을 담기로 했다. 예측은 정답이 아닌 여러 가지 가능성에 대해 열어두고자 하는 의미임을 다시 한 번 밝힌다. 다만 이러한 합리적인 근거가 있으니 이 부분을 참고해 부동산 투자에 활용하면 좋겠다는 멘트를 남겨드리고 싶다. 2025년부터는 다소 Risk가 심화될 확률이 높아지는 4가지 이유는 참고할 가치가 있다고 본다.

1. 2026년부터 3기 신도시 입주가 시작된다. 경기도지만 막대한 양의 물량은 서울에도 영향을 미칠 것이다. 특히 교산, 창릉 등은 입지조건이 좋아서 상당한 의미를 줄 수 있다.

2. 임대사업자 8년이 도래하는 시점이다. 2018년 3월까지 임대사업자등록이 마무리된 후에 8년이 지나는 게 2026년 초다. 2018년의 임대사업자는 평년의 2배가 넘는다. 물량이 시장에 나오면 강한 하방압력을 줄 것이다.

3. 2025년부터 한국에 거주하는 절대적인 인구가 감소추세에 들어선다. (통계적으로)

4. 정치적인 이유인데 현 리서치의 결과대로 지지율이 대선으로 연결된다면 2022년에 치르는 대선 이후 3년 뒤가 바로 2025년이 된다. 그때는 복잡하게 내놓은 대책들이 얽히고설켜서 결국 무용지물이 될 확률이 높다. 규제가 의미를 잃어 시장이 자유롭게 돌아가면 그간 오버슈팅한 지역부터 하락의 그림자가 올 수 있다.

5. 그동안 미뤄둔 재건축이 서울아파트 물량으로 환산될 수 있다.

6. 주택 구입 부담지수가 최고점을 찍을 수 있다. 2020년 3분기 서울의 주택 구입 부담지수는 144.50이며 이전의 고점인 2008년 2분기의 164.8에 근접하고 있다. 2021년에도 집값에도 집값 상승을 한다면 2025년쯤은 주택 구입 부담지수가 정점을 찍을 수도 있다.

저평가 2급지

IMF나 서브프라임 모기지 사태와 같이 전 세계의 경제 및 국내 경기와 부동산이 급하락하는 장세에서도 버텨낼 수 있는 곳이 있다면 그런 곳은 어떤 곳일까? 향후에도 등락을 반복할 텐데 내가 사는 집이 많이 올랐으면 좋겠지만 상승에 대한 기대만큼 떨어지지 않았으면 좋겠다는 욕망도 클 것이다.

필자는 하락기에도 안전한 하방 경직성이 강한 곳을 중요한 포인트라고 본다. 많은 전문가는 오르는 것만 보고 주장한다. 그들은 상승률에만 관심이 있다. 하지만 리스크에 대해 알려주지 않는 것은 무책임하다. 위험도를 충분히 알려주는 것은 수익률만큼 중요하다. 이런 맥락에서 특히 1급지에 비해 2급지는 하락기에 하방 경직성이 높아 잘 버티지만 2급지 가운데 저평가지는 특히 상승장에서 상승폭이 높고 하락장에서 하락폭이 낮을 것이다. 거기다 급매물이라면 항상 옳다고 본다. 곧 저평가 2급지에서 나온 급매물은 경제위기 초입에 사도 다소 안심하고 투자할 수 있으리라고 본다. (실제로 서울에서 저평가 2급지 급매물의 경우 대세 하락기인 2008년 하반기부터 2013년 상반기에도 수익률을 +로 기록했다)

2급지 중 호재지 or 저평가지

필자는 괜찮은 입지의 2급지면서 저평가지에 늘 관심을 기울여왔다. 안정적 수익을 보여주며 손실을 최소로 줄이는 것은 부동산 투자에서 우선적으로 관심을 둬야 할 것이다. 특히 저평가 2급지는 서울아파트 중에서 상승폭이 꽤나 높으며 하락 시 하락폭이 낮다. 과거에 저평가지였던 2급지가 호재나 다른 이유 한방으로 쭉 올라가는 장면은 실로 드라마틱한 상승을 보여왔다.

2급지 가운데 높은 상승률을 기록한 특별한 이유가 있었던 곳(호재지)

일반적으로 집값의 시세가 정착되면 서울 내에서 큰 차이 없이 비슷한 수준의 상승률을 보여주는 경우가 많다. 가장 큰 이유는 키 맞추기인데 하나의 단지가 급격하게 오르면 인근의 단지가 저평가로 보여지기 마련이고 매수세가 인근으로 쏠려지기 때문이다. 이러한 경향은 서울 내 어느 지역도 피해갈 수 없다. 그러나 특별한 이유(강한 호재)가 있다면 '다른 지역보다 해당 지역이' or '다른 단지보다 해당 단지가' 더 높은 상승률을 기록할 것이다.

08

저평가란 없다!?

저평가 지역이 없다면 단지 선정에 심혈을 기울일 필요가 없다. 그냥 돈 되는 거 아무거나 사면 된다. 오를 때 똑같이 오를 거라면 최대한 비싼 걸 사면 장땡일 것이다. 또한 부동산 공부를 하는 것도 아무런 의미가 없다.

'시장의 냉정한 판단이 현 가격'이라는 말은 상당 부분 동의하지만 냉정하고 합리적인 투자자들이 늘 정답을 맞추는 것은 아니며 시장 상황에 따른 저평가는 분명하게 존재한다. 필자가 주요하게 판단하는 저평가는 3종류가 있다.

> 1. 키 맞추기 직전 (일시적 저평가) ⇨ 타이밍을 재기 쉽다.
> 2. 호재 반영 직전 (일시적 저평가) ⇨ 타이밍을 재기 쉽다.
> 3. 입지에 비해 가치가 낮게 평가된 경우 (입지상 저평가)
>   ⇨ 타이밍을 재기 어렵다.

키 맞추기 직전

인근 지역이 올랐을 때 키 맞추기 하기 직전의 단지가 있다. 예를 들어 강동구 고덕동의 현 대장(둔촌 주공이 재건축하기 전까진 고덕동이 강동구의 시세를 리딩할 것이다) 그라시움, 아르테온, 솔베뉴의 시세가 오르면 고덕래미안힐스테이트와 고덕아이파크가 오른다. 이 두 단지가 오르면 일정한 시차를 두고 암사 3인방(강동롯캐퍼스트, 프라이어팰리스, 현대홈타운)이 오르며 이 세 단지가 오르면 또 일정한 시차를 두고 삼성광나루, 선사현대가 오른다.

강동구 키 맞추기 단지 예시

대장주 - 그라시움, 아르테온, 솔베뉴
2등주 - 고덕래미안힐스테이트, 고덕아이파크
3등주 - 강동롯캐퍼스트, 프라이어팰리스, 현대홈타운
4등주 - 삼성광나루, 선사현대

일정한 시차를 두고 상급 단지들이 먼저 치고 나가면 아래 단지들이 적당히 키 맞추기에 들어간다. 예를 들어 일정 시점에 3등주까지 이미 올랐고 4등주 직전이면 당연히 그 시점에는 4등주를 사는 것이 맞다.

실제로 2019년 하반기 그라시움 입주와 더불어 고덕이 크게 올랐다. 당시 고덕이 크게 오르자 인접해있던 암사 3인방도 호가가 요동치고 있었다. 그런데 아직 선사현대가 아직 상승 직전이라 필자는 작년 저평가 단지를 소개하면서 선사현대를 언급한 바 있다. (삼성광나루가 선사현대랑 보통 시세가 같이 가는데 암사 3인방과 인접해 있어서 그런지 당시에 시세가 5,000만 원 정도 비싸고 호가도 높게 떠 있었음)

강동롯캐와 선사현대의 두 단지 간 시세 차이가 기존에 1억 5,000만 원이었는데 2019년 하반기 당시 전용 59㎡ 기준 강동롯캐가 9억 원이 넘었고 선사현대가 6억 원 초반인 상황이 연출됐다. (부동산을 통해서 실매물을 확인함) 필자는 이때 당연히 선사현대가 일정 부분 키 맞추기에 들어갈 것으로 확신하고 있었다. 강동롯캐랑 선사현대를 둘 다 살 수 있었다면 당시에는 선사현대를 사는 것이 맞다.

cf. 만약 둘 다 상승 전이면 롯캐를 사는 것이 좋다.

2020년 11월 현재 선사현대는 10억 1,000만 원까지 실거래가 됐으며 강동롯캐는 12억 원까지 실거래가 됐다. 만약 2019년 하반기에 선사현대를 샀다면 6억 원 초반에 사서 10억 원 중반까지 노려보는 상황이고 일반적인 시각에 따라 조금 더 상급 단지인 강동롯캐를 샀다면 9억 원 초반에 샀다가 12억 원 위를 노려보는 상황이 될 것이다.

자신보다 상급 단지보다 상승장에서 수익액이 커진 것이다! 그런데 이걸 수익률로 따지면 편차가 더 커진다. 6억 원에서 10억 원은 67% 상승인데 9억 원에서 12억 원은 26% 상승이기 때문이다. 특히 강동롯 캐는 이미 상승흐름을 타서 호가가 높이 떠 있었고 선사현대는 상승흐름을 타지 못해서 호가가 낮은 물건이 많은 시기였다. 물론 시간이 지나서 둘 다 현재보다 많이 오르면 어찌 될지 알 수 없고, 당시에 선사현대가 리모델링 이슈가 터져서 조금 더 잘 나간 것은 맞지만 당시 저평가 단지를 소개하는 데 있어서 좋은 선례를 남겼다고 본다. 또한 갭 메우기가 완료된 2021년 1월에 두 단지 중 하나를 투자한다면 필자가 2019년 추천했던 곳과는 또 달라질 수 있을 것이다. 이렇게 키 맞추기를 통한 저평가 단지를 찾을 때 신경 써야 할 부분은 다음과 같다.

1. 상승장 시작 전 실거래가의 차이
2. 최근 비교하는 단지 간 호재가 악재가 발생했는가 사실 확인
3. 비교하는 단지 간 연식, 동네명, 학군, 편의성을 고려한 전체 적인 입지상 가격 차가 얼마나 나는 것이 합리적인지에 대한 자신만의 소신(밀도 있는 경험의 누적으로 통찰력이 생김)

Q. 다음의 1단지와 2단지 중에서 어느 단지를 선택할 것인가?

1단지 - 2016년 1월에 5억 원이었고, 2020년 현재 호가가 12억 원으로 나와 있다. 실거래는 11억 5,000만 원이다.

2단지 - 2016년 1월에 6억 원이었고, 2020년 현재 호가가 13억 원으로 나와 있다. 실거래는 12억 5,000만 원이다.
추가정보: 1단지와 2단지는 인접해있으며 호재와 악재를 공유한다.

단순히 위의 정보만 놓고 본다면 2단지를 사는 것이 맞다. 기존 가격 차가 20%였는데 현재 8%로 줄어들었으므로 그래프를 살펴보면 아마도 최근에 1단지가 좀 더 올라서 오버슈팅이 되거나 2단지가 오르기 직전일 확률이 높다.

주식과 달리 아파트는 달리는 말에 올라타지 말아야 한다. 아직 달리지 않은 말이나 달리기 시작하는 말에 타야 한다. 이미 많이 달린 말은 지쳐있을 것이다. 주식과 달리 대장주만을 고집하기보다 자신의 인생 사이클에 맞는 단지를 찾아 최대한 리스크를 줄이는 투자를 하는 것이 정신건강에 좋다. 서울 전역에서 언젠가는 키 맞추기가 일어난다.

> 1급지에 투자하지 않더라도 1급지 시세에 대해 알아야 한다.

이제 1급지 투자가 굉장히 힘들어졌지만 그럼에도 불구하고 우리는 1급지에 대해서도 알아야 한다. 1급지는 전체 부동산 시세를 리딩(선행지표)하기 때문이다. 여기서 반드시 알아야 할 개념이 바로 키 맞추기다. 2020년 부동산 시장의 가장 큰 화두는 바로 2급지의 비상과 3급지의 도약이었다. 2020년도에 가장 많이 오른 곳은 강남도 여타의 1급지도 아닌 바로 3급지 노원구였다.

2019년까지 미친 듯이 상승하던 1급지는 어느 정도 정체된 모습을 보여주며 상승액으로는 여전히 높았지만 상승률로는 다소 처지는 모습을 연출했다. 2019년 연말부터 2급지가 공백을 메웠고, 2020년에는 그동안 거의 오르지 않던 3급지가 도약했다.

사람들은 1급지가 오를 때 "오르는 곳만 오른다"고 말했다. 하지만 현실은 그렇지 않았다. "서울아파트는 결국 어디든 다 오른다"로 귀결되고 있다. 또한 상급지에 대해 알아야 하는 이유는 바로 각종 규제가 어떻게 반응하는지를 단적으로 미리 경험해주기 때문이다. 그래서 3급지를 투자하는 사람은 2급지를 알아야 하고 2급지를 투자하는 사람은 1급지에 대해 알아야 한다.

호재 반영 직전

호재의 예시:

01. 지하철이 뚫린다. (ex) 2, 9호선 등의 중전철이나 강북횡단선 등의 경전철이 들어서서 비역세권이 역세권이 된 경우)

02. 유해시설이 사라진다. (ex) 시멘트공장, 구치소, 과거 난지도 등 악재가 소멸된 경우)

03. 특정 지역이 재건축이 안 되는 줄 알았는데 인근 단지가 재건축된다. (ex) 풍납동)

04. 대단지 입주와 커뮤니티의 발달로 거대 학군이 형성되는 분위기다. (학군 형성은 상당히 오래 걸리므로 큰 기대를 하면 안 된다)

> Point!
> 뉴스가 뜨면 시세가 올라야 하는데
> 그대로인 경우 (단기간에 급등 가능)

이런 뉴스(호재)가 나올 때마다 집값이 요동치는 것을 알고 있는가? 그러나 보통 저런 정보들이 뜨자마자 당일부터 확확 오르지는 않는다. 주식은 뉴스와 동시에 급등하지만 부동산은 시장이 받아들이는 시간이 존재한다. 그래서 우리는 호재에 예민하게 반응해야 한다.

하나의 호재가 뉴스로 떴다고 해서 이미 시세가 반영됐다고 생각하는 것은 착각이다. 시장 참여자들이 합리적으로 판단하는 것만큼 중요한 것이 생각과 행동의 시간적 괴리다. 내부 정보를 통해 미리 알게 된 사람들이 선취매를 할 수도 있지만 그 자체만으로 시세가 요동치진 않는다. 뉴스가 나온 뒤에 시세로 반영되는 경우도 있으니 놓치면 안 된다. 그래서 우린 호재가 있는지 뉴스에 관심을 기울여야 한다.

미리 부동산에 관심을 가지고 있었고 자금의 여유와 빠른 결단만 있다면 소식을 듣자마자 부동산에 찾아가서 계약하고 올 수도 있을 것이다. 그리고 큰 시세차익을 보게 될 것이다. 여기서 중요한 점은 호재는 한방에 쭉 오르는 게 아니라는 점이다. 지하철의 경우, 특정 지역에 역이 뚫린다는 뉴스가 터지면 1차 상승(세 번 중 가장 크게 오름)이 있고, 착공이 시작되면 2차 상승이 있고, 완공이 되면 3차 상승이 있다.

(1, 2, 3차의 상승률은 상황에 따라 조금씩 다르다)

부동산 호재와 시세에 미치는 3타이밍(호재로 집값은 3번 오른다)

1) 호재가 발생했을 때
2) 호재가 현실적으로 구현되기 시작할 때
3) 호재가 완료될 때

그러나 어떤 아파트 앞 지하철, 경전철, 트램이 새롭게 뚫린다는 발표가 뉴스로 터졌는데 최근 6개월간 변동이 없었다? 그럼 해당 지역 및 단지의 부동산에 가보는 것을 추천한다.

호재가 터졌거나 악재가 해소됐을 때, 또는 외부에 알려지지 않은 정보들로 인해 악영향을 받으나 (또는 알려졌어도 사람들이 대수롭지 않게 여기는 경우) 실제로는 악재가 아닌 경우 등이 해당한다.

만약 인서울 어디든 상하폭이 같다면 저평가 단지는 없다고 보는 것이 맞다. 하지만 등락폭이 천차만별인 이유는 현재 가격이 일부는 고평가 일부는 저평가기 때문이다. 다만 여러분들이 그걸 찾아내기 귀찮으니까 (힘드니까 포기함) 살펴보지 않을 뿐이며 "저평가란 없다. 시장의 합리적인 판단이 현 가격이다"는 말에 동조하는 것이다.

그래서 필자는 저평가 단지를 찾는 일에 늘 관심을 갖고 현재도 항상 10~20개의 관심 단지가 있으며 주기적으로 업데이트하고 있다. 내가 생각하는 저평가 단지가 남들 눈에는 고평가로 보일 수 있겠으나 만약 내 확신이 있다면 자금 계획이 됐을 때 주저하지 않을 것이다. 그래서 미리 공부를 끝내 놔야 한다.

단지에 대한 분석이 안 됐을 때는 갑작스럽게 집을 사려고 해도(정책이나 자신 상황 등) 어느 물건이 좋고 현재 단지가 고평가 상태인지 저평가 상태인지 분간이 가지 않는다. 최소한 몇 달에서 1년 이상 꾸준히 단지를 관찰해야 이런 부분을 쉽게 파악할 수 있다.

입지보다 가치가 낮게 평가돼있는 경우

갖출 것을 일정 부분 갖췄는데 의외로 싼 경우가 있다.

cf. 입지에 비해 가치가 낮게 평가돼있는 경우는 찾기도 어렵고 분석하기도 쉽지 않다. 그래서 필자는 이 책을 읽으시는 독자분께서 일정한 내공이 쌓일 때까지 키 맞추기 직전이나 호재 반영 직전에 의한 방법을 찾으시길 추천한다.

수많은 경우를 분석하고 살펴본 단지가 이렇게 싼 이유가 없는데 입지보다 가격이 낮다면 일단 팩트 체크를 한 뒤 분석하고 연구해야 한다. 그래도 이유가 없다면? 저평가로 보는 것이 맞다. 2008년 하반기부터 2013년 상반기까지가 하락기라면 2013년 하반기부터 2021년 현재까지가 상승기인데 단지마다 상승과 하락의 비율이 같을까? 절대 그렇지 않다.

> 일시적 저평가인 키 맞추기는 주변 단지와의 상대적인 개념이고 입지 대비 저평가지는 해당 단지만 놓고 보는 절대적인 개념이다.

일시적인 저평가인 키 맞추기의 경우 찾기가 쉽다. 인근 단지와 관심 단지의 최근 1년간 실거래를 뽑아서 현재 가격이 벌어지고 있는지 좁혀지고 있는지 파악하면 된다. 서울아파트의 키 맞추기 개념을 이해한다면 사실상 단지 분석에서 10분도 채 걸리지 않는 접근법이다.

그러나 입지 대비 저평가지는 입지를 다양한 기준과 근거로 분석해야 한다. 현 가격대가 어떤 위치에 있는지 저평가된 이유가 무엇인지 결국은 언젠가는 해소될 순간적인 악재인지 등을 보는 것이다. 실제로 입지라는 것이 하나의 기준으로 정해지는 것이 아니며 정확히 단일하게 표현하기도 쉽지 않다. 입지가 변해서(교통망 신설 or 개발 호재) 순간적으로 저평가지가 되는 것이라면 일시적 저평가가 되는 것이다.

그래서 본인 스스로가 고수라고 생각지 않는다면 입지 대비 저평가지를 무리해서 찾기보다 키 맞추기 직전 단지를 찾는 편이 정신건강에 좋다. 키 맞추기에 비해 입지보다 가치가 낮게 평가된 경우는 찾는 데 많은 시간이 소요되며 성과 또한 얻어내기 쉽지 않다.

그리고 최근 1년 사이에 해당 단지의 흐름에 이렇다 할 변화가 없다면 일시적 저평가가 아니다. 시간이 일정 부분 흘러도 변치 않는 가격대에 머물고 있다면 일시적 저평가가 아닌 적절한 평가가 된다.

'저평가란 없다', '왜 안 올랐을까? 안 오르는 데는 그 이유가 있지 않을까?'라는 질문은 유익하다. 그러나 그 질문에 매몰돼선 안 된다. 많은 분이 "싸긴 싼데 싼 이유가 있겠지. 난 이거 아닌 거 같아. 이 세상에 저평가가 어디 있어?" 하며 저평가지를 외면하는 경우가 많다.

안 오른 이유를 찾는 것은 굉장히 합리적인 행동이지만 마땅히 이유가 없는데 오르지 않았다면 자신 있게 저평가지라고 판단해도 좋다. 자신의 판단을 믿어야 한다. '시장의 냉정한 평가가 현 가격이다'라는 말이 합리적으로 들리지만 이는 어디까지나 현재 가격일 뿐이다. 미래의 가격이 현재 가격과 같은 비율로 오르지는 않는다.

역시 과거의 가격도 현재의 가격이 되기까지 같은 상승률을 보였던 것은 아니다. 만약 여러분들이 저평가라고 생각되는 곳이 있다면 그곳의 단점을 찾아보라. (각종 커뮤니티나 어플만 뒤져봐도 얼마든지 알아볼 수 있

다) 그리고 팩트 체크를 해보라. 가격이 쌀만 한 마땅한 이유가 없다면 현 시점이 저평가라고 생각해도 좋다. 많이 공부해보고 자신의 판단을 믿어보시길 바란다.

> 필자가 꾸준히 말하고 있지만 서울아파트는
> '오르는 놈만 오르는' 장이 아니다.
> '결국 언젠가는 모두 오르는' 장이다.

09

폭락론을 들으면
가난해진다

폭락론에 대해서

필자도 폭락을 주장하는 유튜버들의 영상을 한 번쯤은 시청해봤다. 그들의 이유가 궁금했기 때문이고 그들의 말이 맞다면 정말 집값이 폭락할 것으로 보는 것이 타당하기 때문이다.

cf. 항상 양쪽의 견해를 균형 있게 듣는 것은 매우 중요하다. 왜냐하면 상대의 의견을 통해 내가 놓치는 부분을 알 수 있기 때문이다.

폭락론자는 보통 무조건 폭락한다는 결론을 토대로 방송을 찍기 때문에 좋은 자료를 가지고도 잘못된 결론을 내리곤 한다.

폭락 유튜버가 꼭 나쁜 것만은 아니다. 그들보다 맞는 말을 한다고 그들만큼 많은 조회 수를 기록하거나 구독자를 만들 수 있는 것도 아니다. 한편으론 어차피 집을 살 수 있는 상황이 아닌 사람의 경우 폭락 유튜버의 영상을 통해 마음의 위안으로 삼고 정신적 평화를 얻는다면 그 자체로 목적을 달성했다고 생각할 수 있고 얼마든지 시청해도 본인에게 좋다고 본다.

결론부터 말하면 우선 그들은 유튜버로서 뛰어난 면이 있다. 많은 사람들에게 구독을 받아내고 꾸준히 청취하게 하는 것은 분명 그들의 뛰어난 언변이나 자료에 대한 역동적인 표현이 영향을 미쳤을 것이다. (제목일 수도 있고) 또한 폭락을 주장하는 유튜버 중 일부의 경우는 상당히 양질의 자료를 보여주기도 했다. 다만 그들의 이야기를 들어 보면 다음과 같은 오류를 발견할 수 있다.

폭락 유튜버의 현실성

이제 그들의 주장을 자세히 살펴보자.

폭락론자의 잘못된 가정

1. 집을 사서 수익이 생기면 매도한다고 생각한다.
⇨ 아래 예시에 나오지만 집을 사서 2년 뒤에 판다고 가정함.

2. 미래의 일을 정확히 예측할 수 있다고 착각한다.
⇨ 아래 예시에 나오지만 "확실한 건 급격한 상승은 절대로 없다"고 단언한다.

여러분은 집을 살 때

1. 단기차익을 생각해서 2년 뒤에 팔아야지 하고 순수 투자목적으

로 집을 사는가?

2. 전세살이에 지쳐서(or 내 집 한 채의 안락함을 느끼기 위해) 집을 사는가?

3. 시세차익을 목적으로 순수히 투자용으로 사는가?

일반적으로 2가 많다. 특히 무주택자의 경우 1인 경우는 더더욱 없다. 물론 상황에 따라 1도 있겠지만 대부분 2가 많고 투자자의 경우 3이 될지언정 1은 흔치 않다. (있긴 있겠지만 극소수)

부동산 폭락론으로 많은 구독자를 모은 유튜버들은 간혹 강남의 고가 아파트를 가지고 단타(매수 후 2년 뒤 매도) 치는 이야기를 한다.

강남 핵심지의 중대형 평형을 샀다가 2년 뒤에 팔았을 때 수익이 얼마나 남는지에 대한 영상을 예시로 들어보자

그런데 이 아파트는

a. 9억 원 이상이기 때문에 중개수수료를 0.9%로 잡고 일반과세자를 가정해 0.09%를 추가해 부동산중개료를 계산한다.

또한 매수한 뒤

b. 2년 뒤에 팔아야 하니 대출을 받은 후 중도상환을 해서

c. 중도상환수수료를 내야 한다고 말해주고 있다.

d. 앞으로는 예전만 한 상승세가 절대로 나올 수가 없다는 말을 함께 전한다.

그래서 나온 결론이 매수 후 2년 뒤에 만약 몇억 원이 올랐어도

e. 양도세가 억 단위로 발생

c. 중도상환수수료가 발생

a. 중개수수료가 0.99% 발생

  억 단위의 취득세 3.5%

· 보유세 등이 발생한다.

곧, 매매가의 LTV 40%로 대출했을 때의 2년간 대출이자와 제비용을 계산하면 결국 남는 게 없다고 설명한다.

또한, f. 2년 뒤에 팔 자신이 있을 때 그나마 가능한 플랜이라는 말을 덧붙이고 고작 얼마 안 되는 이익을 보기 위해 수십억 원짜리 집을 사는 것이 합리적이지 않으며 그리고 하락했을 때의 리스크를 생각하면 당연히 집을 사지 않는 것이 좋다고 주장한다.

과연 저 가정은 얼마나 현실적일까? 자 a~f 중심으로 살펴보자. 어디가 문제인지를 짚어주기 위해 항목별로 하나씩 설명을 하겠다.

a. 수십억 원짜리 집을 사면서 중개수수료 0.9%를 준다면 그 사람은 집을 사본 적이 없거나 중개소에 호구 잡힌 경우, 부동산중개료를 두둑이 챙겨줄 만큼 마음에 드는 거래를 했을 경우(시세보다 많이 싸게 산 경우)라고 봐야 한다. 일반적으로 0.9% 이내에 협의이지 0.9%를 법적으로 줘야 하는 것은 아니다. 9억 원 초과 아파트를 구매 시 0.35~0.5% 정도를 요율(부동산중개료)로 주는 경우가 많으며 상황에 따라 0.5% 이상을 주면 꽤 많이 주는 경우로 알려져 있다. 그런데 영상에서는 0.9%의 부동산중개료를 당연시하며 가정하고 있다. 또한, 2020년 현재(2월부터) 부동산

중개료는 계약서 작성 단계에서 중개수수료 협의가 의무화됐다. (2019.11.15. 입법 예정했던 내용) 특히 20억 원이 넘는 고가 아파트를 법정 상한선까지 주는 경우가 드물게는 있을지언정 그것이 일반화될 수는 없다.

b. 수십억 원짜리 아파트를 어쩌다가 2년 뒤에 팔게 될 수도 있겠지만, 고가 주택의 출구전략을 2년 뒤 팔 것으로 가정하는 사람은 거의 없다. 어떤 정신 나간 사람이 2년 단타를 치려고 수십억 원짜리 강남 아파트를 사겠는가? 초고가 아파트를 사는 경우는 일반적으로 입지를 보고 장기 투자하는 사람이 훨씬 많을 것이다.

c. 중도상환 역시 중도에 상환해야 발생하는 것이므로 불필요한 가정이다.

d. 처음에도 말했지만 완고한 표현을 써가면서 시장 상황을 예측하는 건 불가능하다. 한 폭락론자는 "앞으로 예전만 한 상승세가 절대 나올 수가 없지만 만약으로 계산했을 때 2년간 몇억 원씩 폭등했다고 가정해도 결국 얼마 남지 않습니다"라고 말한다. 당시 매수한다고 가정한 금액에서 절대 오를 수 없다고 말한 가격보다도 몇억 원이 더 오른 가격에 실거래됐고 호가는 이보다 높은 것이 현실이 됐다. 필자가 '더 오를 것이다'는 주장을 내세우는 것이 아니다. 불확실한 미래를 단정적으로 표현하는 것이 얼마나 위험한지를 말해주는 것이다. cf. 필자도 그만큼 확실한 예측을

하는 것이 불가능해 말을 상당히 자제하고 있지 않은가.

e. 양도세는 팔 때 나오는 것인데 무주택자가 실거주 1채를 샀는데 2년 뒤에 판다? 그럼 그때 어디를 가서 거주한단 말인가? 2년 뒤에 팔지 않고 보유하면 양도세는 없다.

f. 폭락론자는 이런 상황을 이야기하며 그것도 2년 안에 팔 자신이 있을 때라고 말하고 있다. 어느 누가 강남의 중대형 아파트를 사면서 2년 뒤에 팔기 위한 시세차익을 목적으로 접근할까? 저 집을 사는 사람은 2년 뒤에 팔 때를 생각하는 것이 아닌 2년 뒤에 사는 것보다 싸다는 것을 계산할 것이다.

그럼 마찬가지로 몇억 원이 올랐다고 가정하고 2년 뒤에 산다면 지금 살 때보다 얼마나 큰 손해를 봐야 할까? 원래 사려고 했던 매매가보다 기본적으로 상승한 몇억 원어치를 더 지불해야 하며, 각종 비용(취등록, 중개수수료 등) 역시 올라간다. 이것을 장기로 보면 어떨까?

정권은 언젠가는 바뀌고 노무현 대통령 때의 세금과 이명박 대통령 때의 세금 계산이 다르다. 현재는 문재인 대통령의 세금 정책을 기준으로 함이 마땅하지만 팔지 않고 거주한다면 언젠가는 수십억 원이 더 오를 수도 있다. (꽤 많은 시간이 흐르면) 결과적으로 지금이 오히려 쌀 수도 있다. (결국 서울부동산은 장기 우상향)

이는 비단 미래의 일만이 아니다. 강남 핵심지에 있는 대치 은마아파트를 보면 입주 때, 10년 뒤, 20년 뒤, 30년 뒤, 현재 언제를 계산해도 단기로 팔면 세금이 많이 나올 것이다. 다만 40년 이상 보유한 사람이 이익을 많이 볼까? 아니면 2년 단타를 친 사람이 이익을 많이 볼까? 그 정도의 생각도 없이 저 큰 금액의 집을 사는 사람은 흔치 않을 것이다.

곧, 폭락론자의 주장이 100% 불가능한 것은 아니지만 대부분 자신의 주장을 위해 상황을 무리해서 끼워 맞추고 있는 느낌을 지울 수 없다. (극히 드문 케이스를 일반화했다) 또한 강력한 메시지를 본 많은 분 가운데 부동산에 대한 철학과 경험이 없다면 얼마든지 휘둘릴 수밖에 없을 것이다.

하지만 해마다 공시가격의 현실화, 공정가액비율 상향으로 인한 보유세 증가 등에 대한 언급 및 대출비교, 시뮬레이션을 해보는 자체 등은 도움이 되는 부분도 있다. 주택 매매 경험이 없다면 각종 세금에 대해 공부할 기회가 됐을 수도 있다. 만약에 스스로 부동산 전반에 대한 소신과 기초지식에 대한 어느 정도의 확신이 있다면 그때는 경청해도 좋다고 말하고 싶다.

물량폭탄 공포의 진실

2018년 중반까지 폭락론자들의 단골 소재 중 하나는 바로 헬리오시티 입주였다. 무려 9,510세대라는 매머드급 단지의 등장은 폭탄으로 다가와 막대한 물량으로 인해 집값의 하락에 대한 신호탄이 될 거라는 추측이었다. 그뿐만 아니라 미분양의 무덤이 될 수도 있으며 그 많은 가구를 채울만한 전세 역시 구하기 힘들어 전세의 하락 또한 점 치는 경우가 많았다.

결론은 어떠했는가? 당시 헬리오시티의 하급지인 위례가 일시적으로 타격을 받았으나 다시 금방 일어섰다. 헬리오시티의 경우 워낙 세대가 크다 보니 전세가는 초반에 약세를 보인 것이 맞으나 매매가의 하락을 동반하지는 않았다. 서울에 입주물량이 넘치면 신축이 들어서는 서울의 배후지나 하급지에 피해가 갈지언정 서울 한복판에 있는 신축의 매매가에 큰 타격을 주지 못하는 것이다.

두 번째 단골 소재는 바로 고덕이었다. 헬리오는 단일 단지지만 고덕은 달랐다. 헬리오시티의 두 배가 넘는 규모인데 입지도 비교적 서울의 외곽(우측 끝)에 있어 흥행이 어려울 것이고 고덕의 입주폭탄을 기준으로 폭락이 시작된다는 말은 일견 타당하게 들리는 측면도 있었다.

그러나 고덕은 흥행에 대성공을 거뒀다. 입주와 동시에 강력한 상승을 보여주며 특히 대장주 그라시움의 경우 전용 84㎡의 실거래가 16억 8,000만 원을 찍었고 호가는 18억 원 선에 로얄층이 나오고 있다. (2020년 12월 기준)

최근 고덕 입주물량

고덕래미안힐스테이트 (3,658세대 - 2016년)
고덕숲아이파크 (687세대 - 2018년)
고덕그라시움 (4932세대 - 2019년)
고덕롯데캐슬베네루체 (1,859세대 - 2019년)
고덕센트럴아이파크 (1,745세대 - 2019년)
고덕센트럴푸르지오 (656세대 - 2020년)
고덕아르테온 (4,066세대 - 2020년)
고덕자이 (1,824세대 - 2021년)

= 여기까지만 해도 19,427세대

이 외에도 금리 인상으로 인한 유동성의 감소, 바젤III, IFRS9 등으로 은행이 돈을 회수해서 유동성이 더욱 줄어들게 되리라는 점을 이유로 폭락론을 펼쳤고 많은 이들이 공감했으나 실제로는 유의미한 변수가 아니었다. 심지어 2020년 11월 기준 대한민국의 기준금리는 0.5%로 역대 최저금리를 유지하고 있다.

사실과 당위 그리고 확증편향

폭락 유튜버 수가 많고 구독자 수도 많은 이유는 실제로 폭락을 할 것이기 때문이 아니다. 그렇게 믿고 싶은 사람이 많기 때문이다. 안타까운 말이지만 서울아파트의 폭등은 많은 수요자를 수요 불가능자로 만들어 버렸다. 곧, 그들이 다시 집을 사고 싶기 때문에 집값의 하락을 기대하는 것은 당연한 인간의 심리다. 다시 말해 그들은 집값이 내려가야 한다고 주장하지만 내려가야 한다는 사람이 많다고 집값이 내려가는 것은 아니다. 내려갈 만한 이유가 있어야 내려가는 것이다.

이 글을 읽는 독자분들은 적어도 사실과 당위를 구분하시길 바란다. 필자도 현재의 집값이 지나치게 높고 다소 '내 집 장만의 꿈'을 멀어지게 만들 정도의 과한 상승이 비정상적으로 보인다는 점에는 동의하지만 '폭락할 것인가?'의 문제는 당위가 아닌 사실과 현상의 문제인 것이다. 그리고 여러분께 현실적인 대응의 영역으로 다가오는 것이다.

확증편향은 여러분들의 사고를 둔하게 만들 것이다. 확증편향은 자신의 신념과 일치하는 정보는 받아들이고 신념과 일치하지 않는 정보는 무시하는 경향을 말하는데 안도감을 얻고 싶은 사람들에게 자주 나타난다.

> 곤경에 빠지는 것은 뭔가를 몰라서가 아니다.
> 뭔가를 확실히 안다는 착각 때문이다.
>
> – 마크 트웨인

특히 폭락 유튜버들 특징 중에 단정적인 미래 예견 표현이 매우 많다. 그들은 많은 좋은 자료를 가지고 때로는 설득력 있는 논제를 들고 온다. 그러나 구독자를 모으기 위해 자신이 불확실하게 아는 것도 확실하다고 표현하면서 구독자들을 곤경에 빠뜨리게 되는 것이다. 정작 곤경에 빠지는 것은 유튜버가 아니다. 그들은 조회 수가 올라가고 구독자가 늘면 막대한 이익을 본다. 곤경에 빠지는 것은 바로 시청자 본인이 되는 것이다. 실제로 장관급 인사가 폭락 유튜버 구독자였다는 뉴스가 나올 정도로 그들의 영향력은 막강하다.

> 알 수 없는 것을 안다고 하는 순간 오류에 빠지고 만다.
>
> — 가즈하

여러분들이 무주택자라면 집값이 내려간다는 근거를 보고 싶은가, 오른다는 근거를 보고 싶은가. 보고 싶은 것을 보는 건 때때로 심리적 안정을 위해 필요할 수 있다. 그러나 봐야 하는 것을 봐야 내 삶이 윤택해진다. 폭락 유튜버 영상을 보지 말라고 강요할 생각은 없다. 그들의 의견도 들어봐야 한다. 왜 그런 말을 하는지 이유를 듣고 거기에서 나오는 허점이 있는지, 또한 있다면 이에 대한 팩트는 무엇인지를 보는 선별능력이 필요하다.

불확실한 것은 불확실하게 내버려 두자. 불확실한 사실을 불확실하지만 정보로서의 가치가 있다면 그렇게 말하면 될 일이다. 쉽게 장담하지 말고 말이다.

> 말할 수 없는 것에 대해서는 침묵해야 한다.
>
> — 루드비히 비트겐슈타인

여러분이 일정한 수준이 돼서 양질의 정보를 취사선택하는 능력을 갖췄다고 판단된다면 될 수 있는 한 많은 이야기와 다양한 주장들을 들어 보길 권한다. 그러나 본인 심지가 약하고 쉽게 휘둘리는 성향이라면 양쪽의 입장에서 중간 정도의 자세를 갖춘 유튜버들의 영상만 보길 권한다. 양자를 균형 있게 다루면서 적절한 자료를 제시하고 섣부른 집값 폭등과 폭락을 주장하지 않는다면 어떤 누구의 주장이라도 도움이 될 것이다.

그러나 보통 강력하게 이거(폭락) 또는 저거(폭등)를 주장하는 사람들이 인기를 끌게 된다. 이는 독자 스스로 판단하기 두려워하는 불안함(결정에 대한 리스크를 타인에게 넘기고 싶은 심리도 깔렸으리라 본다)과 경험이 적은 독자분들이 심리적으로 자신을 이끌어주길 바라는 강한 요구와 맞아떨어진다.

사람들이 이렇게 자극적인 것을 좋아하기 때문에 많은 유튜버는 폭락이나 폭등에 초점을 맞추고 영상을 제작하기도 한다. 그러나 적어도 독자분들은 그들의 조회 수를 높여주는 돈벌이 수단이 되지 말고 그들을 잘 이용하길 바란다. 최소한 어그로를 끌기 위해서라도 신박한 뉴스와 다양한 자료를 가져올 것이고 이는 일정 부분 도움이 되기 때문이다.

되도록 균형 잡힌 양질의 유튜버들을 찾아 듣길 권한다. 양질의 유튜버들은 자신의 구독자들을 높이기 위해 나름대로 열심히 노력할 뿐만 아니라 실질적이며 현실적인 이야기, 도움이 되는 Tip에 대해서 경험들을 공유할 것이다. (가정과 추측이 아닌 경험과 현실적인 조언들이 주를 이룰 것이다) 그 결과물들을 짧은 시간에 보는 것은 효율이 높다. 혹시라도 불가능한 예측을 당연하게 표현하는 영상의 경우 일단 믿고 거르거나 최소한 의심을 하고 팩트 체크를 반드시 하자.

자신만의 투자철학을 만들어야 한다

14번이나 벼락을 맞아도 쓰러지지 않던 미국 콜로라도 주의 400년 된 거목(巨木)이 겨우 딱정벌레의 공격으로 무너지듯이 부동산 철학이 없다면 당장 수익은 올리더라도 끝이 좋지는 않을 것이다. 자신만의 소신과 투자 스타일의 정립은 가장 큰 버팀목이 될 것이다.

10

포지션별 전략

> 다른 것을 틀렸다고 하면 틀렸고,
> 틀린 것을 다르다고 해도 틀렸다.
> 다른 것과 틀린 것은 다르기 때문이다.
>
> Feat. 가즈하

　자신의 상황과 입장에 맞는 처방을 내려야 한다. 단 하나의 기준으로 접근해선 안 되는 것이다. 똑같이 대처하면 다 틀리는 것이다. 상황에 따라 집을 사야 하는 사람도 있고 팔아야 하는 사람도 있다.

　실제로 집을 팔아야 하는 사람의 경우 집값이 나중에 오르더라도 지금 파는 것이 이익인 경우가 있다. 예를 들어 6억 원에 산 아파트가 9억 원이 된 경우 비과세 조건을 만족시키기 위해 2달 안에 팔아야 한다면 집값이 10억 원이 된 후 중과세가 되는 것보다 실제 수익이 높은 경우도 있다.

2021년에 각 포지션별 취해야 하는 전략을 추천하자면 다음과 같다.

무주택자

1) 청약 가점이 40점 이하인 경우는 서울아파트로 실거주 1채를 사는 것이 좋다. 집값이 오르든 떨어지든 실거주 1채는 진리다.
2) 청약 가점이 50점이 넘는 경우는 무주택을 유지하고 청약을 넣어야 한다. 고가점자는 최대한 가용금액(투자금)을 활용해 최대한 상급지에 청약을 넣어 수익을 극대화하는 것이 좋다. 가점이 애매한 경우(예를 들면 50점대 후반)는 아무거나 잡으면 된다는 마음으로 지하철 1km 이내 500세대 이상의 모든 서울아파트에 도전해야 한다. 어설프게 재다가 시간만 낭비할 수 있으니 현실적으로 접근하자.
3) 청약 가점이 40~50점 사이는 투자 성향에 따라 다르다.

1주택자

1) 여윳돈이 많은 경우
   가능한 1가구 2주택 비과세 제도를 활용해 2주택 상황을 유지하라. 비과세 요건에 맞춰 둬라.(특히 2017년 8·2대책으로 [2년 실거주 요건] & 2019년 12·16대책의 [매수 후 1년 이내 입주 조건]을 반드시 숙지)
2) 여윳돈이 적은 경우
   현 상황을 관망하거나 갈아타기로 상급지로의 이동을 추천한다.

다주택자

1) 임대사업을 등록한 경우
   체력이 충분하다면 얼마든지 유지해도 좋다고 본다. 다만 최근 급등으로 인한 오버슈팅이 진행된 곳은 추가 매수를 피하는 것이 좋다. 또한 만약 지나친 상승이 있었다면 적당히 수익을 실현하고 다른 곳(저평가지)에 새로운 투자를 하는 것도 방법이다.

2) 임대사업을 등록 안 한 경우
   일단 최근 급등의 피로감으로 2021년에는 주택 수를 줄이고 최대한 상급지를 보유하며 양도세가 적은 낮은 체급의 주택을 처분해 몸집을 조금은 줄이는 것을 추천한다. 이미 많은 이익을 거뒀을 것이기 때문에 다소 여유 있는 마음으로 시장을 관망하자. 양도세 요건이 강화돼 어차피 세금을 많이 내야 하기 때문에 무리해서 들고 있는 것은 독이 될 것이다.

다만 공급의 감소로 2021년의 부동산 시장이 나쁜 흐름으로 가기 어렵다는 점을 참고하자. 또한 공시지가 1억 원이 안되는 곳은 세금에서 굉장히 유리하므로 경기권 공시가 1억 원 밑의 물건들에 관심을 두는 것을 추천한다.

가용금액이 5,000만 원이 안 되는 경우는 아파트 접근이 어려울 경우 차라리 초역세권+10년 이내 신축(엘리베이터 설치 여부 필수 확인)+3대 업무지구에 근접한 핵심지의 빌라 중 최근 상승률이 더딘 곳에 관심을 가져도 좋다. 아파트를 사는 것이 더 좋지만 5,000만 원에 서울 아파트를 사는 것이 불가능해졌기 때문이다.

강남의 경우 빌라도 2020년 하반기에 많이 올랐다. Risk를 대비하면서 최대한 열심히 서칭(매물찾기)해 좋은 물건을 찾아보자. (빌라의 경우 물건을 선별하는 능력이 굉장히 중요하다. 빌라에 대한 모든 것이 궁금하다면 필자의 블로그에 있는'빌라 투자의 모든 것'을 일독하시길 권한다)

장기 임대사업(8년)을 등록한 경우 2020년 7·10대책으로 8년의 장기 임대를 마치면 자동으로 등록이 말소된다. 중요한 것은 10년을 임대사업자로 마쳐야 양도세가 100% 면제되는데 8년 뒤에 임대사업자가 자동으로 말소되면 10년을 보유하기가 불가능해져 양도세 면제는 현실적으로 불가능해졌다는 의미다.

현 상황에서 장기 임대사업자의 경우 최선은 8년을 마치는 날(딱 하루)에 잔금을 치러서 장특공(장기보유 특별공제)으로 최대한의 세금 감면을 받는 것이 최선이 아닐까? 그러나 이는 정확한 타이밍이 요구되고 일정을 짜 맞춰야 하는 수고로움이 예상된다.

2020년의 급등은 실수요장이었음을 인지하고
이는 급격한 하락을 발생시키기 힘들다는 점과 2021년 이후의
공급 부족이 서울아파트 시세의 상승압박에 영향을 미치겠지만
최근의 급등이 또 한 번의 상승 동력을 둔화시킬 수 있음을
고려하며 전략을 짜는 것이 좋으리라 판단한다.

STEP 2

저평가 2급지의 비밀
: Low Risk, Middle Return

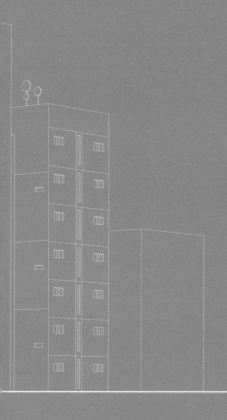

01

2급지란?

2급지란 표현은 최근 부동산에서 쓰이는 가장 핫한 키워드 가운데 하나로 몇 년 전부터 필자가 주로 사용하던 표현이기도 하다. 2급지는 입지적인 가치가 1급지만큼 뛰어나진 않지만 3급지보다는 좋아서 투자처로 괜찮은 경우가 많다.

투자는 수익 극대화와 손실 최소화의 두 가지 측면에서 봐야 하는데 2급지는 두 가지 모두를 꽤 만족시켜 준다. 3급지는 수익률이 낮고, 1급지는 리스크가 크다. 다음은 급지별 특성을 간단히 약술한 것이다.

1급지의 장점은 수익액/수익률이 높고⇧ 단점은 하방 경직성이 낮다⇩
3급지의 장점은 하방 경직성이 높고▼ 단점은 수익액/수익률이 낮다▲

⇨ **2급지의 장점은 수익액/수익률이 중간 이상⇧이고**
하방 경직성이 높다▼

곧, 상승기와 하락기에 서울아파트 내에서 급지별로 어떤 특성을 보이는가가 중요하다. 상승기에 쭉쭉 올라주는 것도 좋지만 하락기에 가격 방어에 유리한 것도 놓쳐선 안 된다. 1급지와 2급지를 둘 다 살 여력이 된다면 당연히 1급지를 사는 것이 좋다. 당연히 여러분이 살 수 있는 선에서 가장 상급지를 사는 것이 좋다. (무조건 입지) 자꾸 갈아탈수록 거래세(취등록세, 부동산중개료, 양도세)가 많이 나오기 때문이다. 그러나 그럴 여력이 없는 경우 1급지 못지않은 매력을 뽐는 곳인 2급지를 돌아보라.

이제부터 2급지의 세계로 가보자.

2급지라는 말을 단 하나의 단정적 표현으로 정의할 수는 없다. 그런 추상적인 이유로 더 어렵게 느껴질 수도 있다. (필자는 편의상 잠실을 기준으로 그 위는 1급지, 그 아래는 2급지로 분류한다) 급지를 나누는 기준은 가격과 입지다. 예를 들어 강남구 대치동의 나홀로 아파트(5억 원짜리 50세대 미만의 도시형)를 1급지 아파트라고 하지 않듯이 일산 킨텍스에 있는 15억 원을 호가하는 아파트도 1급지라고 하지 않는다. 곧, 입지+가격을 동시에 만족시켜야 일반적으로 생각하는 급지의 개념을 정착할 수 있다.

2급지 역시 마찬가지다. 2급지도 입지와 가격으로 판별한다. 또한, 2급지라고 해서 무조건 투자가치가 높은 것은 아니다. 비교적 2급지가 1급지에 비해 안전하고 3급지에 비해 수익률이 높지만 그래도 투자가치가 높은 2급지는 조금 더 특별하다. 이 특별한 2급지의 특징을 간략히 소개하자면 다음과 같다.

투자가치가 높은 2급지의 조건

조건 1. 3대 업무지구(강남, 광화문, 여의도) 중 한 곳을 대중교통을 이용해서 최소한 1시간 안에 이동할 수 있는 곳 or 자차로 30분 이내에 도달할 수 있는 곳

조건 2. 실수요가 꾸준히 발생하고(비교적 전세가가 높다), 가까운 곳에 1급지가 있는 경우

조건 3. 인근이 개발될 예정이거나 지하철이 뚫리는 등의 호재가 발생할 예정인 지역

위의 조건이 부합되는 곳이라면 쉽게 떨어지긴 힘들다. 만약 저 조건을 만족시키고 저평가 상태이며 급매물로 나온 물건을 잡으면 절대 손해날 일은 없다고 단언한다.

서울은 그리 넓지 않다. 1급지의 온기는 결국 2급지로 퍼지고 2급지의 온기는 언젠가는 3급지로 퍼지게 된다. 투자가치가 높다면 당장 비싼 1급지의 아파트를 큰돈이 들더라도 사야 할 수도 있지만 2급지에 투자한다면 1급지만큼 수익액이 높지 않더라도 괜찮은 수익률을 가져다준다. 그리고 하방 경직성의 측면에서는 1급지보다 압도적으로 안정적인 면모를 보여주는 것이 바로 2급지다.

물론 최소한의 조건만 갖춘 곳이라면 2급지가 아닌 3급지도 언젠가는 반드시 오른다. 다만 수익률이란 측면에서 3급지는 2급지보다 많이 떨어진다. 그런데 안정성은 큰 차이를 보이진 않는다. 곧, 같은 조건이면 3급지보단 2급지가 투자로 유리하다.

1급지인 강남구 아파트의 예시(전용 84㎡)

cf. 당 단지는 20평대가 없기도 하지만 해당 동네는 학군지라서
소형과 중형의 평당가가 비슷하다.

하방 경직성이 약한 1급지

2006년 11월 14억 원 ⇨ 2012년 12월 8억 500만 원

cf. 2013년에 7억 원 대에도 거래가 됐지만 저층이므로 논외로 한다.

☞ 하방 경직성이 약한 모습을 보여줌.

☞ 6년간의 하락기에 무려 42.5% 폭락했다.

상승률이 높은 1급지

2012년 12월 8억 500만 원 ⇨ 2019년 11월 23억 5,000만 원

☞ 상승기 때 강력한 슈팅을 보여줌.

☞ 7년간의 상승기 때 191% 상승했다.

곧, 가격대가 높은 1급지의 경우 입지가 뛰어날수록 집값이 당장 내려간다고 하더라도 언젠가는 회복되지만, 최고점에서 최저점을 가는 방향에서 멘탈을 붙잡고 있기 힘들 수 있다.

이번에는 3급지인 중랑구의 한 아파트의 실거래를 통해 매매가 추이를 분석해보자. 상승 기간과 하락 기간은 같은 기준을 제시하기 위해 최대한 같은 연월을 기준으로 했다.

3급지인 중랑구 아파트의 예시(전용 59㎡)

하방 경직성이 강한 3급지 (하락기 추이)

2006년 12월 2억 2,000만 원(11층) ⇨ 2012년 12월 2억 6,000만 원(11층)

cf. 11월에 거래가 없어서 다음 달 자료를 차용함.

☞ 하방 경직성이 강한 모습을 보여줌.

☞ 6년간의 하락기에 오히려 18% 상승했다.

상승률이 낮은 3급지 (상승기 추이)

2012년 12월 2억 6,000만 원(11층) ⇨ 2019년 11월 4억 4,000만 원(11층)

☞ 상승기 때 약한 모습을 보임.

☞ 장기 간의 상승기에 69%밖에 오르지 않음.

위의 흐름은 3급지와 1급지를 같은 타이밍으로 놓고 분석한 것인데 이는 현실적인 오류가 있다. 애초에 1급지가 오른 후 2급지가 오르고 2급지의 상승이 정점에 오를 때 3급지가 오른다는 기본적인 상승 사이클을 염두에 두면 위의 분석보다는 덜 드라마틱한 결과를 얻을 것이다. (중랑구의 경우 2020년 8월 5.8억 원을 저층으로 역대 최고가 찍었으니 상승률로는 123%가 된다)

그래서 3급지에 매수 후 실거주하는 A씨가 1급지의 상승을 보며 '3급지는 오르지 않는구나' 하고 1급지를 높은 호가에 매수하고 3급지를 급매로 처리해 갈아타면 최악의 선택이 될 수 있다. 그러나 같은 시기를 놓고 이야기를 해야 동시대에 판단할 수 있는 자료가 생성되기에 위의 자료도 충분히 유의미하다.

만약 갈아타기를 하려면 3급지의 상승이 완료된 후에 1급지로 가거나(차선책), 하락기나 조정기 때 1급지의 낮은 호가에 급매물이 나오면 3급지를 적당히 처분하고 상위 급지로 갈아타는 것이 바람직하다.

cf. 지하철 1km 이내, 500세대 이상인 서울 아파트는 언젠가 결국 장기 우상향을 하게 돼있다.

이번에는 2급지인 용산구의 한 아파트의 실거래를 통해 매매가 추이를 분석해보자. 역시 상승 기간과 하락 기간은 같은 기준을 제시하기 위해 같은 연월을 기준으로 했다.

2급지인 용산구의 한 아파트 예시(전용 59㎡)

하방 경직성이 강한 2급지(하락기 추이)
2006년 11월 3억 3,500만 원(16층), 3억 원(9층)
⇨ 2012년 11월 3억 6,500만 원(20층), 3억 5,300만 원(10층)
☞ 하방 경직성이 강한 모습을 보여줌.
☞ 6년간의 하락기에 오히려 12% 이상 상승했다.

상승률이 괜찮은 2급지(상승기 추이)
2012년 11월 3억 6,500만 원(20층), 3억 5,300만 원(10층)
⇨ 2019년 11월 8억 9,500만 원(19층)
☞ 상승기 때 강한 모습을 보임.
☞ 장기간의 상승기에 148%로 강력함.

지금 소개하는 용산구에 소재한 아파트도 2020년 11월 10억 3,000만 원으로 신고가를 찍었으니 상승률로 치면 약 186%가 되지만 같은 기간으로 설정하기 위해 상승률이 적은 것처럼 보일 수 있다

위에서 제시한 1급지 강남구 대치동, 2급지 용산구 산천동, 3급지 중랑구 신내동의 아파트 말고도 1급지 송파구 잠실동, 2급지 송파구 풍납동, 3급지 노원구 하계동 등으로 바꿔도 큰 차이는 없다. (특별한 이슈가 있어서 다른 상승률을 기록한 경우야 허다할 것이고 일반적으론 저런 느낌이 많다)

1급지에 비해 싼 2급지가 압도적으로 하방 경직성이 높은데 왜 2급지와 3급지의 하방 경직성은 비슷할까? 단순히 상승률과 하락률만 놓고 보면 1급지와 2급지의 차이만큼 2급지와 3급지의 차이도 같아야 할 것이다.

1급지의 경우 전세가율이 낮다는 말로 이런 궁금증을 해소할 수 있다. 2급지와 3급지는 실수요 측면의 단지들이라 하락을 하더라도 폭락하기 힘든 데 비해서 1급지의 경우 워낙 좋은 입지라서 투자를 목적으로 실제 사용가치보다 높은 가격에 거래되기도 해서 하락장에서 날개 없이 추락하는 것이다.

실제로 1급지와 2급지의 매매가는 100%씩 차이가 나는데 전세가는 60% 정도밖에 차이가 나지 않는 경우를 심심치 않게 마주할 수 있다. 또한 2급지와 3급지 역시 매매가가 80% 차이 난다면 전세가는 70% 정도 차이가 난다. (직접 찾아보면 알겠지만 대략 보면 그렇다. 3급지의 전세가율이 높긴 하다)

ex〉 1급지 아파트 매매가 20억 원 – 전세가 12억 원

2급지 아파트 매매가 10억 원 – 전세가 7억 5,000만 원

3급지 아파트 매매가 5억 5,000만 원 – 전세가 4억 4,000만 원

Check Point

임대차 3법으로 인해서 서울아파트의 전세가가 크게 상승했고 매물 또
한 극히 적어져서 전세가가 왜곡된 측면을 고려해야 한다. 지금 위의 자
료가 의미가 적을 수 있지만 전체적인 추이와 패턴을 이해하는 데 도움
이 되시라고 지면에 실었다. 임대차 3법으로 1급지의 전세가가 급등한
가운데 위의 자료가 당장은 일시적으로 안 맞을 수 있지만 시간이 지나
면 (전세가가 정착되면) 다시 저런 비율로 돌아갈 것이다.

잠실부터 1급지로 보는 합리적인 이유

일반적으로 성실하게 일해서 월급을 모아 서울의 집을 산다는 것
이 쉽지는 않다. (굉장히 어렵다. 혹은 불가능하다고 표현해도 좋을 만큼) 초고
소득층은 논외로 하고 억대 연봉인 맞벌이 부부가 열심히 졸라맸을 때
대출을 최대로 끼고 입성할 수 있는 최고점이 바로 잠실이다. 이제는
15억 원 이상은 LTV가 0%라서 월급을 모아 잠실에서 실거주할 아파
트를 찾는 건 불가능해졌지만 갭투자는 가능하다.

상속과 증여를 통하지 않고 압청삼(압구정. 청담. 삼성), 반잠(반포, 잠

원), 한남동 일부와 같은 1급지 중 최상급 단지의 경우는 일반인이 접근하기 상당히 어렵다. 잠실이나 여의도까지는 현실적으로 접근할 수 있기에 실수요가 움직일 수 있는 여력의 마지노선이라고 볼 수 있다.

사람은 누구나 좋은 곳에 살고 싶고 거주할 때 만족도도 매우 중요하기에 생활인프라가 굉장히 잘 돼있는(필자가 볼 땐 학군을 제외하면 잠실은 여타의 1급지에 비해 부족함이 없는 1급지다. 또한 학군의 경우도 초등부터 중학교까지는 일반 상위 학군지에 비해 부족함이 없다는 점을 놓치지 말자) 지역에 정착하고 싶을 것이다. 집이라는 게 한번 사면 쉽게 팔기 힘들고(세금문제, 이사문제) 구매할 때 고민을 엄청나게도 많이 하게 되므로 신중에 신중을 거듭하는데 '기왕 사는 거 조금이라도 좋은 곳 사자'라고 해서 살 수 있는 일반인의 한계점인 잠실이 시세의 기준이 될 수밖에 없기에 잠실부터 1급지로 보는 것이 타당하다고 본다. 그래서 잠실을 살 돈이 없더라도 잠실 시세는 반드시 알아두는 편이 좋다.

그리고 서울아파트 시세가 요동칠 때 그 돌풍에는 늘 잠실이 있었다. 실제 뉴스에도 가장 많이 사진으로 등장하는 곳이 바로 잠실이다. (보통 잠5나 엘리트레파 중 엘리가 많이 나온다)

cf. 잠5는 잠실 주공 5단지를 말하며 엘리트레파는 잠실에 있는 2006~2008년에 지은 대단지들로 엘스, 리센츠, 트리지움, 레이크팰리스, 파크리오를 합쳐서 칭한다)

이제 부담을 조금 낮춰 2급지의 세계로 가보자.

2급지를
선택해야 하는 이유

투자성의 측면

1) 수익률이 높다

상승기에 집값이 많이 올라주길 바라는 것이 집주인의 솔직한 심정일 것이다. 상승한 금액만 본다면 당연히 상승장에서 1급지가 여타의 하급지에 비해 압도적으로 좋다. 이유는 비싸기 때문이다. 덩치가 크니 집값이 오를 때 많이 오르는 것인데 2급지가 수익률에서 크게 밀리는 것은 아니다.

실제로 이번 상승장에서 가장 핫했던 1급지인 서초구 반포동(1급지 중에서 상급이란 의미로 S급지라고 불리기도 한다)의 A단지와 2급지인 용산구 산천동 B단지를 비교하면 약 34개월간 A단지가 68.4% 오를 때 B단지는 103.4% 올랐다.

2017년 2월 13억 9,500만 원이던 서초구 반포동의 A단지가 2019년 12월 23억 5,000만 원으로 오른 데 반해 2017년 1월 4억 4,000만 원이던 용산구 산천동의 B단지는 2019년 11월에 8억 9,500만 원을 찍었다.

무거운(비싼) 1급지의 움직임보다 비교적 가벼운 2급지가 상승장에서 힘을 많이 쓰기도 한다는 방증이다. 이 외에도 해당 기간인 2017년 1월에서 2019년 11월까지 또 다른 2급지인 송파구 풍납동의 한 단지는 4억 1,000만 원에서 7억 9,000만 원, 곧 92%의 상승률을 보였다. 일반적으로 1급지가 상승기에 많이 오르는 것은 사실이지만 때로는 2급지가 1급지 못지않은 상승률을 보이기도 하는 것이다.

2) 대출의 제한이 적다

12·16대책으로 KB시세 기준(중요!! 계약 거래 대금으로 결정하는 것이 아님)으로 9억 원 이하는 투기지역도 여전히 LTV가 40%까지 나오지만 9~15억 원 구간은 LTV가 20%로 낮아지고, 15억 원이 넘는 아파트는 대출이 0원이 된다.

여러분들이 실거주를 위해 아파트를 살 때 은행대출이 나온다는 점은 접근하기 편한 상황을 만들어주고 이 정도면 해볼 만하다는 생각을 할 수 있게 된다. 이러한 상황은 시장의 모든 실수요자에게 열려있다. 곧, 다른 수요층도 2급지를 충분히 고려할 수 있으며 2급지의 수요가 꾸준할 수밖에 없다는 의미다. (KB시세 기준 9억 원 내외인 2급지는 아직 많다)

2019년 12·16대책 이후 LTV의 한도
0~9억 원: 40%, 9~15억 원: 20%, 15억 원 초과 : 0%

예를 들어 8억 원짜리 아파트를 사려면
9억 원까지의 구간에 대한 40%인 3억 2,000만 원까지 대출 한도가 된다.

12억 원짜리 아파트를 사려면
0~9억 원까지의 구간에 대한 9억 원의 40%인 3억 6,000만 원
9~15억 원까지의 구간에 대한 3억 원(12억 원에서 9억 원을 제외하고 남은)
에 대한 20%인 6,000만 원(3.6억 원+ 0.6억 원= 4.2억 원)
곧, 8억 원짜리 아파트는 3억 2,000만 원이, 12억 원짜리 아파트는 4억
2,000만 원이 대출 한도가 된다.

〈12억 원짜리 아파트의 대출 가능금액〉

	LTV 40% 적용		LTV 20% 적용			
0원	대출한도 3.6억 원	9억 원	대출한도 0.6억 원	12억 원 =		총대출한도 4.2억 원
	0~9억 원 구간		9~12억 원 구간			

또한 15억 100만 원 아파트에 대한 대출은 0원으로 전혀 대출이 불가능
하다. 여기서 말하는 매입아파트 대출은 KB시세를 기준으로 한다.

위의 표를 보면 실수요자의 경우 1급지의 진입이 어려워졌지만 2
급지는 변화가 없어서 풍선효과가 나타날 수 있다. "1급지를 실거주하
려는 사람이 대출이 막혔다고 해서 2급지로 갈까?"라는 반론도 있을
것이다. (갭투자자는 LTV에 큰 영향을 받지 않는다. 애초에 갭투자는 주택담보대

출을 받지 않기 때문이다. 그러나 약간의 영향은 받는다. 이는 2020년 1월 20일 이후로 9억 원 초과 주택 소유자에 대한 전세대출이 전면 금지됐기 때문이다)

그러나 1급지에 대출을 끼고 실거주하려던 사람이 막히면 1급지에 실거주 겸 투자는 포기해야 하기에 대체선택지를 찾게 된다. 1급지에 갭투자를 넣고 2급지에서 전세로 살거나 2급지에 실거주하고 시드머니(여윳돈)로 다른 투자처를 찾게 될 것이다. 그런데 1급지에 갭투자를 넣고 2급지에 전세를 사는 것이 2019년 12월 16일 이후 막혀 버려서 (9억 원이 넘는 주택 보유 시 전세대출 금지) 아마도 1급지의 수요가 2급지로 옮겨가는 풍선효과에 영향을 주지 않을까 추측해본다. (곧 죽어도 1급지를 떠나지 않으려는 경우를 제외하고는 실거주 1채에 대한 욕망은 괜찮은 2급지를 대안으로 생각하게 할 것이다)

12·16대책 이후의 대출제한을 15억 원 위로 막으면 매수세가 없어져서 결국 집주인이 집을 싸게 놓는다는 견해가 많았다. 하지만 이는 결과적으로 완전히 틀렸다. 2020년 여름 상승장이 시작되자 언제 그랬냐는 듯 15억 원 위의 거래도 미친 듯이 터졌다. 결국 대출이 나오지 않으니 15억 원 위는 상승이 힘들어졌다는 말은 틀린 말이 됐다. 우리가 생각하는 것보다 돈 많은 사람이 많다. 그들은 낮은 호가에 집을 던지지 않으며 또 다른 그들은 그 높은 호가에도 서울아파트를 사는 것이다.

3) 투자금이 적게 들어간다

2020년 8월 임대차 3법으로 인해 전세가가 큰 폭으로 상승하면서 투자금이 매우 적게 들어간다. 1급지에 비해 전세가율이 높은 2급지의 전세가가 더 올라가면 매매와의 갭이 줄어들어 투자금이 비약적으로 줄어든다. 보통 1급지보다 전세가율이 높은 2급지는 그 메리트를 높여 갈 것이다. 3급지는 2급지의 속성을 극대화한 것인데 3급지가 낫지 않을까 생각할 수도 있다. 2급지는 1급지의 상승 중반부에 함께 상승을 시작해 시너지를 함께 먹는다. 하지만 3급지의 상승은 1급지의 상승이 한 바퀴 끝난 다음에 올라 상승 모멘텀이 약하다. 그래서 3급지는 상승이 더디다. 또한 2급지에 비해 도심권에서 멀다는 입지적 한계가 있어서 3급지보단 2급지를 더 추천한다.

절대 실패할 수 없는 3조합

1. 저평가
2. 2급지
3. 급매물 (매물을 보는 눈 필수)

수익률을 극대화하는 3조합

1. 입지(장투일수록 더)
2. 호재(발전가능성)
3. 정책과 타이밍

심리적인 측면

1) 세테크에 유리하다

각종 세테크(양도소득세, 취등록세 등)에 유리한 것이 바로 2급지다. 2년을 실거주한 9억 원 이하의 주택은 양도소득세(=양도세)가 없다.

---

ex〉5억 원에 산 집이 7년 뒤에 20억 원이 됐고 총 소요경비가 2,000만 원이라고 가정하면

> 양도차익 : 14억 8,000만 원
> 과세대상 양도차익 : 8억 1,400만 원
> 장기보유 특별공제 : 4억 5,600만 원
> 과세표준 : 3억 5,600만 원
> 양도세율 : 40%

를 통해 양도세 약 1억 1,700만 원을 내야 하고 여기에 지방소득세 (양도세의 10%)를 추가해 총 납부금액은 약 1억 2,900만 원이 된다.

참조 : 부동산 계산기 어플

5억 원에 사서 20억 원에 팔면서 1억 2,900만 원을 세금으로 내는 것이 대수냐고 할 수 있겠으나 주택 수가 많아지면 그만큼 세율이 많이 올라가는 측면도 놓쳐서는 안 된다. 더 중요한 건 이제 1급지는 최소 15억 원은 줘야 하는데 '취등록세+부동산중개료+각종 경비'만 계산해도 6,000만 원 정도 나온다. 그럼 15억 6,000만 원을 주고 사는 것인데 15억 원이 넘으므로 (9억 원을 초과해) 바로 양도세율 구간에 접어든다. 그러나 2급지는 취등록세율도 1급지에 비해 많이 낮고(구간별

로 다름) 각종 경비도 낮다. 세액도 당연히 낮지만 세율 자체도 낮다.

이렇게 계산을 할 때 공식을 써서 계산하기 귀찮거나 확실하게 하고 싶다면 부동산 계산기 어플을 설치해 항목을 입력하면 간편하게 계산이 가능하다.

위의 예와 달리 비과세 조건을 만족시킨 경우에는 계산이 무의미할 정도로 단순해진다.

---

ex〉 무주택자가 5억 원에 산 집이 2년 뒤에 9억 원이 돼서 팔면 복잡한 계산 없이 비과세가 된다. (조정지역의 경우 실거주 2년을 해야 하며 추가 주택구매는 없다고 가정함)

위의 있는 예시는 나름 단순하게 설정한 양도세 계산이다.

cf. 요즘은 양도세 계산기 어플을 통해 손쉽게 계산이 되지만 2주택 이상인 상황에서 임대사업자를 등록하거나 또는 증여 및 상속, 결혼과 청약 등 각종 상황이 더해지면 세무사들도 헷갈리는 경우가 나온다.

우선 양도세 산출 과정이 간단하고 지켜야 하는 원칙도 단순하다. 무주택자의 경우 규제지역이라도 2년 실거주 후 9억 원 이하로 매도하면 양도세도 없으며 비과세를 활용할 때 상황을 단순화시키기 매우 용이하다. 2019년 12월에 부동산스터디 카페에 올라온 글을 살펴 보면, 어느 70대 노인이 20억 원을 약간 웃도는 물건을 매도하는 데 장기 특공을 적용받고 임대사업자 등록을 통해 계산해보니 2주택인 상황이었다. 둘 중에 1주택은 임대사업자 등록을 해서 양도가액이 1억 원 내외로 나올 것으로 예상했다고 한다. 그러나 실제 나온 양도세는 10억 원 가까이 됐다. 계산 과정의 착오로 결국 양도세 폭탄을 맞게 된 것이다. 이는 이 정부가 내세우는 원칙이 너무 복잡해서 벌어진 참사다.

법에 대해 유식해야 겨우 세액 계산이 가능한 경우가 허다하다. 그러나 2급지는 다르다. 또한 9억 원이 안 되는 경우는 더 쉽다. 특히 비과세 요건만 공부해서 자신의 상황을 맞추면 더욱더 간단하고도 명료해진다.

정부는 앞으로도 2급지를 쉽게 건드리지는 못할 것이다. 결국 부동산도 정권(정치)과 관련이 될 수밖에 없다. 그런데 어떤 정당이 집권하더라도 2급지는 '서민아파트' 이미지 때문에 표심을 생각해서라도 정책적 당위성을 주장하기 위해서라도 정부에서 규제를 심하게 하기 힘든 측면이 있다.

2) 하방 경직성이 높다

쉽게 말해 하락장이 펼쳐졌을 때 잘 버틴다는 말이다. 하락장이 단기간 펼쳐진다면 1급지보다 하방 경직성이 강한 2급지가 주목을 받을 것이다. 2급지의 경우 폭락기에도 15% 이상은 잘 떨어지지 않는다. 왜 2급지가 1급지보다 하방 경직성이 강하냐고 묻는다면 철저한 실수요 중심의 단지들이기 때문이고(투자보단 실수요), 역사적으로 그러했던 경험이 오버랩돼 사람들이 쉽게 매도하지 않을 것이기 때문이기도 하다.

cf. 하락했을 때도 잘 버틸 수 있다는 것은 심리적인 안정감을 줄 것이다.

심지어 부동산 하락기(폭락기)로 불리는 2008년 하반기부터 2013년 상반기에도 상승한 2급지는 수두룩하다. 아래의 예시를 보자.

단지 [준공년도]	지번	전용 면적	실거래가								
			1월			2월			3월		
			계약일	거래금액	층	계약일	거래금액	층	계약일	거래금액	층
공급면적 약 24평	332	59.4	01.31	27,600	13		시세 약 2.6억 원		03.21	27,700	13
		59.79	01.07 01.16 01.31	23,400 24,700 26,000	3 10 15	02.02 02.04 02.13 02.14	23,500 24,700 25,500 25,000	3 3 10 9	03.16 03.30 03.30	25,700 25,000 26,500	13 19 14
공급면적 약 35평		84.9	01.03 01.03 01.07 01.10 01.15 01.30 01.31	33,700 33,500 32,500 33,500 33,250 34,500 33,500	20 21 2 17 14 16 6	02.02 02.10 02.19	35,300 35,500 35,000	9 22 4	03.10 03.10 03.24 03.26	32,900 34,800 34,800 35,300	3 19 10 18
							시세 약 3.5억 원				
		84.96	01.14 01.31	35,000 40,000	6 11	02.02 02.27	36,800 37,500	3 14	03.27	38,300	4

강동구 명일동의 한 아파트 (2009년 1분기 실거래가)

단지 [준공년도]	지번	전용 면적	실거래가								
			1월			2월			3월		
			계약일	거래금액	층	계약일	거래금액	층	계약일	거래금액	층
공급면적 약 24평	332	59.4				02.28	31,600	10		시세 약 3억 원	
		59.79				02.26 02.26	29,000 28,400	8 22	03.04 03.05 03.05 03.11	30,500 29,500 28,500 32,000	11 4 19 12
공급면적 약 35평		84.9				02.08 02.22 02.28	40,500 38,000 41,000	23 10 17	03.01 03.04 03.13 03.18	39,450 40,000 42,900 38,900	13 8 11 3
		84.96							03.05 03.08	42,350 41,500	7 5

강동구 명일동의 한 아파트 (2013년 1분기 실거래가)　시세 약 4.1억 원

이렇게 2급지의 경우 대세 하락기에 오히려 오르기도 한다.

지역별
급지 공개

급지는 S~5급지 등 다양하게 나눌 수 있지만, 필자는 독자들의 가독성을 높이기 위해 편의상 1~3급지로 나눴다. (급지가 낮다고 수준이 낮은 것은 아니다. 단순히 투자를 위해 편의상 나눈 것일 뿐 실제로 3급지라도 우수한 분위기의 아름다운 동네가 많다)

1급지 (high risk & high Return)
여의도, 잠실 이상의 입지나 집값을 보여주는 곳

2급지 (low risk & Middle Return)
여의도, 잠실보다 입지나 집값이 낮지만 상승장 때 급등을 연출하는 곳

3급지 (low risk & low Return)
상승장이 더디게 오며 급등이 잘 나타나지 않고 완만한 등락을 보이는 곳

서울 2급지 -

강남구 – 세곡동, 자곡동, 율현동

서초구 – 내곡동, 우면동, 신원동

송파구 – 잠실동 제외 전 구역

용산구 – 전 구역

성동구 – 전 구역

마포구 – 전 구역

강동구 – 전 구역

광진구 – 전 구역

양천구 – 전 구역

영등포구 – 여의도동 제외 전 구역(여의도동은 평당가에 비해 좋은 입지로 불포함)

동작구 – 전 구역

종로구 – 전 구역

중구 – 전 구역

서대문구 – 연희동, 홍은동 제외 전 구역

강서구 – 방화동, 공항동 제외 전 구역

동대문구 – 답십리동, 장안동

성북구 – 길음동

구로구 – 신도림동

노원구 – 중계동

경기도 2급지 -

과천시 - 과천역 주변 일부 제외 전 구역

성남시 수정구 - 창곡동 위례신도시 전체, 산성역 주변

성남시 분당구 - 전 구역

하남시 – 학암동 위례신도시 전체, 미사신도시 신축, 교산신도시

광명신도시 - 전 구역

고양시 - 창릉신도시

안양시 - 동안구 평촌동 주변

*필독(必讀)
2급지는 2020년을 기준으로 작성했으나 조사 시점에 따라 달라질 수 있고, 판단기준에 따라서도 달라질 수 있으니 작은 참고자료 정도의 의미로만 사용해야 한다. 급지를 나누는 것은 어디까지나 대중들의 견해와 부동산시세, 입지를 고려한 필자의 개인적, 주관적 소견이고 작성자에 따라 급지 구분은 얼마든지 달라질 수 있다. 또한 시기에 따라 개발계획 하나로도 변동되기도 하는 유동적인 의미를 지닌다. 다만 2급지라는 개념이 추상적으로 느껴질까 싶어 수록했을 뿐임을 밝힌다.

이제부터 필자가 딱 짚어서 저평가 2급지 중 투자가치가 높은 단지를 알려주고자 한다. 잘 판단해서 접근하면 괜찮은 성과가 있을 것이라고 본다. 다만 2020년 하반기 기준이며 이 글을 읽을 때 이미 많이 올랐다면 무리해서 투자할 생각은 버려야 한다.

그러나 잡은 물고기를 드리기 전에 물고기를 어떻게 잡았는지, 어떻게 잡아야 하는지에 대한 간략한 분석 방법을 알려 드리고자 한다. 그래서 일단 추천지를 알기 전에 먼저 기본적인 입지를 분석하는 단지분석표에 대해 이해해야 한다. 단지분석표는 각각 단지를 구성하는 여러 가지 구성 요소들과 투자가치를 분석한 것이다. 이러한 분석은 집값의 결정 요인을 판단하고 현 가격대가 거품인지 저점인지를 판가름하는 중요한 보조 자료다. 개별 항목의 의미에 대해 생각하며 다음 장을 살펴보자.

어떤 집을
사야 하나?

단지분석표

단지명		중요도	A 단지		B 단지		C 단지	
호재 / 악재		20	설명	점수	설명	점수	설명	점수
역세권		10						
세대수		8						
직주근접		7						
학군		6						
연식		4						
평지 여부		4						
예상되는 하방 경직성		3						
전세가율		3						
초교 도보거리		3						
평형 구성		2						
건설사		1						
주차장		1						
관리비		1						
용적률	신축	1						
	구축	3						
	재건축	20						
단점		−5						
총점								

위의 표에 여러분이 비교하려는 단지를 직접 쓰면 된다.

단지 분석표에는 다양한 기준들이 있다. 그런데 저 기준들이 무엇이며 얼마큼 중요한지를 알아야 판단할 수가 있다. 그래서 여러분들이 어떤 단지를 골라야 하는지 고민될 때 비교 분석하기 편한 표가 바로 이 단지 분석표가 되시겠다. 이제부터 항목을 하나하나 뜯어보며 어떤 부동산적인 의미가 있는지 살펴보자.

호재 / 악재

현재에 존재하는 장점과 단점이 아닌 미래에 발생할 장점과 단점을 예상하는 것이다. 가장 중요한 항목이다. 현재의 가치를 반영한 가격이 전세가라면 미래의 가치를 반영하는 것이 매매가다. 미래에 얼마나 개발이 될지, 나쁜 뉴스는 없는지 등을 살펴보는 것은 매매가 예측의 핵심이다.

1) 호재가 발생한 경우(집값 상승)

① 도시철도가 생긴다

대한민국의 지하철은 굉장히 발달했고 국민이 가장 신뢰하는 교통수단이다. 집 근처에 도시철도가 뚫리는 것은 굉장한 호재다. 집을 볼 때 가장 먼저 보는 것이기도 한 역세권의 가치는 그 의미를 더해가고 있다. 최근 몇 년간 집값 상승을 주도한 아파트는 대부분 역세권이다.

자신이 매수한 집 근처에 철도가 신설된다는 것은 환호성을 쳐도 될 만한 강력한 호재다.

ex〉 중전철(지하철 5호선, 9호선 등), 경전철(강북횡단선, 동북선 등), 트램 (위례, 동탄 등) 등의 도시철도가 생겨서 비역세권이 역세권이 된 경우 or 역세권 아파트가 더블/트리플/쿼드러플 역세권으로 업그레이드가 되는 경우(기존 노선에 추가노선)

또한, 강남권에만 집중돼있는 교통망에 대한 민심 달래기이자 강북의 9호선으로 불리는 강북횡단선이 신설될 예정이며, 동북선 등의 경전철이 신설된다. 교통의 혁명이라 불리는 GTX 역시 일정 부분 부동산계의 큰 화제를 일으킨 이슈인데 개통이 되면 분명 상당한 영향을 미칠 수밖에 없다.

② 재건축 및 리모델링 이슈가 해당 단지에 터지거나 인근에 터질 예정이다

송파구 잠실동, 강남구 대치동 등 재건축 대표 아파트들이 있다. 이런 곳은 재건축 이슈가 터질 때마다 강력한 시세분출을 보여주곤 했다. 또한 지방과 달리 서울은 재건축 이슈가 뜨면 인근이 함께 오른다. (일시적인 전세가가 하락할 뿐) 재건축이 아닌 리모델링의 경우에도 강한 시세분출이 있었다. 2019년 하반기의 가락쌍용 1차(송파구)와 선사현대의 시세를 보라. 가락쌍용 1차는 리모델링 이슈를 타고 단기간에 30~40%씩 올랐다.

여러분들은 이렇게 상승한 다음에 해당 단지를 매수할 것인가? 아니면 상승하기 전에 이런 낌새를 보일만 한 단지를 선취매할 것인가?

리모델링 및 재건축을 하려는 단지를 찾아 뉴스를 사전에 알아서 미리 선취매하는 것은 굉장히 어렵지만, 최소한 인근에 새 아파트가 들어설 때 함께 재건축이나 리모델링 이슈가 간혹 뜬다는 것을 고려한다면 약간의 합당한 근거를 가지고 선취매할 타이밍을 잡을 수 있을 것이다. (내부 정보가 없는 한 어디까지나 확률 싸움일 뿐이지만)

재건축의 경우 안전진단을 통과했다는 현수막이 걸리는 것만으로도 하루 만에 시세가 10%씩 오른다. (10억 원짜리가 하루 만에 11억 원이 된다는 것은 결코 작은 수치가 아니다) 호가는 단 하루 만에 20%씩 오르기도 한다.

일반적인 시세 보는 법

상승장일 때 : $\dfrac{\text{최근 실거래 최고가} + \text{최저호가}}{2}$

하락장일 때 : $\dfrac{\text{최근 실거래 최저가} + \text{최고호가}}{2}$

위의 평균값을 기본으로 보고 현장의 분위기를 살펴 파악한다.

---

③ 인근에 신축아파트가 들어선다

단지 규모가 크면 클수록 좋다. 인근에 신축이 들어서면 2가지 측면에서 시세의 상승을 견인한다.

- 주변이 깨끗해지고 도로 및 땅의 구획이 깔끔해진다. ex〉 구축인 길음 동부 센트레빌에 신축인 센터피스와 클라시아가 입주해 인근이 깨끗해져서 센트레빌의 가치가 동반 상승한다.

– 신축에 대한 선호도의 증가로 인한 매수세로 인해 신축이 먼저 치고 나갈 때 구축이 신축과 일정한 간격으로 키 맞추기를 하게 된다. (이 부분은 하락장에선 역으로 악재가 될 수도 있다)

④ 대단지 입주와 커뮤니티의 발달로 거대 학군(학원가)이 형성 되고 있다

대표적인 경우는 2급지에 위치한 신축 대단지가 된다. 곧, 중산층 의 대량 입주를 예상할 수 있는데 이는 학군의 형성을 가져올 가능성 이 있다. (시간은 좀 오래 걸린다) 다만 학군의 경우 가능성만을 놓고 매수 하기는 다소 부담스러운 측면이 있다. 애초에 학군지로 유명한 곳이 서울에 정해져 있다시피 하기에 학원가도 크게 흥행하기 어렵지만 학 군지로 성장할 가능성 역시 낮다.

⑤ 잘 알려진 정치인이 해당 단지의 집을 최근에 구매했다

다소 조심스러운 견해인데 개인적으로 굉장히 바람직하지 않은 현 상이라고 본다. 하버드대 교수 출신인 현대 윤리학자 마이클 왈쩌의 '복합평등론'에 의하면 서로 다른 영역은 서로 영향을 주지 말아야 하 는데 안타깝게도 대한민국의 현실은 유명 정치인이 소유한 땅이 그 가 치를 더해가는 속도가 빠른 것이 사실이다.

우리 일반인들은 재테크를 하는 관점에서는 당위적 차원으로 접근 하지 말고 현상에서 일어나는 실질적인 현실에 대한 예상을 해야 한 다. 재테크를 하는 입장에서 집값이 떨어져야 한다고 주장하기 보다 는 집값이 진짜 떨어질 것인가에 대한 현상을 바라보는 것이 더 합리적

이다. 당위적으로 그들을 비난하는 것은 타당하지만 그렇다고 유명 정치인이 집을 샀다는 이유로 난 그 집은 사지 않겠다는 마인드는 이성과 감정, 현실과 이상을 구분 짓지 못하는 처사다. 그러한 이유로 슬픈 현실이지만 여러분들이 사려고 찾아보는 집을 최근에 유명 정치인이 샀다면 '아 오를 확률이 더 높겠구나'라고 생각할 여지가 있다.

시험문제를 모르는 한 우리는 예상 가능한 변수를 공부해야 한다. 문제를 모르는 상태에서 답을 미리 제시하는 것은 무책임할 수 있다. 공부하고 난 후에 정답을 찾아야 한다. 시험문제를 예상할 수 있게 선생님이 짚어주지 않는 한 우리는 예상되는 시험문제를 공부해야 하며 오답 노트를 늘 준비하고 있어야 한다. 물론 자신이 대응한 행동을 정답으로 만들어 버리는(정책을 자신에게 유리하게 만들거나 개발지가 갑자기 자기 집 앞으로 변경됨) 경우도 있다고 들었지만, 극히 드문 별나라의 이야기지 우리 같은 범인(凡人-일반인)의 영역은 아니다. 하지만 별나라의 일을 범인이 따라 할 수는 있지 않을까?

2) 악재가 소멸되는 경우(집값 상승)

① 유해시설이 사라진다 ex〉 시멘트공장, 교도소(구치소), 과거 난지도 등

2019년 가락동의 뜨거운 감자였던 것 가운데 하나가 바로 성동구치소의 이전이다. 일반적으로 구치소는 선호하지 않는 건물이기에 해당 기관 이전은 인근 가락동의 큰 호재로 여겨졌다.

2019년 2월 송파구 풍납동의 레미콘 공장과 송파구청 간의 소송에서 최종적으로 구청이 승소해 공장이 이전하게 됐고 풍납동 전체의 집값이 들썩인 바 있다. cf. 이런 뉴스에 귀를 기울이셔야 한다. 뉴스가 뜨면 뜬 날은 정보에 둔감해 혹시 자신의 집을 헐값에 팔게 될 수도 있다. 투자 목적의 매수라면 이 정도의 뉴스는 금방 접해 자신의 포트폴리오 구성에 적용시켜야 한다.

② 특정 지역이 재건축이 안 되는 줄 알았는데 인근 단지가 재건축된다

풍납토성(백제의 왕성으로 알려져 있음)의 유물보존 및 문화재의 보존을 위해 송파구 풍납동은 재건축에 강한 제동을 걸어왔다. 그러나 주민들의 재산권 침해 및 인근의 슬럼화를 우려한 민원 등이 빗발치고 정부에서도 나름의 대책을 내놨는데 1~6개의 권역으로 나누고 유물을 팠는가를 통해 일부 권역은 재건축이 가능해졌다. 이러한 이슈로 풍납동은 2017년에 급등했다.

③ 재건축 사업성이 낮은줄 알았는데 정책 변화로 사업성이 높아졌다

명일동 삼환아파트는 가로주택 재건축 사업으로 주민들이 의견을 모으려는 노력이 있었다. 가로주택 정비사업을 통한 재건축은 일반 재건축과 달리 절차가 간소화되고 사업성이 올라가 상당히 메리트가 있다.

2019년 부동산계의 가장 큰 이슈 중 하나가 분양가 상한제(이하 분상제)다. 정책을 굉장히 자주 내는 작금의 상황이 예측을 어렵게 만들지만 이러한 뉴스에 기민하게 반응해야 한다. 정보가 돈인 시대다. 분

양가 상한제를 피하느냐 마느냐를 두고 집값이 들썩였던 것은 결과적으로 정보력의 차이가 집값에 미치는 영향을 보여주는 단적인 사례다.

역세권

역세권의 가치는 새삼 말할 필요도 없을 만큼 중요하다. 다만 그 개념에 대해서는 명확히 짚고 가야한다. 역세권에 대해서는 사람마다 기준이 달라서 명확한 자기 기준을 가지고 가는 것이 좋다. 기본적으로 역세권은 지하철에서 500m 이내인 곳을 지칭한다. 또한 초역세권은 대체로 지하철에서 250m 이내인 곳을 표현한다. 그리고 준역세권은 대체로 지하철에서 1km 이내를 말하는데 투자의 마지노선이다.

cf. 큰 이슈나 완벽한 분석에 의한 확신이 없는 한 지하철에서 1.2km를 넘어가는 곳은 추천하지 않는다. (도보 이동이 굉장히 어렵기 때문)

또한 여기서 말하는 역세권은 보통 도시철도를 지칭하는데 어떤 노선인가에 따라 같은 역세권이라도 차이가 크다. 일반적으로 지하철 호선의 가치를 다르게 평가하는데 이를 알기 쉽게 정리하자면 다음과 같다. cf. 아래의 순위는 필자의 개인적인 생각이므로 개인적 기준에 따라 의견이 갈릴 수 있음.

순위	호선	특장점
1	2호선	2호선은 서울에서도 한강을 끼고 내부 전체를 도는 노선으로 강남, 서초를 포함해 인서울 1급지의 상당 부분을 포함하고 있다. 다른 호선에 비해 확실하게 가장 높은 평가를 받는 노선이 2호선이라는 것에는 재론의 여지가 없다. 2호선 역세권이라면 그만큼 투자가치가 높다고 표현할 수 있다.
2	9호선	'지옥철'이라는 말을 탄생시킨 주역이자 도시철도에서 최초로 급행을 개설해 단기간에 강남을 관통하는 큰 메리트를 지닌 9호선이 두 번째로 높은 가치가 있다는 것에 대해서도 별 반론의 여지가 없는 편이다. 급행 역세권이 일반 역세권보다 좋다.
3	3호선	대한민국 최고의 부촌인 압구정을 가로지르는 호선으로 잠원, 대치, 도곡 등의 강남 1급지를 순회하며 종로3가와 충무로 등 광화문(CBD) 방면의 직주근접으로도 높은 가치가 있다. 동남쪽으로는 가락동, 서북쪽으로는 일산까지 길게 이어져 있으며 3호선은 추가로 연장될 가능성도 크다.
4	5호선	강동구에서 강서구를 가로지르는 호선으로 광화문 방면(CBD)과 여의도(YBD)의 직주근접을 통과하며 목동, 성동, 광진, 강동 등의 상위 2급지를 관통하고 있다. 또한 2020년에는 하남에 있는 하남풍산역이 개통됐다.
5	신분당선	강남에서 광교를 잇는 노선으로 특히 판교를 지나는 점이 주요하다. 기본적으로 직주근접을 만족시켜서 기준에 따라 신분당선을 조금 더 상위권에 두기도 한다. 광교가 신도시로 개발돼 그 가치가 더해졌다. 신분당선은 짧지만 강한 노선이다.
6	7호선	청담, 반포 등의 1급지를 지나며 광진, 동작 등의 상위 2급지와 동북부 3급지를 길게 통과한다. 이용객 수가 상당히 많으며 동북방향과 서남방향을 길게 잇는 노선이다.
7	4호선	용산, 과천, 광화문(CBD)등을 주요하게 지나가며 전반적으로 7호선처럼 동북과 서남을 잇는데 특히 서남방향은 과천으로 이어진다.
8	분당선	강남에 여러 역을 지나치며 분당선이란 표현처럼 경기도 성남시 분당구를 뚫고 지나간다. 또한 분당 내에서 수내, 이매, 정자, 서현 등은 학부모들이 학군에 대한 관심이 지대한 점이 분당의 정체성을 만들어주는 것 가운데 하나라고 하겠다.
9	1호선 (중앙선)	도시철도 상 가장 많은 역이 지나가며 낡고 배차시간이 길어 다소 불편함이 있으나 서울의 중심을 지나가는 점을 높이 생각할 수 있다.
10	6호선	마포, 용산 등 최상위 2급지를 지나는 호선으로 강북 쪽을 관통하며 강남과는 물리적 거리가 있는 호선이다. 도심접근성이 좋으며 은평구에서 중랑구를 잇는다.
11	8호선	동쪽 라인을 이어주는 노선으로 송파구를 관통하고 있으며 남쪽으로는 분당 북쪽으로는 구리, 다산, 진건, 별내 등으로 연장 운행될 것으로 알려져 있다. 잠실역에서 2호선으로 갈아타 강남권으로 이동이 용이하다.

cf. 1, 2, 3, 4호선은 서울메트로이고 5, 6, 7, 8호선은 서울도시철도의 주관으로 서로 근무하는 회사명도, 직원도 전혀 다른 기관이었다. 그래서 1~4호선과 5~8호선의 전반적인 느낌이 조금 달랐다. 그러나 2017년 5월 31일에 합병돼 현재는 두 기관이 통합됐다. 또한 9호선은 주관사가 별도로 [메트로 9호선 주식회사]라는 다른 곳이며 그래서인지 9호선은 환승 때마다 게이트에 따로 승차 태그를 한다.

여러분이 들고 있는 물건이 대단지임에도 잘 오르지 않는다면 역세권이 맞는지 살펴보라.

Q. 초역세권(250m 이내 1개 노선)과 더블 역세권(500m 이내 2개 노선) 중에서 어떤 단지가 더 가치가 높을까요?

비슷한 수준의 노선이라면 더블, 트리플 역세권이라는 것보다 단일역 초역세권인 것이 좋습니다. 사람들이 걸어 다니는 것을 좋아하지 않기 때문에 최대한 역에서 가까운 것일수록 좋습니다. 최근에 지은 아파트의 지하철역이 단지의 지하주차장과 연결되는 경향은 이러한 흐름을 반영한 것이죠.

세대 수

대단지일수록 당연히 투자가치가 높다. 기본적으로 세대 수가 많으면 규모의 경제가 실현된다. 관리비가 적게 들고(일하는 사람은 비슷한데 상대적으로 납부하는 인원이 많으면 관리비가 떨어짐) 상승장에서 많은 거래량으로 분위기가 활발해져서 쭉쭉 오르는 경향이 강하다. 상대적으로 대단지는 현 시세를 파악하기도 편하고 그만큼 수요도 많아 접근하기가 용이하다.

그리고 대단지는 커뮤니티가 발달했다. 주민들이 다양한 편의시설을 이용할 수 있는 것도 대단지의 큰 장점 가운데 하나다. 또한 소단지의 경우는 한두 건의 거래로 해당 단지의 시세를 파악하기가 어려운 점이 많다. 이런 이유로 상승장에서 흐름을 늦게 타거나 시세 파악에 실패한 매도자들이 터무니없이 낮은 가격에 매도하는 한두 건의 거래가 또 시세가 돼 흐름을 늦게 타기도 했다.

500세대가 넘는 단지에서 매수할 집을 찾기를 권하고 싶다. 500세대 이상 1,000세대 이하의 중규모 단지 정도만 돼도 투자로 괜찮다. 세대 수는 가능하면 많을수록 좋고 단지는 클수록 좋다. 최소한 300세대는 넘는 곳이 좋다. 각종 부동산 검색 사이트(네이버부동산 등)에 최소설정이 300인 점과 환금성의 문제를 어느 정도 해결하려면 300세대 정도는 돼야 아파트 단지의 느낌이 난다는 점을 고려해야 한다. 특히 300세대 이하는 심한 저평가가 아니고서는 추천드리지 않으며 특히 100세대도 안 되는 경우는 특수한 거래가 아닌 한(세금문제 등의 이유로 현저히 낮은 호가가 형성된 물건) 투자로는 접근하지 않기를 권해드린다.

아파트와 빌라는 보안(경비원), 주차, 편의시설 등의 많은 차이가 있지만 가장 큰 차이는 바로 거래량이다. 아파트는 많은 세대 수로 거래가 활발해서 시세 파악이 쉽고 환금성이 높다. 그러나 100세대가 되지 않는 아파트라면 빌라와 거의 동급으로 생각해도 좋다. 심지어 300세대가 넘은 연립주택의 경우 100세대 이하의 아파트보다 높은 시세를 나타내기도 한다.

특히 1,500세대 이상 넘어가면 3,000세대 or 5,000세대 or 1만세대 등 몸집 크기에 큰 의미가 없게 된다. 예를 들어 2008년식 6,864세대의 파크리오와 2018년식 9,510세대의 헬리오시티 둘을 고민할 때 헬리오시티가 10년 더 신축이라는 장점은 있으나 세대 수가 더 많다는 것이 투자가치로 큰 변수를 주지는 못한다는 뜻이다. cf. 물론 1,500세대보다 1만 2,000세대가 더 좋긴 하지만(6배 차이) 250세대와 1,500세대의 차이만큼(같은 6배 차이) 유의미한 영향력을 주지는 않는다.

직주근접

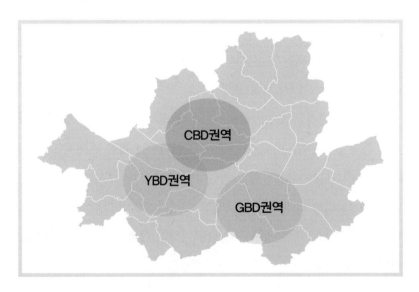

종일 지하철이나 버스에서 시간을 낭비한다면 우리는 삶의 질이 내려갈 것이다. 최근 선호도가 높아지는 것 가운데 하나가 바로 직주근접이다. 직장이 집에서 가까우면 그만큼 집의 가치가 높아진다. 실질적인 직주근접은 실거주 측면에서는 자신이 직접 다니는 직장의 위치를 따지는 것이다. 그러나 투자 측면에서의 직주근접은 자신이 거주하는 집 근처에 얼마나 많은 양질의 직장이 포진돼 있는가로 결정된다. 특히 서울의 경우 3대 업무지구라 하는 GBD, CBD, YBD에서 가까울수록 직주근접의 가치를 높게 평가한다.

GBD(Gangnam Business Distric) – 일자리 173만 개
GBD는 강남이다. 정확히는 강남대로와 테헤란로 일대를 말하는데 강남은 서울을 대표하는 최고의 학군과 교통, 직주근접으로의 가치를 지니고 있다. 강남 접근성이 좋을수록 비싸다는 말이 나올 정도로 강남은 그 자체로도 큰 의미를 지닌다

CBD(Central Business Distric) – 일자리 134만 개
광화문, 종로구, 중구, 종각 일대를 말한다. 공공행정기관 및 각종 협회가 많고 한강 이북에서 가장 큰 직주근접지다.

YBD(Yeouido Business Distric) – 일자리 53만 개
좁게는 여의도 넓게는 영등포구 전체와 공덕 일대를 말한다. 한국거래소와 금융감독원을 위시한 각종 자산운용 및 금융과 증권사들이 밀집돼있다.

이외에도 BBD(분당), 마곡 등 일자리로 알려진 곳까지 알아두면 금상첨화다.

학군

쉽게 찾기 어렵고도 복잡한 것이 바로 학군이다. 그 말은 사람마다 대체로 좋다고 여기는 학군은 다소 고정(fix)돼 있는 데 반해 역세권이나 단지의 규모 등과 같이 계량적인 지표만으로 해석할 수는 없다는 것이다.

부동산 시세에서 학군지인지 여부는 평형별 시세와 밀접한 관계가 있다. 예를 들어 학령기에 접어든 학생을 자녀로 둔 학부모의 경우 최소 자녀와 따로 방을 사용할 수 있도록 다소 넓은 평형을 선호하게 될 것이다. 그래서 학군지의 경우 20평대와 30평대의 평당가가 비슷하거나 오히려 30평형대가 높은 경우가 발생한다. 심지어 일부의 학군지는 20평형대가 전혀 없기도 한데 (강남구 대치동 or 노원구 중계동 은행사거리 주변 등) 이는 시세를 체크할 때 중요한 요소로 잊지 말아야 한다.

위와 같은 경향은 학군으로 유명한 곳이 아니더라도 가학비(가격대비 학군지)로 뛰어난 곳도 역시 비슷한 분위기를 연출한다. 집값보다 학군이 좋다고 알려진 광진구 광장동의 경우와 실제로는 학군이 괜찮지만 집값에 비해서는 다소 학군으로 알려지지는 않은 잠실의 경우를 비교해보자.

전용 59㎡와 84㎡의 가격 차를 통해 일정 부분
평형별 수요를 체크할 수 있다!

2급지 가운데 학군지로 알려진 광남학군의 대표주자인 광진구 광장동의 A단지는 전용 59㎡가 11억 원이라면 84㎡은 16억 원 정도로 시세를 파악할 수 있다. (여기서 시세란 실거래와 호가를 기준으로 계산함) 평당으로 계산할 때 전용 59㎡(17.88평)의 평당가가 6,152만 원(11억 원/17.88평)이라면, 전용 84㎡(25.45평)의 평당가는 6,287만 원(16억 원/25.45평)으로 오히려 30평형대의 평당가가 높은 것이다. (조사하는 시점에 따라 가격은 다를 수 있음)

1급지 가운데 나쁘지 않은 수준의 학군으로 알려진 송파구 신천동(법정동으로는 잠실동)에 위치한 B단지의 경우 전용 59㎡이 17억 5,000만 원이라면 전용 84㎡은 20억 9,000만 원 정도로 볼 수 있다. 평당으로 계산할 때 전용 59㎡(17.88평)의 평당가가 9,787만 원(17.5억 원/17.88평)이라면, 전용 84㎡(25.45평)의 평당가는 8,212만 원(20.9억 원/25.45평)으로 20평형대의 평당가가 19% 정도 높다는 것을 확인할 수 있다. (역시 조사하는 시점에 따라 가격은 다를 수 있음)

잠실의 학군이 떨어지는 편이 아님에도(서울에서도 꽤 좋은 편에 속한다) 학군지로 인정받지 못하는 것은 집값 대비 학군이 잘 알려진 것은 아니기 때문이다. 곧, 여타의 매력도가 높아 학군지로 손꼽아지지 않음에도 높은 가격이 형성되는 것이다.

대한민국의 3대 학군을 손꼽자면 1위가 강남구 대치동 2위가 양천구 목동 3위를 노원구 중계동으로 보는 것이 일반적이다. 학군지라 하면 왠지 1급지일 것 같은데 대치동만 1급지다. 여기서 대치동을 제외한 강남(강남구와 서초구의 8학군) 역시 최고수준의 학군지이며 다만 대치동(단대부고를 위시한)이 학군지라는 표현으로 더 유명하고 강력할 뿐이다. cf. 강남 8학군에서는 서쪽 끝에 위치한 서초구 방배동에 있으며 애들이 순하고

학구열이 높기로 소문난 상문고등학교나 그 옆에 있는 서울고등학교 역시 대한민국 최고 수준의 학군지라고 표현할 수 있다.

또한, 부동산 시장에서 학군지를 나누는 기준은 다음과 같다.

학군지를 나누는 일반적인 기준

1. 서울대학교 입학생 수
2. 학원가 형성, 동네의 학구적 분위기, 학부모들의 교육열
3. 특목고 진학자 수 및 진학률
4. 학업성취도 순위

서울대 입시 결과가 부동산에서 학군지임을 검증하는 가장 유의미한 자료라는 것이 일반적인 통설이다. 자신의 자녀를 학군지로 보내려는 학부모는 이런 정보를 유념하며 매수세에 동참하는 경향이 강하다.

학원가 형성 역시 쉽게 바뀌기 어려운 항목인데 2018년에 급등했던 광주의 한 아파트도 학원가에 가깝다는 이유로 알려졌고 이런 소문이 나서 급등 후 폭락한 바 있다. (2018년 1월 5억 4,000만 원 ⇨ 2018년 11월 11억 1,000만 원 ⇨ 2019년 6월 6억 8,300만 원) 다시 말해 학원가가 잘 형성돼있고 학군이 좋다고 알려진 것이 집값 상승에 큰 영향을 미쳤다. 이는 학군이 좋다면 투자 가치가 높아져 사람들이 많은 관심을 둔다는 내용에 대한 방증이 되는 것이다. cf. 11억 1,000만 원에 거래된 예시는 해당 기간의 최고가이며 그 거래를 제외하고는 9억 9,000만 원이 최고가다.

위 세 개의 최상급 학군지(대치동, 목동, 중계동)를 제외하고 언급이 될 만한 지역은 다음으로 추려볼 수 있다.

집값 대비 학군 우수지 예시

서울시	경기도
광진구 광장동 강동구 명일동 - 고덕동 강서구, 관악구, 은평구, 노원구 등 을 꼽을 수 있다.	성남시 분당구 고양시 일산구 안양시 동안구 평촌동 용인시 등을 꼽을 수 있다.

cf. 학군지로 자녀를 양육하고 싶다면 보통 초등학교에 입학하기 전에 해당 지역으로 들어가는 것이 좋다. 그리고 특별한 경우가 아니라면 중학교에 가기 전에는 들어가야 학군지의 효과를 볼 수 있다는 것이 다수의 견해다.

> 여러분이 보는 곳이 학군지인지 보는 간단하고 쉬운 방법 중 하나는 초등학교 학생 수를 보는 것이다. 1학년에서 6학년으로 넘어가면서 학생수가 증가하고 있다면 학군이 비교적 좋은 경우가 많고 오히려 줄어든다면 학군이 별로인 경우가 많다. (단지분석표에서 저학년 〈 고학년이면 학군이 좋은 경우가 많다)

또한, 교육부 장관의 정시확대 발언으로 학군지에 대한 기대심리는 더 커지고 있다. 정시를 확대하라는 권고를 받은 16개 대학은 다음과 같다.

> **정시 확대 권고 16개 대학**
>
> 서울대, 고려대, 연세대, [SKY]
> 서강대, 성균관대, 한양대,
> 중앙대, 경희대, 서울시립대, 한국외대,
> 건국대, 동국대, 숙명여대, 숭실대, 광운대, 서울여대
> 정시를 40% 이상 확대하도록 지시했다.

일단 두 가지 측면에서 정시가 확대되는 현상을 이해해야 한다. 우선 수시보다 정시 자체는 학군지에 유리한 것이 확실하다고 단언할 정도라고 생각된다. cf. 강남이 수시에 유리하다고 오해하기도 하는데 실제로는 오히려 강남이 정시에 강하다. 그리고 재수를 한 학생은 수시보다는 정시로 대학에 가는 경우가 훨씬 많다. 이유는 재수생은 수능 성적으로 자신의 상황을 뒤집을 수 있고, 현역 고등학생은 학생부를 업그레이드해서 수시로 대학에 갈 수 있기 때문이다.

반대로 수시 개편안은 전체적으로 학군지에 불리한 내용이 많다. 예를 들면 학군지의 아이들은 내신이 불리하지만 교사 추천서나 자기소개서 등을 통해 이런 어려움을 해소하는 면이 있었는데 수시 개편안으로 이런 부분이 어려워졌다. 결과적으로 정시의 확대와 수시 개편안까지 함께 고려한다면 학군지라는 이유로 집값이 상승할 여지는 크지 않다고 보인다.

학군은 쉽게 바뀌기 어렵고 한번 이미지가 정착되면 세월의 흐름에 다소 둔하게 반응하는 경향이 있다. 최근 신축 대단지의 입주와 더불어 학군지가 새로이 형성되리라는 기대감에 부푼 사람들이 많다. 물론 불가능한 것은 아니다. 그러나 학원가의 형성 및 이런 학구적 분위기가 대입에 영향을 미쳐 결과로 나오기까지는 결코 짧은 시간 안에 해소될 수 있는 건 아님을 유의해야 한다.

연식

구축보다 신축이 살기 좋다는 것은 주지의 사실이다. 다양한 커뮤니티 시설과 깔끔한 외관부터 시작해서 배관의 청결함까지 사소한 모든 부분까지 구축의 한계를 명확히 넘어서는 것이 바로 신축임은 분명하다. 또한 분양가 상한제로 아파트 공급이 줄어들어 신축이 귀해질 수 있다는 것은 신축의 가격상승을 견인했다. 그래서 2018~2020년 신축아파트의 상승률은 구축아파트의 상승률을 훨씬 웃돌았다.

연식은 집값을 결정하는 구성요소 중 상당히 중요한 부분을 차지한다. 재미있는 것은 연식이 낮은 단지일수록 무조건 비싸지는 않는다는 것이다. 만약 새 아파트가 무조건 비싸다면 연식으로 아파트 단지들을 줄 세웠을 때 동일 입지의 같은 수준의 단지라면 오래될수록 싸야 정상이다. 그러나 현실은 그렇지 않다는 데 함정이 있다. 서울을 제외한 대부분의 아파트는 새 아파트일수록 무조건 비싸다는 데 상당히 동의할 수 있지만, 서울은 이야기가 다르다. 바로 재건축과 리모델링 때문이다. 재건축 이슈가 터지는 시점인 30년 차 아파트가 25년 차 아파트보다 비싼 경우는 왕왕 있었다. 이는 서울의 한정된 토지 면적보다 공급될 수 있는 아파트의 양은 한정된다는 기본적인 부동산 상식만 알아도 충분히 이해할 수 있다. (재건축은 결국 신축이 되므로)

서울의 경우는 입주한 지 30년이 도래하면 재건축 이슈가 터지고 만약 용적률이 높은 상태라면 리모델링 이슈가 터진다. 그래서 용적률이 애매한 경우에 재건축으로 갈지 리모델링으로 갈지 주민들 간의 의견이 나뉘어 시간이 질질 끌리기도 한다. 어차피 아파트를 지을 땅이 부족해서 기존에 있는 단지를 허물어서 최대한 용적률을 빼먹어야 하기 때문이다.

곧, 서울아파트는 용적률이 좋아 사업성이 잘 나오면 재건축 이슈가 터지고 용적률이 300%가 넘거나 재건축 사업성이 잘 나오지 않는 경우 리모델링 이슈가 언젠가는 터질 거라는 소리다. 그래서 새것일수록 무조건 비싼 건 아니라는 독특한 공식이 성립된다.

여기서 재건축과 리모델링에 대해 아주 간단하게만 이야기하면 재건축은 아파트를 완전히 허물어서 새롭게 다시 짓는 것이고 리모델링은 골조만 남기고 벽면을 제거한 후 수평증축 or 수직증축 등을 진행하거나 외관 등을 바꾸는 작업이 이뤄지는 것을 말한다. 그런데 용적률이 300%가 넘어가면 재건축 자체가 불가하지만, 만약 재건축이 가능하다고 하더라도 사업성이 나오지 않는 경우가 많다. 그런데 리모델링은 다르다. 만약 300%가 넘어갔을 때 400%인지 700%인지는 아무런 의미가 없다. 한 동짜리 주복(주상복합)의 경우 용적률이 1,000%가 넘어가는 경우도 있는데 여기서 노후화로 리모델링이 진행된 아파트는 기존보다 용적률이 더 상승할 수도 있다. 만약 305%의 용적률을 지닌 아파트라면 600%의 용적률인 아파트와 비슷한 상황이라고 이해하면 된다.

필자가 이를 쉽게 정리해주면 아래의 표와 같다.

입주	5년	10년	15년	20년	25년	30년	35년 이상
1구간	2구간	3구간	4구간	A구간	B구간	C구간	D구간
연식이 낮을수록 비싸진다.			재건축 및 리모델링 이슈와 진행 상황에 따라 비싸진다.				

위에서 1~4까지는 비교적 연식이 낮을수록 일렬로 가격이 비싸지지만 A~D까지는 단순히 연식만을 볼 수는 없고 이슈와 섞어서 봐야 한다는 것이다.

용적률

용적률과 건폐율은 낮을수록 좋다. 상황에 따라 용적률이 너무 낮으면 오히려 사업 진행이 어려워지는(추가 분담금 증가) 경우도 있겠으나 특수한 사례를 제외하면 용적률(건축물 총면적의 대지면적에 대한 백분율)과 건폐율(건축면적의 대지면적에 대한 비율)은 낮은 것이 좋다.

용적률이란 쉽게 말해서 대지면적에 대한 건물 내의 모든 층에서 실제 사용하는 총면적을 합산한 연면적(延面積)이다. 그리고 건폐율이란 대지면적에서 건축되는 1층 부분의 면적을 말한다. 곧, 용적률이 높으면 층수가 올라가고 건폐율이 높으면 건물 사이의 간격이 좁아진다고 생각하면 이해하기 쉽다. cf. 용적률이 높은데 층수가 낮은 경우가 흔치 않듯이 일반적으로 고층이 많으면 용적률이 높다.

사업성의 경우 입지에 따라 용적률 %별 사업성이 달라진다. 강남 한복판에 있는 경우 용적률이 250%라도 재건축 사업성이 좋아 수월하게 사업이 이뤄질 수 있으며 서울의 3급지나 지방의 경우 용적률이 200%라도 사업성이 안 나와서 어떤 건설사도 관심 두지 않기도 한다.

1종 주거지 용적률 제한 200% 이하
보통 단독/다가구들이 1종 주거지에 속한다.

2종 주거지 용적률 제한 250% 이하
서울의 18층 이하의 아파트 단지들은 2종인 경우가 많다.

3종 주거지 용적률 제한 300% 이하
과거엔 층고의 제한이 없었으나 지금은 서울시에서 35층 이하로 제한했다.

준주거지역 용적률 제한 500% 이하 - 주상복합 등

특히 상업지는 최대 용적률을 1500%까지 활용할 수 있다.(중심 상업지의 경우)

> 많은 경우 단독은 1종 주거지며, 빌라는 2종 주거지,
> 아파트는 2, 3종 주거지고 주상복합(주복)의 경우
> 상업지에 있다고 보면 이해하기 쉽다.

필자는 용적률 150%대의 아파트면 상당히 메리트가 있다고 본다. 또한 250%가 넘는 용적률을 지닌 아파트가 가장 애매하며 재건축을 하기에는 사업성이 안 나오고 리모델링을 하기에는 아까운 어중간한 면이 있다고 하겠다. 용적률이 200% 밑이면 재건축으로 가거나 아니면 300%를 웃도는 용적률이면 리모델링으로 확실하게 노선을 정할 수 있어서 차라리 나을 때도 있다. (주민들 간 재건축과 리모델링을 결정하는 데 시간이 끌리지 않음) cf. 재건축은 속도가 생명

다시 말해 용적률이 애매한 경우는 추후에 입주민들이 재건축이냐 리모델링이냐로 주장이 갈리는 경우가 많다. 평형이 다양하거나 동별

시세 차가 큰 경우 의견이 모이기는 더 힘들어 사업은 지지부진해질 수 있어서 오히려 악재가 될 수 있다.

하방 경직성

하방 경직성은 쉽게 말하자면 떨어질 때 얼마나 경직된 느낌을 주는가다. 떨어질 만하면 누가 와서 사고 또 누가 낮게 물건을 내놓으면 바로 누가 채간다면 밑으로 가격이 내려가기엔 수요층이 두터워서 하방압력이 낮을 것이다. 그래서 하방 경직성은 하락기에 얼마나 잘 버텨줄지를 알려준다고 하겠다.

내가 산 물건이 항상 오르기만 하면 얼마나 좋을까? 하지만 필자가 산 아파트도 언젠가는 떨어질 수 있다고 생각한다. (아직까진 그런 적이 없지만 말이다) 그렇게 떨어질 때 누가 내려가는 집값을 잡아준다면 얼마나 다행스러울까? 즉, 떨어지고 싶어도 수요층이 두터워서 or 워낙 저평가지라서 or 전세가율이 높아서 잘 안 내려가는 곳이 있다. 그런 곳이 바로 하방 경직성이 높은 곳이다.

Q. 그렇다면 어떤 아파트가 하방 경직성이 높을까?

1. 일단 최근 상승률이 완만해야 한다
(최근 급등지는 피하라)

최근에 너무 급등한 곳이라면 중간중간에 틈새가 있어서 하락 시에 적당히 수익을 보고 빠지려는 매도자들 때문에 쭉쭉 빠질 수도 있다. 또한 어차피 집을 구매한 지 시간이 흘러 세금 문제도 해결된 사람이 매도 타이밍을 본다고 가정해보자. 자신의 단지가 급등했다면 신고가 대비 약간 빠진 상태에서도 때 기분 좋게 팔 수 있을 것이다. 그런 사례들이 많아질수록 여러분들이 보고 있는 최근 급등한 아파트가 고점을 찍는다면 하방 리스크의 강도는 더욱 심해진다. (고점인지 아닌지는 시간이 지나봐야 알지만 별다른 호재가 없는데 현재 신고가를 큰 폭의 상승률로 꾸준히 찍는다면 조심해야 하지 않을까?)

2. 전세가율이 높아야 한다

매매가 5억 원이고 전세가 4억 원이라면 1억 원 정도는 무리해서라도 자기 집에 거주하고 싶은 것이 인간의 욕구다. 여러분들도 그렇겠지만 필자도 전세가율 80%의 서울아파트가 있다면 어디인지 일단 분석부터 하러 갈 것이다. 그만큼 전세가율이 높다는 것은 전세가 대비 매매가가 낮다는 것인데 이는 역으로 '실거주하기에 좋으나 투자가치는 별로다'라고 생각할 여지도 있다. 그러나 전세가율이 높다는 그 자체로 굉장히 안전한 투자처가 되는 것이다. 전세가와 매매가가 비슷해지면 전세를 살려는 수요가 매매로 전환되는 경우가 발생하기 때문이다.

임대차 3법으로 인해 전세가가 급격하게 오르자 매매가와 전세가의 갭이 줄어들어 전세 수요가 매매로 돌아서는 경우가 많았다.

3. 수요가 꾸준해야 한다

가격이 하락하면 해당 단지를 구매하려는 수요자층이 두터워야 한다. 당연한 경제적 논리겠지만, 수요가 꾸준하면 공급이 쏟아져도 가격은 방어된다. 수요가 꾸준하려면 '교통 or 직주근접 or 학군' 셋 가운데 최소 하나는 만족시켜야 한다.

2013년 하반기부터 2020년 하반기까지 장기 간에 걸친 상승장 속에 이어진 폭등장은 다소 집값 상승에 대한 피로감을 만든 것이 사실이다. 영원한 상승은 없듯이 하락에 대한 리스크를 미리 대비하는 것도 현명하게 자신의 자산을 보호하는 유용한 안전장치는 아닐까?

초등학교와 도보거리

초등학교와의 도보거리는 초등학교 학령기 자녀를 둔 부모에게는 매우 중요한 문제다. 왜 하필 초등학교일까? 초등학교 이전에는 집 근처의 어린이집 or 유치원에 보낼 것이고 중학교 이상은 애가 알아서 잘 갈 것이기 때문이다. 중학교나 고등학교와 가까운 것도 물론 좋은 지표긴 하다. 그러나 초등학교와의 거리만큼 중요한 비중을 차지하지는 않는다.

특히 초등학교와의 거리는 학군지에서 더 중요하게 여겨지는데 초등학생을 자녀로 둔 학부모의 경우 집을 살 때 내가 살고 있는 단지가 초등학교에서 얼마나 멀리 있는지를 잘 살펴볼 것이다. 집이라는 것이 한 번 사면 단기간에 잘 팔지 않고 오래 들고 있는 경향이 있는데 그래서 처음 신혼 때부터 초등학생 자녀가 생길 것을 대비해 집을 마련하는 경우도 있다.

중요한 것은 여러분들이 처한 상황이 초등학교 학령기 자녀와 전혀 관계가 없는 경우라도 집을 매매한다면 중요하게 봐야 한다는 것이다. 전세라면 무관할 수 있지만 적어도 여러분의 소중한 재산을 투자한다면 타인의 눈에 중요할 수 있는 것은 무엇이든지 봐둬야 한다. 내가 중요치 않아도 타인에게 중요한 가치는 결국 시세와 연동된다.

초등학교와의 거리는 보통 도보로 5분 이내인 것이 좋고 최소한 10분이 넘지 않는 편이 좋다. 또한 초등학교와 본인의 단지 사이에 횡단보도가 몇 개가 있는지 얼마나 위험한 인자들이 도사리고 있는지는 모두 다 집값과 연동된다. 최대한 자신의 자녀를 안전하고 빠르게 학교로 보내고 싶은 마음, 좋은 환경에서 좋은 것만 보여주고 싶은 것이 바로 부모의 마음이기 때문이다.

그러나 초등학교와의 거리가 상관없는 투자처도 있다. 바로 학령기의 자녀와 함께 사는 것이 불가능에 가까운 초소형 면적으로 이뤄진 아파트 단지나 인근이 공장단지라서 근처에 학원가가 아예 없는 경우 등이 이에 해당한다.

평지

언덕보다 평지의 선호도가 높은 것은 당연하다. 굉장히 좋은 입지의 옥수동이 최근 상당히 많이 올랐음에도 비슷한 입지의 단지들보다 가격이 낮은 가장 큰 이유는 바로 언덕 때문이 아닐까? 상대적으로 잠실의 경우 드넓은 평지를 가로지르는 대로가 펼쳐지는데 그런 점이 집값에 다 반영돼있다.

뉴스나 관공서 공문 등에서 간혹 나오는 개발계획을 보면 가끔 언덕 부분을 평탄화해 평지로 만드는 경우를 볼 수 있다. 이때 평지가 된 길이 평소에 다니던 길이었다면 삶의 질이 올라갈 것이고 이는 굉장한 호재가 될 것이다. 특히 노인이나 임산부, 장애인의 경우 이러한 평지에 대한 갈망은 더욱 커진다. 운동이 돼서 언덕이 더 좋다고 생각하는 분들이 있다면 그런 곳에는 전세로 살면 장땡이지 굳이 투자처로 언덕을 선호할 필요는 없다. 다만 언덕이 심해도 저평가지나 호재지라면 관심 단지로 둬야 한다.

추천 평형

2017년에 필자는 소형이 좋다고 생각했다. 이유는 인구 구조의 변화와 1인 가구의 증가로 인한 것이었고, 실제로 2017년부터 2020년까지 평당가격이 가장 많이 상승한 것이 소형이었다. 언제까지 소형의 인기가 이어질까?

일단 모든 경제적 재화는 수요와 공급을 통해 가격이 결정되는데 인구 구조의 변화와 1인 가구의 증가는 소형 평형의 수요의 증가를 말한 것이라면 상대적으로 최근 건설사의 분양에서 소형이 차지하는 비중이 굉장히 높았다는 점은 소형 평형 공급의 증가를 가져왔다고 볼 수 있다. 곧, 수요와 공급이 동시에 늘어난 상황이라는 소리다.

상대적으로 인구 구조의 변화와 1인 가구의 증가는 대형 평형의 몰락을 가져왔고 이러한 분위기는 서울의 대부분에 확산돼 학군지가 아닌 경우 20평대의 평당가가 40평대의 평당가를 크게 웃도는 사례를 심심치 않게 볼 수 있다. 그러나 만약 전용 84㎡과 전용 114㎡의 가격 차가 10% 이내라면 전용 84㎡의 수요가 전용 114㎡의 수요로 돌아설 수 있다. 곧 전용 84㎡과 전용 114㎡의 가격 차가 거의 없다면 당연히 전용 114㎡을 선택하는 것이 좋다.

문제는 20평대와 40평대의 평당가가 벌어지면서 30평대의 스탠스가 애매해졌는데 20평대의 평당가와 40평대의 평당가 가운데 어느 쪽에 위치할 것인가를 두고 단지마다 다소간에 차이를 보이는 것은 사실이다.

필자는 앞으로도 20평대의 공급 및 인기는 꾸준할 것이라고 보는데 이는 '강력한 수요' 때문이다. 다만 상대적으로 최근 오른 집값을 계산할 때 국민평형이라 불리는 30평대 전용 84㎡이 2020년 하반기 현재로써는 더 안전하고 투자성도 좋다고 평할 수 있으며 40평대 이상도 공급이 워낙 적어져서 괜찮아 보인다. 그러나 평당가가 높은 초대형 평형은 공급이 적더라도 수요가 극히 줄어들어 리스크가 너무 강해

추천하지 않는다. 또한 학군지 여부와 평형별 평당가를 계산해서 상대적으로 가격 메리트가 높은 평형에 진입하기를 추천한다.

좋은 평형 구성

단지 고르기를 할 때 평형 구성이 20평대/30평대/40평대 이상이 골고루 분배돼있는 것이 좋다. 20평대가 쳐주면 30평대가 밀어 올라가고 40평대가 치고 나가면 30평대가 갭 차를 줄이러 갈 것이기 때문이다.
만약 단일 평형이라면 추후 재건축이나 리모델링을 할 때 의견을 조율하기 좋을 것이라는 장점은 있으나 시세 상승기에 쭉쭉 치고 가는 맛은 다소 적을 수 있다.

건설사

집을 짓는 건설사가 어디인지 브랜드를 통해 나름 선호도가 달라질 수는 있다. 그러나 큰 하자가 없는 이상(하자가 많은 곳은 피하는 것이 좋다) 입지가 중요하지 건설사가 그렇게 중요하지는 않다. 그래도 삼성래미안, GS자이, 현대아이파크, 힐스테이트 등과 같은 1군 브랜드와 전혀 알려지지 않은 3군 브랜드가 비슷한 가격인데 서로 인접해 있으면 당연히 1군 브랜드를 사는 것이 좋겠지만 10% 넘게 차이 나면 3군 브랜드라도 향후 투자 수익의 측면에서는 나을 수 있다.

만약 1군 브랜드가 지하철 1km에 있고 3군 브랜드가 지하철

500m에 있으며 다른 여타의 조건이 같다면 두 번 고민할 것 없이 당연히 역세권 3군 브랜드로 가야 할 것이다.

2020년 12월에 부동산 114에서 발표한 자료에 따르면 2020년 베스트 아파트 브랜드에 1위가 힐스테이트, 2위가 자이, 3위가 래미안으로 발표됐다.

순위	2020년	2019년	2018년
1	힐스테이트	자이	자이
2	자이	힐스테이트	래미안
3	래미안	래미안	롯데캐슬
4	푸르지오	푸르지오	푸르지오
5	롯데캐슬	더샵	더샵
6	e편한세상	롯데캐슬	힐스테이트
7	아이파크	e편한세상	e편한세상
8	더샵	아이파크	아이파크
9	린	린	위브
10	위브	위브	린

출처: 부동산 114

주차장

주차장은 빌라와 아파트의 가장 큰 차이 가운데 하나다. 빌라는 주차가 힘들고 주차공간이 협소해 차를 넣거나 뺄 때 같은 빌라에 사는 다른 분들의 양해를 구해야 할 경우가 많다. 아파트도 요즘에는 1가구

2차량 이상인 경우가 많아져서 주차난이 심한 경우가 많은데 세대당 평균 주차 대수가 1대도 안 되는 경우는 이중 주차 및 삼중 주차를 해야 할 수도 있다.

여기서 또 중요한 것이 주차와 연식의 관계다. 신축인데 주차장이 적은 경우는 답이 없다. 무책임하게 단지를 지은 거라고 필자는 생각한다. 다만 구축의 경우는 다르다. 과거에는 차량이 부의 상징이었고 1가구당 2차량은 매우 드물었기에 옛날 아파트일수록 세대당 주차 대수가 적은 경우가 많았다고 이해해줄 수 있다.

이러한 이해에는 미래의 변화 가능성에 대한 기대를 담고 있다. 오래된 구축의 경우 1층에 주차장이 있는데 추후 재건축이나 리모델링을 통해서 지하주차장을 만들거나 공간을 효율적으로 빼서 1인당 주차 대수에 변화를 줄 수 있다. 그래서 만약 심한 구축이거나 재건축아파트의 경우 주차 대수가 적다는 것이 집값에 큰 영향을 주지 못하는 것이다. 또한 지하로 주차장이 연결되는지도 확인하는 것이 좋다.

특이사항(단점 찾기)

여러분이 반드시 알아야 할 것 가운데 하나가 바로 단점 찾기다. 겉으로 볼 때는 아무런 이상이 없어 보여도 확연히 집값 차이가 나는 두 단지가 근처에 있다면 아무런 고민 없이 싼 단지를 살 것인가? 필자는 일단 그 이유부터 분석할 것이다. 분명 뭔가가 있을 것이다. 그것을 찾아야 한다.

이때 단지의 실질적 문제를 보여주는 다양한 커뮤니티와 검색법이 있는데 짧게 소개하고자 한다.

---

1. 부동산스터디 카페에 여러분이 궁금한 단지명을 '제목'으로 입력해보라. (뽐뿌질 주의)
2. 호갱노노에 커뮤니티 부분을 클릭해보라. (역시 뽐뿌질 주의)
3. 네이버 부동산 커뮤니티란을 통해서 진솔한 이야기를 확인해보라. (내용은 적지만 비교적 냉정함)

이렇게 1, 2, 3에 나오는 내용을 종합해 단점들을 싹 다 찾고 언급되는 내용을 하나씩 팩트 체크하면 여러분들이 궁금한 '집값이 생각보다 낮은 이유'를 발견할 수 있을 것이다. 그리고 만약 집값이 쌀 만한 이유가 없다면 그 단지는 여러분이 찾은 저평가 단지로 기록될 것이다.

05

서울아파트를 사는 구체적인 시뮬레이션

> 두렵다고 첫사랑도 안 해보고 죽을 순 없지 않겠는가?.
>
> feat. 가즈하

이제부터는 실전이다. 가장 합리적이고 현실적인 방법으로 여러분과 집을 사러 갈 것이다.

처음 겪는 상황이면 물건을 찾는 데만 24시간 이상 걸릴 수 있다. 이런 과정이 복잡하고 힘들어 보이지만 집이라는 것이 한 번 사면 몇 년은 팔지 않는다는 점을 고려하면 결코 긴 시간이 아니다. 특히 본인이 아는 지역에서 대충 아무 부동산이나 들어가서 물건 있냐고 물어보고 좋은 거 산다고 하는 건 굉장히 비합리적인 방법이며 눈탱이(못난이를 로얄가격에 매수)를 맞아도 할 말이 없을 것이다.

단지를 정하는 것도 중요하지만 단지 내에서 물건을 선택하는 것도 매우 중요하다. 또한 이런 과정을 반복해서 경험하면 어느샌가 빠르게 단지와 매물을 찾을 수 있게 된다. cf. 필자의 경우 원하는 조건에 맞는 단지와 매물을 찾아내는 데 일반적으로 2~3시간 정도가 걸린다. 그 정도 시간이면 현재 호가가 비싼 것인지 싼 것인지, 저 단지가 고평가인지 저평가인지를 판별할 뿐만 아니라 최대한의 급매물 검색으로 투자금을 조금이나마 아낄 수 있게 된다.

집을 사는 구체적인 시뮬레이션!

1. 자신의 가용자금 및 선호 취향 확인(부부간 사전 의견 조율)
2. 인서울 투자처 찾기(저평가지. 최근 5년과 1년 새 상승률이 낮은 단지 중심으로)
3. 본인의 상황과 해당 단지의 투자 적합성 분석
4. 인근 단지와 비교
5. 단지 매물 확인 및 물건별 간단 분석
6. 임장 다니기
7. 물건 비교자료 제작(어떤 물건이 최선인가 여러모로 판단하기)
8. 가용 금액상 가능한 계획인지 확인하고 물건 확정
9. 일정 확인 및 가격 협상
10. 가계약금 전송(특약사항 조율. 부동산중개료 조율)
11. 계약서 작성
12. 잔금 완납 후 등기

이제 이 과정을 하나씩 뜯어보자. 집을 사는 시뮬레이션을 통해 진짜 집을 사는 간접경험을 해보자. 그리고 실전에 써먹자. 실천할 수 없는 지식은 썩은 지식이다. 고민만 하다가 시간이 끌리는 우를 범하는 건 시간을 적으로 만드는 것이다.

1. 자신의 가용자금 및 선호 취향 확인
(부부간 사전 의견 조율)

집을 사려는 구체적인 시뮬레이션을 위해 현실적인 예시를 들겠다.

깨끗한 단지를 선호하고 있다. 미세먼지로 인해 맑은 공기를 선호한다.
약 3년 뒤 입주할 목적으로 현재는 전세를 끼고 살 예정이다.
이 부부는 자녀가 없으며 서초구에 직장을 가진 맞벌이 부부다.
최대 가용자금은 세금과 부동산중개료를 포함해 총투자금 5억 원 정도
로 생각하고 있다.
영끌 시 6억 원까지 가능하나 되도록 5억 원 이내에서 해결하고자 한다.
이 부부는 특히 지하철을 자주 이용하므로 역세권이면 좋겠다고 생각한다.
보수적인 성향이라 집값 상승에 대한 기대보다 하락에 대한 리스크를 더
중요하게 생각한다.

이렇게 구체적 상황과 선호되는 경향을 정리해 부부간에 의견을 조
율해놔야 한다. 또한 이 중에서 어떤 조건은 포기할 수 있는지 어떤 조
건은 반드시 만족시켜야 하는지에 대해 충분히 고민하고 중요도를 수
치화해 최종선택을 위한 비교를 하기 편하게 미리 정해두는 것이 좋다.

가용자금이 5억 원(세금과 부동산중개료 포함) 정도이므로 갭 4억
4,000~5,000만 원 정도에 나머지 5,000~6,000만 원을 부대비용 및
여유 자금으로 계산하고 접근하면 좋겠다. 다만 갭 가격과 추후 입주
했을 때 대출 여부까지 고려해야 한다. (입주할 때 집값이 올라 KB시세 기준
15억 원을 초과하면 대출이 0원이 된다는 점도 잊지 말자)

cf. 투자에 있어 보수적인 성향인 경우 영끌(영혼까지 끌어모아)을 했을 때 심한 압박을 받을 수 있다. 이런 성향의 경우 돌발변수를 고려할 때 되도록 6억 원에 맞추기보다 5억 원에 맞춰서 여윳돈을 조금 남기는 것이 좋으며 안정성을 선호하는 투자자라면 투자 수익성이 높은 물건보다는 하방 경직성이 높은 물건 위주로 살펴보는 것이 정신건강에 좋다.

2 인서울 투자처 찾기 (저평가지, 최근 5년과 1년 새 상승률이 낮은 단지 중심으로)

해당 가격대(갭 4.5억 원)는 2급지가 가능하니 되도록 2급지 내에서 상위 지역을 먼저 알아보고 마땅한 물건이 없다면 다른 곳을 찾아보자. 송파(잠실 제외), 용산, 성동, 마포, 강동, 광진, 양천, 영등포, 동작 정도가 적당하리라 판단된다.

네이버부동산이 매물을 찾기 편하므로 'land.naver.com'으로 접속한다. 네이버부동산 좌측 상단의 매물을 클릭하면 네이버에 등록된 모든 물건이 공개된다. 여기서 거래방식 '매매', 면적 '25평 이상', 세대수 '500세대 이상'으로 설정한 후 가용자금에 맞게 매매가 '10~14억 원'으로 옵션을 설정해서 불필요한 정보를 빼고 시간을 절약한다. (세대 수는 300세대 이상으로 설정해도 됨. 앞서 말했듯 특별한 이유가 없다면 300세대 밑은 추천하지 않음)

위의 옵션 설정이 끝나면 아래와 같이 꼭 봐야 할 소수의 단지만 남는다.

옵션 변경 전   옵션 변경 후

여기서 지도를 통해 지하철이 1km 이내인 곳만을 다시 추린다. 이 제 현재 호가와 실거래가의 갭이 작은 곳을 찾는다. 기본적으로 호가는 매도인이 매도하고자 원하는 가격이므로 실거래가보다 높게 형성된 경우가 많다. 그러나 간혹 실거래가보다 낮게 형성된 호가들이 있는데 이런 경우 잔금조건이 까다롭거나 못난이(저층 or 꽉 막힌 뷰 or 무언가 불편함을 일으키는 물건)라 불리는 경우인데 가끔은 진짜 급매물일 때도 있다. (초보자가 손쉽게 진짜 급매물을 찾는 건 굉장히 어렵다. 그러나 검색 경험과 스킬에 따라 의외로 좋은 조건의 물건을 아름다운 가격에 구할 수도 있다)

cf. 예전에는 낮은 호가가 허매물이던 경우가 많았으나 다행히 허매물이 사라져서 시간을 절약할 수 있다.

투자성이 높은 단지를 높은 호가에 잡기보단 비교적 리스크가 낮게 상승률이 더딘 곳 중에서 실거래가 대비 다소 낮거나 비슷한 수준의 호가를 형성하고 있는 단지를 중심으로 찾아본다. 이런 식으로 성실하게 찾다 보면 자신에게 맞는 물건의 목록을 만들 수 있다. 이러한 목록들을 정리해 아래의 표에 기입한다.

또한 꼭 가야 할 지역이 정해져 있지 않다면 투자성이 높거나 리스크가 낮은 서울 내 전 지역을 대상으로 열어두고 찾는 것이 합리적이다. 단지들을 한 번씩 눌러봐서 마음에 드는 단지를 찾아보자. 이렇게 2급지 가운데 상위 급지를 먼저 추려 살펴본 후 마음에 드는 리스트를 작성하고 임장을 다닌 후 최종적으로 마음에 드는 3개 정도의 단지를 선정해서 다음과 같이 단지분석표를 정리해보자.

A단지. 동작구 상도동 힐스테이트
단지분석표

단지명		중요도 (비중)	힐스테이트상도프레스티지	
			설명(전용 84㎡)	점수 (10점 만점)
호재 / 악재		20	서부선 간접, 등산로로 통행 편리	
역세권		10	695m (도보) (7호선 숭실대입구)	
세대수		8	882세대	
직주근접		7	강남과 근접	
학군		6	중하 (초등학교 저학년 학생 수 〉초등학교 고학년 학생 수)	
연식		4	2013년식	
평지 여부		4	언덕	
예상되는 하방 경직성		3	하방 리스크 약함.	
전세가율		3	60~65%	
초교 도보거리		3	6분	
평형 구성		2	대부분 30평대, 20, 40평대도 있긴 함.	
건설사		1	현대엔지니어링	
주차장		1	1.34대	
관리비		1	20.2만 원	
용적률	신축	1	신축 202%	
	구축	3		
	재건축	20		
단점		-5	애매한 학군, 언덕, 중학교가 근처에 없다. (상현중 도보 20분)	
총점				

B단지. 송파구 송파동 래미안

단지분석표

단지명		중요도 (비중)	송파삼성래미안	
			설명(전용 79㎡)	점수 (10점 만점)
호재 / 악재		20	잠실 호재 간접효과 한양1, 2차 삼익, 미성 재건축 시 동반효과 예상	
역세권		10	1.1km (도보) (3호선 오금역) 3, 5, 8, 9호선이 1km 근방에 있음.	
세대수		8	845세대	
직주근접		7	강남과 근접 문정법조단지 인근	
학군		6	중 (초등학교 저학년 학생 수 > 초등학교 고학년 학생 수) 방이동 학원가 & 대치 학원가 이용 용이함.	
연식		4	2001년식	
평지 여부		4	평지	
예상되는 하방 경직성		3	하방 리스크 다소 약함.	
전세가율		3	55~60%	
초교 도보거리		3	11분	
평형 구성		2	30평대 절반, 40평 이상 절반	
건설사		1	삼성물산	
주차장		1	1.63대	
관리비		1	32만 원	
용적률	신축	1	구축 290% (장투 시 리모델링으로 확실히 정할 수 있음)	
	구축	3		
	재건축	20		
단점		-5	애매한 지하철 (3, 5, 8, 9호선의 쿼드러플로 4개의 역이 이용 가능하나 모두 준역세권)	
총점				

C단지. 성동구 응봉동 대림

단지분석표

단지명	중요도 (비중)	대림 2차		
		설명(전용 84㎡)		점수 (10점 만점)
호재 / 악재	20	용산 업무지구 근접 행당 7구역 재개발 간접효과 비고: 대림 1차 재건축 상황을 보며 매도타이밍을 잡을 수 있음.		
역세권	10	646m (도보) (중앙선 응봉역)		
세대수	8	410세대		
직주근접	7	광화문, 강남과 가까움.		
학군	6	중상 (초등학교 저학년 학생 수 〈 초등학교 고학년 학생 수)		
연식	4	1989년식		
평지 여부	4	언덕		
예상되는 하방 경직성	3	하방 리스크 약한 편		
전세가율	3	50~55%		
초교 도보거리	3	8분		
평형 구성	2	20평대 37%, 30평대 63%		
건설사	1	대림산업		
주차장	1	0.9대		
관리비	1	21만 원		
용적률	신축 1	재건축 231% (다소 애매한 용적률)		
	구축 3			
	재건축 20			
단점	–5	언덕 재건축과 리모델링 선택의 기로에 의견통합을 위한 시간 소모가 예상됨.		
총점				

용적률의 경우 신축끼리 비교할 때는 중요도(비중)가 1에 불과하지만 구축은 3 정도 재건축은 20 정도로 생각된다.

위의 계산 방식은 필자 고유의 방식이며 단지들을 비교할 때 상대적으로 편한 비교를 위해 만든 것이다. 절대 객관적 수치가 아니며 사람마다 수치가 다르게 계산될 수 있으니 하나의 작은 참고치 정도로 생각해야 한다. 여러분이 점수를 써보라. 하지만 꼭 점수가 높은 단지에 투자해야 하는 것은 아니고 자신의 상황에 맞는 물건을 찾아야 한다.

위의 세 단지는 필자가 2020년 하반기에 찾은 저평가 2급지다. 보통의 경우 입지가 좋거나 가격이 비쌀수록 총점이 높게 나온다. 예를 들어 1급지의 경우 점수가 대부분 높고 3급지 이하의 경우는 대부분 점수가 낮게 나온다.

3. 본인의 상황과 해당 단지의 투자 적합성 분석

세 단지 모두 최근 상승 정도가 약하고 입지적으로 괜찮은 곳이다. 송파 삼성래미안은 전세가율이 낮아서 가용자금을 다소 넘을 수 있다는 점이 사례의 부부와 맞지 않았고, 대림의 경우 현 직장과 거리가 먼 점과 신축을 선호하는 사례자의 경향을 고려해서 막판에 제외됐다. 이러한 이유로 사례의 상황에 가장 적합한 매물은 힐스테이트상도프레스티지로 결정됐다.

4. 인근 단지와 비교

상도프레스티지의 경우 쌍둥이 같은 단지인 센트럴파크와 상도로 50길을 두고 인접해 있는데(거의 붙어 있다고 생각해도 된다) 이런 경우 시세가 함께 움직인다고 판단하면 된다. 연식 1년 차이는 무시할 수 있으며 (센트럴파크 2012, 프레스티지 2013) 센트럴파크는 지하철에서 가까워 교통에 유리하고 초등학교와 중학교에서 가까워 입지적으로 프레스티지보다 앞선다. cf. 이 말은 가격 수준이 비슷하면 센트럴파크를 사는 것이 좋다는 말로 해석하면 된다.

그러나 2020년 9월 기준 현재 센트럴파크가 먼저 호가 및 실거래로 치고 올라가는 형국에서 프레스티지와의 갭이 살짝 벌어졌고, 투자하려는 30평대의 경우 전세가는 비슷한데 매매가는 센트럴파크가 1억 5,000만 원 이상 비싼 상황이다. 사례자의 투자금을 고려할 때 프레스티지를 선정하는 것이 적합하며 현재 형성된 호가 역시 접근 가능함을 판단할 수 있어서 프레스티지의 매물을 찾기로 결정했다.

이렇게 1차(센트럴파크)와 2차(프레스티지)로 비슷한 단지가 인접한 경우 과거 실거래를 분석해 지금 현재 두 단지의 가격이 벌어졌는지 좁혀졌는지를 꼭 봐야 한다.

실거래를 분석한 결과 4년 전만 해도 비슷한 수준의 가격 차이를 유지했으나 역세권 선호 현상으로 1차(센트럴파크)가 2차(프레스티지)와 시세를 벌렸다. 흐름과 경향을 볼 때 같은 컨디션의 경우 1차(센트럴파크)가 2차(프레스티지)보다 1억 원 이하로 비싸면(현재의 현금 가치로) 1차(센트럴파크)를 사는 것이 좋고, 1억 원 초과로 차이가 나면 2차(프레스티지)

를 사는 것을 추천할 수 있겠다.

어떤 물건을 선택해야 할까?

여러분들이 서울아파트를 살 때 보고 있는 물건들의 리스트가 있을 것이다. 그중 마음을 움직인 단지가 정해지면 그 단지 내에서 어떤 매물을 선택하는가도 중요하다. 같은 상황에서 판단 미스로 적게는 1,000~2,000만 원에서 많게는 5,000만 원~1억 원의 순간적인 시세차익 or 시세손실을 볼 수가 있는 것이 바로 매물선택이다.

이제 고른 단지에서 매물 전체를 한눈에 보기 좋게 나열한 후 최종 선택을 해야 할 것이다. 여러분들 손 앞에 매물리스트가 있다고 치자. 그렇다면 어떤 물건을 어떻게 고르는 것이 최선일까? 어차피 같은 단지 내에서 물건만 고르는 거라면 물건을 고르는 팁이 상당히 중요해진다.

다음은 필자가 방금 선정한 힐스테이트상도프레스티지를 통해 구체적인 물건을 고르는 팁을 설명하겠다.

이 단지의 부동산에서 현재 광고를 하는 매물의 목록을 살펴보자. 중요한 건 부동산에 찾아가서 좋은 매물 없냐고 묻기보다 네이버에 올라온 물건을 미리 살펴보고 전화하는 것이 좋다. 내가 사전에 준비를 한 사람이라는 건 그만큼 매수 의지가 강한 것이라 부동산 사장님의 친절함도 경험할 수 있고, 또한 소위 말해 눈탱이 맞을 일이 없기도 하다.

5. 단지 매물 확인 및 물건별 간단 분석
(2020년 9월 22일 기준)

네이버 부동산에 나온 내용만을 토대로 작성된 것으로 매물들의 해당 페이지만 살펴봐도 아래와 같이 많은 정보를 1차적으로 얻을 수 있다. 여기에 없는 정보는 2차로 직접 임장을 가서 확인하거나 부동산 사장님을 통해서 확인할 수 있다. 네이버 부동산에 나온 정보를 통해 현재 나온 매물을 정리하여 다음과 같이 표로 정리해보자.

매물분석표

연번	매도 호가	층	뷰	향	동	현관 구조	형	특이사항
1	12억 원	저층		동	209동	계단		2022년 7월 이후 입주 가능
2	12억 원	저층		동	208동	계단		2022년 3월 이후 입주 가능
3	12.5억 원	저층		동	203동	계단		2021년 10월 이후 입주 가능
4	12.8억 원	저층		남	206동	계단		2021년 1월 이후 입주 가능
5	12.9억 원	3층		남	202동	계단		즉시 입주, 협의 가능
6	13억 원	저층		남	203동	계단		2021년 7월 이후 입주 가능
7	13억 원	3층		남	202동	계단		3개월 내 협의 가능
8	13억 원	저층		남	201동	계단		3개월 내 협의 가능
9	13.3억 원	저층		남	204동	계단		2021년 1월 이후 입주 가능
10	13.4억 원	고층	탁 트인뷰		208동	계단		층+뷰 조합 굿
11	13.5억 원	2층	정원뷰		204동	계단	판상	3개월 내 협의 가능
12	13.5억 원	7층		남동	212동	계단	판상	2021년 4월 이후 입주 가능 & 세입자가 없어서 갱신청구권 X (입주 확실)
13	13.5억 원	3층			205동	계단		3개월 내 협의 가능
14	13.5억 원	저층			202동	계단		4개월 내 협의 가능
15	14억 원	고층		남	211동	계단		2021년 2월 이후 입주 가능
16	14억 원	12층		남	204동	계단	판상	2개월 내 협의 가능
17	14억 원	11층			201동	계단		즉시 입주, 협의 가능
18	14.5억 원	고층	숲 조망 탁 트인뷰	남	202동	계단		최근 올수리

위의 표는 집값에 영향을 주는 순서대로 항목별로 나열을 한 표인데 이를 통해 가성비가 좋은 매물을 찾아내고 거품 호가의 물건을 걸어낼 수 있다. 집값에 영향을 주는 요인을 말할 때 예전에는 향층형이라고 했다. 향(일조량), 층(층고), 형(판상, 타워) 목록에서 가성비가 떨어지는 물건들을 삭제한다. 위의 내용을 종합해서 가성비가 괜찮은 매물들을 남겨보면 다음과 같다. (매물을 헷갈리지 않기 위해 연번을 꼭 확인하길 바란다. 어떤 매물이 없어지고 남았는지를)

연번	매도호가	층	뷰	향	동	현관구조	형	특이사항
1	12억 원	저층		동	209동	계단		보류 (가장 낮은 가격대)
2	12억 원	저층		동	208동	계단		보류 (가장 낮은 가격대)
~~3~~	12.5억 원	저층		동	203동	계단		삭제 (연번 1, 2와 비교 – 203동이 208동, 209동보다 낫긴 해도 5,000만 원을 더 줄 정도의 유의미한 차이는 아님)
4	12.8억 원	저층		남	206동	계단		보류 (같은 저층이라도 남향)
5	12.9억 원	3층		남	202동	계단		보류 (3층에 남향)
~~6~~	13억 원	저층		남	203동	계단		삭제 (가성비 떨어짐) (연번 1, 2와 비교)
7	13억 원	3층		남	202동	계단		보류 (애매한데 일단 보류)
~~8~~	13억 원	저층		남	201동	계단		삭제 (가성비 떨어짐) (연번 1, 2와 비교)
~~9~~	13.3억 원	저층		남	204동	계단		삭제 (가성비 극악) (연번 1, 2와 비교)
10	13.4억 원	고층	탁 트인뷰		208동	계단		보류 (층+뷰 조합 굳)
~~11~~	13.5억 원	2층	정원뷰		204동	계단	판상	삭제 (가성비 떨어짐) (연번 1, 2와 비교)
12	13.5억 원	7층		남동	212동	계단	판상	보류 (애매한데 일단 보류)
~~13~~	13.5억 원	3층			205동	계단		삭제 (가성비 떨어짐)
~~14~~	13.5억 원	저층			202동	계단		삭제 (가성비 최악)
15	14억 원	고층		남	211동	계단		보류 (RR – 로얄동층)
16	14억 원	12층		남	204동	계단	판상	보류 (RR – 로얄동층)
17	14억 원	11층			201동	계단		보류 (애매한데 일단 보류)
~~18~~	14.5억 원	고층	숲 조망 탁 트인뷰	남	202동	계단		삭제 (갭 가격 상 접근 불가)

예전에는 향층형이었지만 시대적 트랜드의 변화와(한강뷰, 4bay 선호 등) 실제 현장에서의 중요도를 분석한 필자의 판단은 '층 〉〉 뷰 〉 향 〉〉〉 로얄동 = 현관구조(계단식, 복도식) 〉 형'으로 보고 있다.

cf. 가격에 영향을 많이 미치는 순서지만 8층과 9층처럼 비슷한 층이면 가격 차이가 유의미하지 않을 때도 있다.

상승장이라 급매물이 없지만 만약 급매물을 살 수 있다면 금상첨화다. 부동산의 꽃은 급매물이다. 급매물로 잡으면 다소 하락해도 심리적으로 버틸 수 있다. 만약 단지 시세가 조금이라도 상승한다면 상당한 시세차익을 볼 수 있을 것이다. 자신이 좋아하는 물건을 사려고 생각하지 말고 급매물로 나오는 것 가운데 현실적으로 접근 가능한 것을 찾아야 한다. 급매물은 항상 옳다.

시장에서 자주 나오는 급매물의 유형

1. 당장 집주인이 돈이 급하거나 세금 문제로 파는 경우
⇨ 계약금과 잔금 일정을 융통성 있게 조절해주고 네고(가격 협상)를 시도할 수 있다.

2. 월세를 놓거나 낮은 보증금으로 인해 갭투자금이 많이 들어가는 경우
⇨ 많은 현금을 보유하고 있는 경우에 잡을 수 있다. 역시 네고(가격 협상)하기가 용이하다.

매물분석표

연번	매도 호가	층	뷰	향	동	현관 구조	형	특이사항
1	12억 원	저층		동	209동	계단		2022년 7월 이후 입주 가능
2	12억 원	저층		동	208동	계단		2022년 3월 이후 입주 가능
4	12.8억 원	저층		남	206동	계단		2021년 1월 이후 입주 가능
5	12.9억 원	3층		남	202동	계단		즉시 입주, 협의 가능
7	13억 원	3층		남	202동	계단		3개월 내 협의 가능
10	13.4억 원	고층	탁 트인뷰		208동	계단		층+뷰 조합 굿
12	13.5억 원	7층		남동	212동	계단	판상	2021년 4월 이후 입주 가능 & 세입자가 없어서 갱신청구권 걱정 노(입주 확실)
15	14억 원	고층		남	211동	계단		2021년 2월 이후 입주 가능
16	14억 원	12층		남	204동	계단	판상	2개월 내 협의 가능
17	14억 원	11층			201동	계단		즉시 입주, 협의 가능

　10개의 물건이 사정권에 있다. 이제 전화를 걸자. 이제 간단한 리스트가 완성됐으니 매물을 홍보하는 공인중개소에 직접 전화를 걸어보자. 처음부터 여기저기 전화해서 물건이 있는지 확인하고 리스트를 작성할 수도 있으나 리스트를 먼저 작성 후 전화로 매물을 확인해야 하는 이유는 여기저기에 마구 전화하면 매수세가 몰린다고 판단해 매도자가 물건을 거두는 경우가 있어서다. 리스트를 먼저 작성하고 최소한의 전화를 넣는 편이 좋다.

　가끔 보면 공인중개소에 전화하기를 두려워하는 분들이 있는데 그건 그냥 경험이 없어서 그런 것이다. 공인중개소 사장님은 여러분들을 도와주기 위해 존재하는 사람이지 여러분들의 실력을 검증하는 사람이 아니다. 무시당할까 걱정하지 마라. 간단하다. 만약 불친절하면 해당 공인중개소와 거래하지 않으면 되는 것이다. 또한 약속을 잡을 때는 되도록 많은 물건을 보여달라고 하는 것이 좋다. 그래야 비교가 잘 된다.

6. 임장 다니기

이제 약속을 잡았으니 임장을 떠나야 한다. 임장 시 반드시 체크해야 할 부분을 놓치지 말자.

<필수 체크 사항>

1. 뷰가 잘 나오는가? (이건 임장을 가야만 알 수 있는 부분으로 가장 중요한 항목이다)
2. 최근 수리 상태 - 집의 상태, 노후도 및 미관상 특이점과 인테리어가 필요한지 확인
3. 누수, 결로, 곰팡이 등의 하자가 발생했는가? - 반드시 수리 후 잔금을 치른다는 것을 계약 시 특약으로 설정하면 좋다.
4. 지하주차장과 연결돼 있는가?
5. 엘리베이터를 몇 세대가 함께 사용하고 있는가?
6. 층간 소음이 심한가? (이 부분은 알아내기 어려운데 실거주자와의 대화를 통해 어느 정도 유추할 수 있다)
7. 집안 구조 및 모양과 선호도에 따른 타입
8. 집을 보여주는 사람이 집주인이면 성향 파악 (스타일을 보고 협상 여부를 어느 정도 가늠할 수 있음)

TIP. 매도 시 좋은 부동산과 매수 시 좋은 부동산

매수를 할 때나 매도를 할 때는 처음부터 자신의 포지션(매도/매수)을 밝히기보다 현재 시세부터 물어보는 것이 좋다. 매도 시 좋은 공인중개소가 매수 시에도 좋은 것은 아니다. 둘 다에 잘하는 공인중개소는 잘 없다. 그래서 어떤 공인중개소를 가야 나에게 유리한지 알아보자.

일단 부동산에 전화를 걸어 시세를 물어보면 해당 부동산 사장님의 성향이 드러난다. 자신 있게 오르고 있다고 말하며 현재 나와 있는 호가보다 다소 높게 시세가 형성돼있다고 한다면 대체로 매도 시 유리한 부동산일 확률이 높다. 그러나 반대로 상승장일 때 실거래가를 현시세로 생각하는 말해주는 부동산이 있다면 이는 매수할 때 유리한 부동산일 확률이 높다.

> • **매도 시 유리한 부동산**
> 시세를 다소 높게 생각하는 부동산 – 높은 호가가 시세라 생각
>
> • **매수 시 유리한 부동산**
> 시세를 다소 낮게 생각하는 부동산 – 낮은 호가나 실거래가가 시세라 생각

일단 시세를 물어본 후에 나오는 대답을 듣고 자신의 상황과 맞는 부동산과 선택하면 비교적 유리하게 상황을 끌고 갈 수 있다. 매도자

의 경우 비싸게 받고 싶고 매수자의 경우 싸게 사고 싶은 것이 인간의 마음이기 때문이다.

d. 만약 조금이라도 손님에게 막 대하는 사장님이 있다면 초반에 연을 맺지 않는 편이 좋다. 꾸준히 친절하신 분을 찾는 것은 그다지 어렵지 않다. 일단 친절한 사장님이 추후 특약사항을 조율하거나 잔금일정에 대해 언질을 둘 때도 여러모로 좋다. 그런 분을 잘 찾아내자.

7. 물건 비교자료 제작
(어떤 물건이 최선인가 여러모로 판단하기)

거창하게 무언가 만든다고 생각하지 말고 최대한 가성비가 잘 나오는 물건을 중심으로 적당히 필요한 부분만 추린다. 그리고 마지막까지 고민되는 물건 3개 정도를 놓고 고심한다.

최종 결선에 오른 3개의 매물

연번	매도 호가	층	뷰	향	동	현관 구조	형	특이사항
5	12.9억 원	3층	정원뷰	남	202동	계단	판상	전세를 놓아야 하는 부담감
10	13.4억 원	고층	탁 트인뷰	동	208동	계단	판상	동향, 비로알동
12	13.5억 원	7층	트인뷰	남동	212동	계단	판상	가성비는 좋으나 가격이 부담됨.

이렇게 놓고 최종적인 결정을 하면 된다. 이제 물건 최종 확정 후 집값을 깎아보자. (네고)

8. 가용금액상 가능한 계획인지 확인하기 및 물건 확정

현재 전세 시세는 8억 5,000만 원~9억 원 정도에 호가가 형성돼 있으며 매매가가 13억 5,000만 원이라면 가용금액을 다소 초과할 수 있다. 이럴 때는 전세금을 높이거나 매매가를 낮춰야 하는데 (사실상 전세금을 높이는 방식은 리스크가 크다. 매매계약을 한 후 전세가 안 들어오면 잔금을 치르지 못하고 난관에 봉착할 수 있기 때문) 이제 매매가를 최대한 네고(가격협상)해 내 계획이 가능한 플랜인지 여러모로 확인해보자.

9. 일정 확인 및 가격 협상
(부동산중개료 포함)

이제 내 계획에 오류는 없는지 실수는 없는지 놓치지 않도록 확인하기 위해 아래와 같이 구체적인 일정을 짜보자. 연번 12의 매물을 13억 3,000만 원에 네고하고 전세금을 8억 9,000만 원에 준다고 가정했다. 네고의 조건으로 중도금을 많이 넣는 것으로 설정했다.

> 자금 계획을 몇 번씩 확인하는 것은 실수를 피하기 위한
> 최선의 방법이며 아무리 말해도 부족하지 않다.

일자	수입		지출		누계
일자	항목	금액	항목	금액	
초기자금					5억 원
20.9.25			계약금	1억 3,300만 원	3억 6,700만 원
20.10.8			중도금	2억 5,700만 원	1억 1,000만 원
20.12.3			잔금	5,000만 원	6,000만 원
			중개수수료	600만 원	5,400만 원
			등기비용 취등록+법무사	4,800만 원	600만 원

10. 가계약금 전송

쌍방간(매수자와 매도자)에 가격협상이 끝나면 본격적인 매매계약을 체결한다. 아파트라는 것이 원체 큰 금액이 오가는 만큼 계약서를 쓰기 전에 가계약금을 보내는 것이 일반적이다.

물건이 어디가 안 좋다는 말을 하기보다는 물건은 맘에 드는데 가용금액이 부족하다고 말하는 것이 네고할 때 대체로 유리하다. (현 예시는 실제 돈이 애매함) 그리고 집을 꼭 사고 싶다는 것을 호소해 호감형 대화를 중개인이 이끌고 갈 수 있는 여건을 만들어야 한다.

또한 잔금일정을 맞춰준다든지 계약금을 많이 내거나 잔금을 아주 조금만 남기고 중도금을 많이 주는 것을 조건으로 걸어 협상을 잘 이끌고 갈 수 있다.

만약 매매가 협상이 안 되면 두 번째로 매력적인 물건에 협상이 되는지를 확인해 최종 결정하는 데 좋은 비교자료로 쓰는 것이 좋다. 가계약금은 통상 거래액의 1%를 내는 경우가 많으나 대체로 금액을 협의로 결정한다.

가계약금에 대한 오해

1. 가계약금을 보내고 24시간 전에는 환불받을 수 있다. – X
⇨ 이체한 순간 환불을 요구해도 돌려받지 못한다. (상대가 거절하면 받을 수 없다)

cf. 통상적으로 가계약금은 환불해준다는 말이 있는데 이건 지역에 따라 그런 경험이 있을 뿐이지 법적으로는 전혀 구속력이 없는 말이다.

2. 가계약금을 보낸 후 매도자가 계약을 파기하려면 가계약금만 되돌려 주면 된다. – X
⇨ 가계약 시 계약일, 계약금, 잔금일, 매물특정(위치와 동호수)이 쌍방에 고지됐다면 가계약금이 아닌 본계약금에 대한 배액배상이 이뤄져야 한다.

cf. 이때 주의할 사항은 매물특정 여부, 상세한 일정에 대한 합의 여부, 계약금 확정 여부에 따라 법적 분쟁이 일어났을 때 판결은 달라질 수 있다.

가계약금 1,000만 원, 계약금 1억 원, 매매가 10억 원인 경우 가계약금을 1,000만 원 보내고 쌍방 간에 계약서에 들어갈 내용이 전부 고지된 상태라면 매도자가 파기를 원할 때 1,000만 원에 대한 배액인 2,000만 원을 돌려주는 것이 아니라 1억 1,000만 원을 돌려줘야 한다. 마찬가지로 매수자가 파기를 원하면 9,000만 원을 추가로 배상해야 한다.

cf. 헷갈려하시는 분들이 많은데 배액배상이 2배를 더 받는 것이라 꽁돈이 두 배가 생긴다고 착각해선 안 된다. 애초에 1배를 줬고 2배를 돌려받아 1배만큼의 꽁돈이 생길 뿐이며 이 꽁돈은 세금이 붙는다는 점도 잊지 말자.

11. 계약서 작성(특약사항 조율)

계약서를 작성하러 갈 때는 반드시 생각해야 하는 게 있다. 이 두 가지를 미리 생각하지 않으면 시간을 되돌릴 수 없다. 계약서를 쓴 후에는 변경이 대단히 어렵다.

아래 사항에 대해 조율하기 위해 계약서 작성 30분 전에 미리 도착해서 사장님께 내 상황을 인지시키는 것이 좋다.

계약서 쓰기 전 사장님과 사전에 협의하면 좋은 부분

1. 특약사항 조율

계약 과정에서 내게 필요한 부분과 상대가 요구하는 사항을 어느 정도 조율해서 일정에 차질이 없도록 최대한 신경써서 작성한다. (계약금, 중도금, 잔금 액수 및 일정 조율) 내가 들어줄 수 있는 부분이라면 상대가 다소 많은 요구를 하더라도 적당히 관용적으로 대해주는 것이 좋다.
cf. 계약금 영수증도 받아두는 편이 좋다. (가끔 놓치는 부동산이 있음)

2. 부동산중개료 조율

일반적으로 요율은 9억 원 초과의 경우 매매가의 0.4~0.45% 정도로 진행하는 경우가 많다. (일반적인 요율을 특정하긴 어려우나 많은 경우에 그렇다는 뜻) 그러나 부동산 사장님이 성실하게 잘 도와줬을 경우나 가격협상에 큰 도움을 준 경우 재량껏 좀 더 주는 것도 생각해볼 수 있다.
cf. 9억 원이 넘는 경우 요율 0.9%에 부가세 0.09%(부가세의 경우 일반과세자는 10%를 추가로 받고 간이과세자는 받지 않는다. 이는 사업자별 세금 차이가 있어서 그렇다. 굳이 말하자면 일반과세자는 매출이 많았고, 간이과세자는 매출이 적었던 사람이라고 보면 쉽다)를 추가해 매매가의 0.99%를 복비로 다 주는 경우도 있으나 절대로 의무사항이 아님을 잊지 말자. 요율은 협의 사항이라는 점은 반드시 인지해야 한다.

12. 잔금 완납 후 등기

　잔금일에 잔금, 부동산중개료, 등기(취등록세)료가 발생하고 셀프등기를 하지 않는다면 법무사비가 추가로 들어간다. 잔금 보름 전 어플 '법무통'을 통해 등기 이전에 대한 비교 견적을 받으면 최대한 수수료를 줄일 수 있다. (취등록세 = 취득세, 2011년 이후 통합됨) 또한 셀프등기를 하려는 경우 등기권리증(집문서)이 없으면 매도인이 동행해야 한다. 동행이 불가능할 경우 셀프등기가 불가능하고 법무사를 통해서만 등기가 가능하므로 셀프등시 시 등기권리증 소유 여부를 사전에 확인해야 한다. 마지막으로 취등록세를 L-point를 통해 결재하면 다소간에 할인이 가능하니 참고하자.

06

집값에 영향을 미치는 정도
층>>뷰>향>>>형

    예전에는 향층형이라는 표현으로 사람들의 선호 및 집값을 계산할 때의 기준으로 삼았다. 그러나 저층이 가진 단점과 비선호 향이 가진 단점을 비교할 때 결과적으로 저층이 더 싼 점으로 미뤄볼 때(실제로 1층에 정남향과 로얄층에 정북향이 같은 가격이면 로얄층에 정북향을 구매할 것이다) 필자는 층 >> 뷰 > 향 >>> 형으로 가격 차이가 난다고 보고 있다.

cf. 이 부분은 시장에 나온 매물들을 분석해서 전체적인 가격대를 고려해서 계산한 개인적인 주관이 들어간 견해임을 밝힌다. 조망권을 중시하는 현 부동산의 흐름을 고려할 때 뷰가 향보다 약간 더 집값에 강한 영향을 미친다고 보인다. (거실 앞이 완전히 막힌 정남향과 거실 앞이 한강뷰로 시원하게 뚫린 정북향 중에 생각해보면 여러분은 어떤 집을 선택할 것인가?)

층 선택

로얄층은 찾기 쉽다. 신축은 탑층이며, 구축은 '탑-1층 or 탑-2층'이다. 층별로 집값이 다르다는 것은 모두가 알고 있을 것이다. 그러나 어디가 로얄층인지 어디까지가 기준층이고 저층은 어디인지 등과 각 가격 차이가 어느 정도인지를 본인 자신의 기준 없이 물건을 접하면 판단 미스가 날 수 있다. 층, 뷰, 향, 형 모두가 마찬가지지만 특히 층 같은 경우는 가장 중요한 항목으로 약간 가격 차이에 대한 이해가 이뤄져야 후회하지 않는 투자를 진행할 수 있다. 특히 아파트를 사 본 경험이 없는 독자분들은 집중해서 읽으시길 권한다.

1) 첫 번째 기준 – 고층이 비싸다. 그리고 저층이 싸다

15층짜리 아파트가 있다고 치자. 몇 층이 로얄일까? 앞부분을 제대로 읽은 독자들은 구축의 경우 13층 or 14층이라는 말을 바로 내뱉을 수 있을 것이다. 그러나 모든 아파트의 로얄층이 '탑층-1 or 탑층-2'일까? 일단 로얄층이 왜 '탑층-1 or 탑층-2'인지에 대한 이해를 해야 한다. 그러기 위해 우선 높은 곳을 선호하는 이유에 대해 알아야 한다.

① 가장 큰 이유는 일단 조망권(뷰)이다.

고층일수록 뷰가 잘 나온다. 뷰가 좋아 깔끔하고 멀리 시야가 트인 상태로 좋은 전망에 산다는 것은 모두의 희망일 것이다.

② 두 번째 이유는 지상 소음이 적고, 벌레가 고층까지 타고 올라

오기 힘든 점 때문이다. 이는 저층의 단점과 그대로 연결된다.

③ 세 번째 이유는 일조권이 뛰어나다. 저층에 비해 해가 잘 들고 난방비가 절약된다. 해가 잘 들면 비타민D가 활성화되고 스트레스가 누적되는 것을 다소간에 막아준다.

④ 네 번째 이유는 프라이버시다. 저층보다 고층이 외부에서 실내를 보기 어렵다는 점은 실내에서 활동할 때 신경 쓰이는 부분이 없다는 것으로 바꿔서 해석할 수 있다. 입주 연도가 한참 지나서 오래된 구축의 경우에는 탑층이 겨울에는 난방비, 여름에는 냉방비가 많이 들고, 엘리베이터 소리 및 환풍기 소리와 누수의 위험 등이 있다. 즉, 구축의 경우 탑층이 가진 문제를 피하고 최대한 높은 층인 '탑층-1 or 탑층-2' 층이 바로 로얄이 되는 것이다. 그러나 신축아파트는 구축 탑층의 단점을 거의 다 해결해서 소음 및 방열과 누수 등 여러 가지 문제점들이 잘 발생하지 않아 탑층이 최로얄층이 된다.

층별 가격 TIP

• 5층부터는 기준층으로 기본 시세에 준한다. 4층 이하는 준저층으로 취급하는 것이 일반적이다. 또한 구축의 경우 '탑층-1 or 탑층-2' 층이 가장 로얄층인데(탑층이 15층이면 13층과 14층이 로얄층이다) 이는 높은 층에 살고 싶어 하는 사람들의 심리가 반영된 것이다.

- 또한, 1층의 경우 가장 비선호하지만 1층 전용 수요 또한 존재한다. 일반적으로 부동산에서 저층으로 올려놓은 물건은 1층이라고 생각하면 된다. (극히 드물게 저층으로 올리고 2층인 경우도 있다)
- 본인이 저층을 희망한다면 거기에 전세로 사는 것은 괜찮지만 집을 산다고 생각하면 투자성을 생각해서 신중함을 기해 로얄층 대비 얼마나 많이 싼지 확인해야 한다.

2) 두 번째 기준 – 저층의 개념 (기준층은 5층)

1층이 저층이라는 것에는 재론의 여지가 없다. 그러나 20층짜리 아파트에 있어서 어디까지가 저층이라고 할 수 있을까? 일반적으로 분양가를 산정할 때 기준표를 보는 방식과 실제 거래되는 물건을 분석해서 실거래가와 층의 상관관계를 알아보는 방식이 있다.

여러분들은 필자가 보기 좋게 정리할 테니 경험이 적은 분이시라면 답정너(필자가 답을 정해주니 독자분께선 공식처럼 외우시라) 느낌으로 공부하신 후 경험이 누적되면 본인만의 기준을 가지는 것도 괜찮은 방법이다. 필자의 기준이 정답은 아니지만 본인의 기준이 정립되지 않은 상태라면 매물들을 여러 개 봤을 때 뭐가 뭔지 애매해서 시세 파악에 실패하고 표류하게 될 것이다. 그런 경우 부동산에서 말하는 내용을 따라갈 수밖에 없다.

본 책에서는 독자분들의 편의상 쉽고 간단하게 말씀드리고자 한다. 20층 아파트를 기준으로 할 때 업계에서는 보통 5층부터는 기준층으로 1층은 저층으로 2~4층까지는 준저층으로 통칭된다.

층별 집값

- 구축아파트 : 저층, 준저층, 기준층, 중층, 로얄층, 탑층으로 구성됨.
- 신축아파트 : 저층, 준저층, 기준층, 중층, 준로얄층, 탑층(최로얄층)으로 구성됨.

신축아파트는 전 층에서 높은 층이 더 비싸다. 구축아파트는 탑층이 4층 정도와 가격이 비슷하고(탑층이 10층 이상인 경우) 나머지는 높은 층이 더 비싸다고 이해하면 되겠다.

그렇다고 1층과 탑층이 꼭 나쁜 것만은 아니다. 장점도 살펴보자.

1층의 장점

- 아이들이 신나게 뛰어놀아도 비교적 층간 소음을 내는 것에 대한 부담이 적다. (유년기 자녀가 있어서 뛰어다니는 경우 많이들 찾는 것이 1층이다. 그러나 너무 심하게 뛰면 윗집으로 소음이 전달됨)
- 화재 및 재난 대피 상황에서 유리하게 피신할 수 있다.
- 커뮤니티를 이용하거나 외출할 때 엘리베이터를 기다릴 필요가 없이 빠르게 이동한다.
- 갭투자에 유리하다. (매매가는 10~15% 정도 차이가 나지만 전세는 5% 이상 차이 나지 않아서 갭이 작아진다)

뷰 선택

최근 집값 상승을 주도했던 곳은 대부분 한강변이었다. 같은 단지라도 한강뷰가 잘 나오는 매물은 가격이 몇 억씩 더 비싼 경우도 있다. 뷰는 최근 들어서 더욱 중시되는 가치로 급부상하는 집값의 결정 요소다. 조망이 잘 나온다면 하루를 마친 후 넘어가는 석양을 보며 기분 좋게 커피 한잔을 음미할 수도 있을 것이다. 다만 본인의 성향에 따라 뷰를 중시하지 않는다면 전세야 아무 곳이나 구해도 좋지만(조망이 나쁜 곳) 매매를 한다면 반드시 뷰를 꼼꼼하게 살펴보시길 권해드린다. 여러분이 좋아하지 않는다고 해서 가치가 내려가는 것은 아니며 매매할 때는 뷰의 가치가 시장가격에 그대로 반영되기 때문이다.

뷰의 일반적인 선호도

> 1. 오션(바다)뷰 2. 한강뷰 3. 호수뷰 or 일반 강뷰
> 4. 산뷰 5. 정원뷰 6. 탁 트인 뷰 7. 공원뷰

아파트라는 건축물은 지상에서 높고 자연과는 동떨어진 현대의 주거 공간이다. 그래서 아파트에 사는 경우는 특히나 자연에 대한 조망을 통해 간접적으로 자연을 누릴 수 있는 뷰가 선호된다.

① 오션(바다)뷰는 부산(해운대), 강원도(속초), 인천(송도) 등의 아파트에서 볼 수 있다. 바다를 보고 있기에 당연히 뷰는 최상이지만 바다에 있는 염분이 샷시 틀과 유리에 붙어서 청소가 다소 불편하거나 쉽게 부식된다는 단점도 있다고 알려져 있다.

② 한강뷰의 경우 한강을 끼고 있는 동네에서만 관찰되기에 프리미엄이 붙는다.

> 강의 남쪽은 – 강동, 송파, 강남, 서초, 동작, 영등포, 강서
> 강의 북쪽은 – 광진, 성동, 용산, 마포
>
> ⇨ 한강뷰 가능

위의 구에 있는 모든 동이 다 한강뷰가 나오는 것은 아니다. 또한 위의 구가 아니더라도 (ex)양천구) 간혹 한강뷰가 나오기도 한다. 그러나 위에 열거된 곳이 한강뷰가 로얄로 잘 나오며 집값 역시 위에 나열

된 단위 구에서 이번 상승장에 폭등을 주도했다.

cf. 여의도(리첸시아 등, 특히 A, B동 3호 라인), 반포(아크로리버뷰 등), 이촌동 (첼리투스 등), 마포(한강 아이파크 등) 등 어디의 한강뷰가 최고냐에 대해서는 다양한 의견이 있지만 대한민국 최고의 한강뷰는 트리마제(성동구 성수동)가 아닐까 한다. (이 부분은 관점에 따라 큰 차이가 날 수 있음)

③ 호수뷰는 잠실동(서울 송파구), 광교(경기 수원시), 청라(경기 인천시), 동탄(경기 화성시) 등에서 많이 관찰되는데 서울보다는 경기권에 괜찮은 호수뷰가 많다. 또한 많은 양의 물을 보는 것에 대한 로망이 대한민국 사람들에게 많은 편이다. 그래서 '오션뷰 〉 한강뷰 〉 호수뷰'가 된다.

④ 산뷰는 특히 눈 내리는 겨울철에 그 진가를 발휘한다. 그래서 훌륭한 산뷰를 가지고 있는 집주인분은 되도록 한겨울에 눈 내리는 날 집을 팔면 인기가 좋다. 산뷰의 경우 숲이나 나무들과 가까운 동이 많은데 특히 산에서 뻗어 나온 나뭇가지와 샷시의 거리가 5m 이내면 안 좋다. 해충이나 각종 벌레가 꼬일 수 있기에 이 부분을 염두에 둬서 최소 20m 이상은 떨어진 아파트를 살펴보기를 권한다. 샷시와 나무가 닿아서 유리에 거미줄 치면 신세계를 경험할 것이다.

⑤ 정원뷰는 거실을 통해 보는 조망이 정원이나 리조트에 온 느낌이 나는 곳을 말한다. 나무, 잔디, 자잘한 식물들이 잘 자라나고 있는 것을 보고 있으면 힐링이 될 것이다. 특히 테라스가 있는 물건이나 조경관리가 잘 되는 단지, 혹은 산과 근접하는데 조망이 정원처럼 이쁘

게 보이는 경우 모두가 해당한다.

⑥ 탁 트인 뷰는 딱히 뭔가 보이지는 않지만 그래도 멀리까지 보여서 가슴이 뻥 뚫리는 느낌을 주는 뷰다. 특히 석양이나 노을의 분위기가 아름다운 자태를 드러낼 때 진가를 발휘한다. (해당 뷰 오너는 화창한 날 해가 저무는 타이밍에 석양이 낀 집을 보여주면 잘 팔릴 것이다)

⑦ 공원뷰는 널찍한 공원에서 사람들이 즐겁게 뛰어다니는 모습을 가까이 볼 수 있다는 점이 좋다. 웃는 얼굴을 많이 보면 본인도 즐겁듯이 놀러 온 사람들의 표정을 우연히 보게 된다면 같이 그냥 미소가 지어질 것이다. 그렇다고 공원에 온 사람들을 일일이 관찰하진 않겠지만 말이다. 일단 공원에는 나무와 분수 등도 있어서 시각적으로 좋으며 집에서 가까우면 놀러 나가기에도 좋아 추천한다.

cf. 이 외에도 아파트뷰, 꽉 막힌뷰, 쓰레기장뷰 등 다양한 종류가 있지만, 자신이 보고 있는 집의 뷰가 이 집의 가치를 올려주는지 반감시키는지 꼭 판단해야 한다.

매매할 때는 (매수 or 매도 모두) 5년 후의 뷰를 생각하라. 시간이 지날수록 뷰가 아름답게 변하는 곳은 집값에 뷰가 반영될 확률이 높다. 만약 지금 당장 눈앞에 옹벽이 있더라도 나무들이 주변에 자라고 있다면 옹벽이 이쁜 나무 정원뷰로 바뀔 수도 있다. 또한, 나무가 자라서 앞면의 뷰가 나무에 가려지는 경우 점점 뷰가 나빠질 수도 있다.

향 선택

남향이 최고다. 향에 대해서는 당연히 가장 선호되는 것이 바로 남향이다. 정남향의 경우 해가 잘 들어서 곰팡이가 잘 끼지 않으며 일조량이 많아 해를 많이 볼 수 있어서 사람들에게 좋다는 것이 일반적인 견해다. 또한, 여름에는 시원하고 겨울에는 따뜻해서 냉방비와 난방비가 적게 들고 예전에는 향층형이라 해서 가장 중시하는 것이 바로 향이기도 했다.

어차피 남향이 가장 좋다는 점은 이견이 없으나 그 다음으로 선호되는 향은 어디일까? 여기서는 의견이 다소 갈리는데 예전에는 남동이 좋다고들 했으나 최근에는 대체로 남서향이 남동향보다 조금 낫다는 것이 중론이다. 남서향은 해가 늦게까지 들어서 더 따뜻하고 남동향은 해가 일찍 들어서서 빨리 덜어지므로 선선하다. 곧, 겨울에는 남서가 좋고 여름에는 남동이 좋다.

향의 선호도에 대한 다양한 여론을 고려한 필자의 견해
정남향 〉〉 남서향 〉 남동향 〉〉 정동향 〉
정서향 〉〉 북서향 〉 북동향 〉〉 정북향

형 선택

판상형이 타워형보다 선호된다. 베이는 많을수록 선호된다. 일단 '판상형과 타워형', '베이'라는 용어에 대해 알아야 한다.

이해를 돕기 위해 단순하게 말해보자면

판상형은 1자로 길게 늘어져 있는 구조다.
타워형은 열십자(+) 구조, Y자 구조, ㅁ자 구조와 같이 정사각형 모양이다.
베이란 쉽게 말해서 해가 들어오는 방향의 공간 수를 말한다.
(해가 거실과 방 1개에 들어오면 2베이, 거실+방 2개면 3베이, 거실+방 3개면 4베이가
된다)

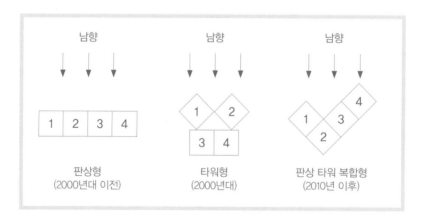

| 판상형 | 타워형 | 판상 타워 복합형 |
| (2000년대 이전) | (2000년대) | (2010년 이후) |

① 판상형의 특징

남향이 많으며, 발코니의 수가 많아 서비스 면적이 넓다. 일조량이 좋고 맞창을 통해 통풍 및 환기에 유리할 뿐 아니라 구조가 단순해 건축비와 관리비가 타워형보다 낮으며 공간 활용이 좋다. 그러한 여타의

이유로 타워형보다 선호되는 것이 바로 판상형이다. 대표적인 예는 강남의 은마아파트다.

② 타워형의 특징

비교적 향이 다양하며(북향 포함), 타워형은 외관이 고급스럽게 지어지는 경우가 많고 방이 크게 건축되는 경우가 많으며 사생활이 보호된다. 대표적인 예는 강남의 타워팰리스다. 타워형의 경우 맞창이 되는 경우나 중층 이상의 경우에는 단점을 극복할 수 있다. 다만 저층 타워형의 경우 환기가 잘 안 되는 경우가 많으니 이 부분은 유념해서 임장하자.

1세대 타워형(=1세대 주상복합)의 경우 주방에 창문이 없어 환기가 어려웠던 것이 사실이나 최근의 주상복합(주복)은 이런 점을 대부분 극복했다. cf. 2010년 이후 판상형과 타워형의 장점을 합친 혼합형이 등장했으나 역시 판상형이 인기가 더 많은 것이 사실이다.

③ 베이의 개수

최근에 베이(bay)가 많은 곳이 환기와 채광이 좋아 선호된다는 것은 주지의 사실이다. 그리고 베이가 많을수록 1자로 길게 늘어져 판상형이 될 가능성이 크고 일조량이 풍부하다. 하지만 베이가 많으면 집안 구조가 길게 늘어져 있기 때문에 안방에 큰 장롱이 들어가기 어렵고, 외부와 접촉하는 면이 넓어서 프라이버시 문제가 발생하는 단점이 생길 수 있다.

베이의 개수를 어렵게 생각하는 분들이 많은데 쉽게 말해서 거실+방이 일렬로 몇 개나 나란히 있는가로 생각하면 된다. 위의 그림처럼 거실 1개와 방 3개면 4베이가 되는 것이다.

투자용 부동산은 무조건 입지

워런 버핏의 두 가지 명언을 곱씹어보자.

"10년 보유할 주식이 아니면 10분도 가지고 있지 마라."

워런 버핏

이 명언은 가치투자를 강조한 셈인데 가장 중요한 것은 시간이 지나도 그 가치가 변치 않고 오히려 빛을 발하는 물건에 투자해야 한다는 것이다.

> "썰물이 됐을 때 우리는 누가 발가벗고 헤엄쳤는지 알 수 있다."
>
> 워런 버핏

두 번째 명언의 요지는 '지금은 보이지 않지만 결국 마지막에는 누가 잘했는지 알 수 있다'는 것이다.

두 가지 명언의 공통점은 바로 좋은 곳에 투자하면 된다는 것이고 그러기 위한 안목을 길러야 한다는 것이다. 너무 당연한 말이지만 이를 실천하기란 쉽지 않다.

사실 부동산과 주식은 전혀 다르며 둘을 단순비교할 수는 없다는 것에 깊이 동의한다. 그러나 투자라는 같은 카테고리에 있기에 위의 명언을 부동산에 접목하면 가치투자에 해당되는 부동산은 어떤 투자일까? 우리는 이런 질문을 듣자마자 바로 대답을 할 수 있어야 한다. 부동산은 '첫째도, 둘째도, 셋째도 입지다'라는 말은 만고의 진리이자 당연한 말이며 진정한 가치투자는 좋은 입지를 찾고 그 입지에서 오래도록 버티는 것이다.

여기서 입지란 부동산 투자에서 중요하게 여기는 요소들을 얼마나 많이 갖추고 있는가로 설명할 수 있다.

Q1. 여러분들은 서울에 있는 좋은 입지의 낡은 구축과 경기도 신도시의 쾌적한 신축 중에서 어디에서 **전세**를 살고 싶은가?

사람마다 다르겠지만 필자는 경기도 신도시의 신축을 택할 것이다. 신축은 쾌적하고 좋다.

이번에는 질문을 바꿔보자.

Q2. 여러분들은 서울에 있는 좋은 입지의 낡은 구축과 경기도 신도시의 쾌적한 신축 중에서 어디에 **투자**를 하고 싶은가?

역시 사람마다 다르겠지만 필자는 서울의 좋은 입지에 있는 썩다리 구축을 택할 것이다. 신축의 좋은 점은 실거주의 쾌적함이지 투자로써의 우월함은 아니다. 문재인 정부가 공급정책을 내놓는 것이 대부분 경기도고 서울의 신축이 귀해진 것이 사실이며 향후 공급이 줄어든다는 점을 고려해도 2018~2020년에 신축빨로 많은 단지가 오른 것역시 사실이다. 2021년에도 신축의 선호도는 높겠지만 거기에 취해서 덜컥 높은 호가에 샀다가 후회할지도 모른다. 중요한 것은 입지다. 입지가 좋다면 다른 이야기가 전개된다. 시간이 지나 건물이 낡고 못쓰게 돼도 재건축이나 리모델링 통해서 얼마든지 그 이상의 가치를 만들어낼 수 있다. 그래도 신도시에 있는 신축아파트에 투자하고 싶다면 과거 경기권 신도시들의 신축 대형이 얼마나 처참하게 떨어졌는지 확인해보고 결정하시길 바란다.

STEP 3

부동산 고수가 되는 길

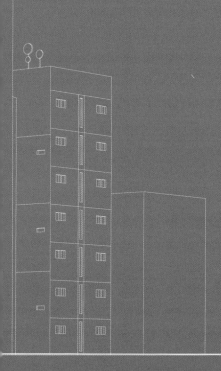

01

레버리지를
최대한 활용하라

저금리 시대에 돈을 융통하는 것은 재테크의 기본이자 필수다. 많은 사람이 대출이 두려워 집 사기를 꺼린다. 우리나라는 특히 텔레비전이나 라디오 등의 매스컴을 통해 빚으로 망하는 사례를 워낙 많이 들려주고 드라마에 나오다 보니 대출 자체에 대한 거부감이 큰 사람이 많다. 하지만 부동산 전문가나 네임드들의 공통된 의견은 '대출을 두려워하지 말라'는 것이다.

올해(2020년 5월) 부동산 자문을 구하는 동생이 대출이 두렵다며 필자에게 이런 말을 했다. "형님 2억 원을 빌리면 이율 3%씩 잡아도 1년 이자가 600만 원이고 한 달에 50만 원인데 30년 상환이면 1억 8,000만 원이 아닙니까? (600만 원 X 30년) 그 돈(이자 : 1.8억 원)이 너무 아까워요."

여러분은 저 말을 읽고 무슨 생각이 드는가? 공감하는가 안타까운가? 일단 필자는 그 동생에게 이렇게 이야기를 해줬다.

"두 가지 의미에서 네 말은 완전히 틀렸어. 첫 번째는 돈의 가치야. 30년간 상환하는 그 이자를 다 더하면 네 계산이 맞을 수도 있겠지.

근데 30년 뒤의 2억 원과 현재의 2억 원은 얼마나 차이가 날까? 반대로 30년 전의 2억 원은 어떤 의미가 있었을까? 그땐 압구정도 살 수 있었겠지.

다시 말해서 30년 후의 2억 원은 현재의 전세보증금 상승액 정도도 안 되는 초라한 금액일 거야. 쉽게 말해 네가 갚아야 한다고 생각하는 1억 8,000만 원은 30년 후의 미래에서 보면 1,000만 원 정도의 가치도 안 될 수 있지. 넌 2억 원을 필요할 때 쓰고 꼴랑 1,000만 원을 30년간 갚는 셈이지. 실질적으로 네가 갚는 건 1억 8,000만 원이 아닌 1,000만 원인 거야.

두 번째는 상환 기간이야. 네가 진짜 30년 동안 빚을 갚으면서 살게 될까? 아마 그렇지 않을 거야. 빚은 그냥 안고 사는 거야.

빚이란 집을 팔게 되면 갚는 것이고 갈아타거나 이사 갈 때 상환하는 것이야. 보통 한 곳에서 30년간 꾸준히 토박이로 사는 경우는 드물어. 빚을 네가 다 갚아야 하고 이자를 100% 다 낸다고 생각하지 마. 대출이란 건 네가 필요할 때 필요한 돈을 적재적소에 쓸 수 있도록 도와주는 거야. 이건 우리나라뿐 아니라 다른 나라도 마찬가지야.

추가로 말을 해주자면 지금과 같은 저금리는 대한민국 역사상 없었어. 이렇게 싸게 돈을 빌려주는데 이걸 두려워서 못쓴다면 추후 금리가 올랐을 때는 더 못하겠지."

필자가 매수 급소를 2020년 5월 말에 분명히 알려줬음에도 결국 그 동생은 대출이 두려워 결정하지 못했고 아직도 무주택을 유지하고 있다. 그리고 이제는 그 동생이 사려던 집은 쳐다도 보기 힘든 상황이 됐다.

부동산은 늘
장기 우상향이다

우리는 시장을 완벽히 예측하려고 해서는 안 된다. 다만 합리적으로 이해할 수 있는 조건과 예측 가능한 변수가 있다면 그에 상응하는 대응을 준비해야 한다.

문재인 정부 부동산 폭등기 정리
1시기: 2017년 봄의 끝자락~8월 2일 전후
2시기: 2017년 초겨울~2018년 9월 13일
3시기: 2019년 늦여름~2019년 12월 16일
4시기: 2020년 초여름~현재
　　　(6·17대책과 7·10대책이 나왔으나 시장에 큰 영향을 주지 못함)

1시기에도 끝물이라 고수는 다 팔고 떠났다는 말이 유행처럼 번졌으며, 2시기에는 진짜 끝이라는 말이 많았다. 3시기에 역시 이번에야말로 진짜 끝났다 등의 말들이 오갔는데 더 재미있는 것은 30년 전에도 부동산은 꼭지고 상투라는 말이 돌았다는 것이다. 4시기에는 "이제

빙하기가 시작됐다", "올 것이 왔다. 이젠 정말 확실히 진짜 끝났다"는 등 말을 가져다 붙이는 이가 많았다.

부동산 폭락을 주장한 사람들, 과연 그들은 얼마나 잘 맞췄는가? 그들의 주장을 들은 사람 가운데 일부가 2021년 최근까지 패닉바잉을 하게 된 것은 아닐까? 자신들의 주장을 듣고 마지막까지 버티다 지금에서야 높은 가격에 패닉바잉을 하게 된 사람들에게 미안하지는 않은지 묻고 싶다.

우리는 부동산을 공부하기 전에 한 가지 확신을 가져야 한다. 바로 '장기 우상향'이다. 만약 10년 이상 시간이 지났을 때 현재가와 비슷하다면 우리는 부동산을 투자할 가치가 없다고 봐야 한다. 그동안의 보유세와 취득록세 및 기회비용을 고려하면 차라리 전세가 나을 것이다. 그러나 우리가 이렇게 공부하는 가장 큰 이유는 '언젠가는' 오르기 때문이며 늘 그래 왔기 때문이다.

만약 지금 6억 원에 아파트를 샀는데 내년에 5억 원이 된다면 1년 뒤에 5억 원을 주고 사는 것보다 1억 원을 손해 보는 것이 맞다. 그러나 5억 원짜리 아파트가 다시 6억 원이 되는 것은 순식간이다. 한 턴(약 3개월)의 흐름만 잡으면 바로 오르는 것이 20%다. 그러나 6억 원짜리가 5억 원이 되는 길은 험난하다. 6억 원이 5억 원이 될 확률과 7억 원이 될 확률 가운데 무엇이 더 높을까? 결국, 장기적인 시간의 흐름을 생각하면 '언젠가는' 오른다고 봐야 할 것이다.

단순히 생각해봐도 물가상승률만큼은 오르는 것이 맞지 않을까? 화폐가 발행되고 돈의 가치가 떨어지면서 그에 따르는 만큼의 상승은 어떻게 보면 필연적이다. 곧, 단기적으로 조금 떨어질 수도 있겠으나

장기적으로 보면 꾸준히 오를 수밖에 없고, 이는 역사적으로 잘 증명
돼왔다. 우리는 시간이 지나면 장기적으로 우상향한다는 믿음을 솔직
히 고백해야 한다. 만약 그렇지 않고 장기 우하향 주장을 내세운다면
부동산은 이제는 쓸모없는 지식 덩어리가 될 것이며 투자로서의 가치
는 제로가 아니라 마이너스라고 봐야 할 것이다.

> 서울 부동산은 장기 우상향이라는 믿음을
> 솔직히 고백하면서 투자를 시작해야 한다

그렇지 않다면 타이밍 잡기에 혈안이 될 것이며 부동산 투자는 스
트레스로 다가올 것이다.

과거 서울 집값 그래프

91년 200만 호(노태우 정권), 97년 IMF(김영삼 정권), 08년 서브프라임
모기지(이명박 정권)의 세 번을 제외하고 드라마틱한 하락은 없었다. 또
한, 세 차례의 하락 이후에 상승장이 펼쳐지면 금방 언제 그랬냐는 듯
전고점을 뚫어 왔다. (이전 최고가를 경신) 언제 하락장이 펼쳐질지 단언
하기는 어렵다. 그러나 확실한 것은 하락이 오더라도 언젠가는 전고점
을 뚫을 것이다.

코로나 사태로 경기가 좋지 않아진 것은 분명 나쁜 소식이다. 그러나 코로나 시국을 해결하기 위한 유동성의 증가 및 저금리 기조는 부동산 시장에 도리어 활기를 줬으며 3기 신도시로 인한 막대한 토지보상금과 청약을 포기한(청포자) 30대들의 패닉바잉은 이러한 부동산 쏠림을 가속화시킨 것도 사실이다.

우리는 사실과 당위를 구분해야 한다. 코로나가 현실적으로 모두에게 너무도 괴롭고 힘든 것임은 분명하고 경제적으로 악재이며 부동산 시장에 안 좋은 영향을 줄 것에는 동의하지만 그렇다고 집값 하락에만 포커스를 맞추면 저금리, 유동성 증가와 같은 포인트를 놓칠 수 있다.

2020년 경기가 안 좋고 대출규제로 수요를 막았는데 집값이 폭등한 이유는?

위축된 수요보다 시장에 크게 작용하는 것이 있다. 바로 매도자의 심리다. 내려가도 언젠가 그 위로 치솟았던 경험은 결코 낮은 호가에 매물을 등록하지 않게 한다. 호가가 내려가야 집값이 하락한다. 또한 대출규제로 부채 건전성이 높아져 급히 던지는 물건은 적어졌다. 물론 과잉유동성 역시 집값 폭등의 큰 원인이었다. 하지만 매도자의 심리가 받쳐주지 않았다면 이렇게까지 오르긴 힘들었을 것이다. 또한 청약 포기자와 패닉바잉이 심화돼 20대와 30대의 아파트 매수세가 두드러졌다

정권별 주요 이슈 총정리

정권	한줄 정리	공급정책	부양정책
노태우	주택 200만 호 건설 3저 호황으로 급등한 상황에서 임기 시작	주택 200만 호 건설 (당시 전국) 분당, 일산 등 수도권 5개 신도시 건설	
김영삼	IMF 구제금융 신청 금융실명제	수도권 주택 25만 호 건설	민간 택지 분양가 자율화 양도세 조건 완화 주택할부금융제도
김대중	임기 말 서울아파트 폭등	임기 말 임대주택 건설 등 주택시장 안정 대책	취득세 감면 및 양도세 100% 감면, 분양권 전매 허용, 채권입찰제 폐지 임기 초 주택 경기 활성화 대책 토지공개념 약화
노무현	임기말 서울아파트 폭등	위례, 판교 등 2기 신도시 발표	
이명박	리먼브라더스 파산 하우스푸어 등장	길음, 아현 등 뉴타운 개발 강남 내곡, 세곡 등 보금자리 아파트 건설	1가구 2주택 보유 기간 완화, 세율 인하, 종부세 합산 배제, 투기지역 해제 강남 3구 제외한 DTI 규제 한시 폐지
박근혜	서울아파트 완만한 상승장	기업형 임대주택 (뉴스테이)	양도세 5년간 면제 수직증축 리모델링 허용 LTV, DTI 완화 재건축 연한 단축 부동산 3법
문재인	취임과 동시에 서울아파트 폭등	3기 신도시 발표 임대주택 활성화	

규제정책	서울 아파트 상승률
토지공개념 도입 공시지가 제도 도입 원가연동제 도입 (현재의 분양가 상한제) 토지초과 이득세 첫 부과	〈규제 중심〉
투기와의 전쟁 선포 부동산 실명제 도입 임대사업자 제도 도입	+26% 〈완화 중심〉
양도세 감면 축소, 재건축 자금출처 조사, 재건축 기준 강화, 투기혐의자 국세청에 통보 임기 말 투기과열지구 LTV 60% 이내	+73% 〈완화 중심〉
보유세 강화(종부세 도입), 2주택자 양도세 중과 재건축 초과이익 환수제, 재건축 안전진단 강화 민간택지 분양가 상한제, 분양권 전매 금지 수도권 전역, LTV, DTI 본격 도입 재건축 관리감독 기능강화, 주택담보대출 강화	+94% 〈규제 중심〉
	−13% 〈완화 중심〉
	+27% 〈완화 중심〉
취득세, 보유세 인상, 양도세 중과 신 DTI, DSR 등 고강도 대출 규제 도입 재건축 초과이익 환수제 부활 민간택지 분양가 상한제 부활 핀셋규제(특정 지역, 수요자에게 규제) 임대차 3법 도입, 24번의 크고 작은 대책 임대주택 장려(다주택 양산)	+53% 〈규제 중심〉 2017년 5월~2020년 5월까지

03

부동산의 기본은 '세테크' 그리고 '1가구 2주택'

세테크와 1가구 2주택

2019년 12월 중순에 부동산스터디 카페에 올라온 글 중에서 세금을 잘못 계산해서 양도세를 예상보다 몇 배를 낸 사례가 베스트 글이 됐었다. 만약 양도세 폭탄을 맞은 그분이 세무사와 상담하거나 자신의 현 상황을 단순화해서 어떤 경우에도 변수 없는 안전한 상태를 유지했다면 상황은 달라졌을 것이다. 이는 역으로 생각해보면 세금 문제를 잘 이해해야 제대로 된 부동산 투자가 된다는 걸 의미한다.

2급지의 경우 비과세 구간을 잘 활용할 수 있기에 더 쉬운 측면이 있다. (9억 원 이하는 양도세 비과세) 1급지의 경우 세금에 대해 더 많은 공부를 해야 한다.

세금 문제를 100% 이해하기란 굉장히 어려운데 이는 현 부동산 정책이 가져온 큰 문제점이기도 하다. 실제로 세무사들도 계산이 다르기도 하고 은행 창구에서도 직원이 대출이 되는지 안 되는지를 두고 갑론을박이 벌어지기도 하는 진풍경이 펼쳐진다. 그만큼 작금의 정책이 굉장히 어렵다는 뜻이다. 이럴 때 어떻게 해야 할까?

이 많은 세금을 싹 다 공부한다? 수시로 바뀌는데 그게 합리적일까? 필자는 현 상황을 단순화시키고 최소한의 확실한 상황만으로 계산하기 편하도록 유지하라고 조언하고 싶다. 곧, 자신의 상황에 맞는 세금공부만 하면 되고 여력이 되면 추가로 알아두는 방식이다.

무주택의 경우 1주택으로 가면 사실 비과세 구간도 있고 세금 문제가 초간단하다. 9억 원 이하의 경우 1주택이면 2년 실거주라는 조건만 만족시키면 비과세가 된다. 필자는 그래도 이것보단 조금 더 세테크를 활용하라고 권장하고 싶다. 물론 불법은 아니며 어떤 경우에도 찜찜하거나 불합리한 방법을 써서(불법, 불공정, 타인에 피해를 주는 모든 행위) 부를 증식시키는 것은 결단코 옳지 않다.

그러나 1가구 2주택 정도는 충분히 선택지에 넣길 바란다. 1가구 2주택 비과세는 아래와 같은 요건을 갖춰야 한다. 과거에는 소위 1-2-3법칙만 잘 지키면 됐지만 지금은 매수 후 1년 내 전입 및 2년 실거주 조건이 추가돼 다소 복잡해진 면이 있다.

〈1가구 2주택 비과세 요건〉

과거 (변경 전) 몰라도 됨	2017년 8·2대책 전까진 무주택의 경우 1주택을 취득한 후 1년이 지나 두 번째 집을 사고 2년 이상 보유하며 3년 이내 매도하면 비과세가 됐다. 그래서 이를 1-2-3법칙이라는 말로 표현하기도 했다.(1가구 2주택에 의한 투자가 굉장히 유리했다)
현재 (변경 후) 꼭 알아야 함!	2017년 8·2대책에 2년 실거주 요건이 들어가고 2018년 9·13대책으로 동시 보유 기간을 2년 이내로 해야 한다. 또한 2019년 12·16대책에 매수 후 1년 이내 전입조건이 추가됐다.(일시적 1가구 2주택 시 비과세 조건을 잘 숙지해야 한다)

그럼 여기서 퀴즈를 내보겠다.

Quiz!

2019년 12월 15일에 첫 집(A)을 등기 완료해 실거주하는 사람이 비과세를 받기 위해 두 번째 주택(B)을 구매한다면 어떤 조건을 만족해야 할까?

Answer

2020년 12월 16일 이후에 두 번째 집(B)을 취득해야 하고

i) 2019년 12월 15일부터 실거주하던 집에서 2년을 채우고

ii) 매도 후(등기 이전) 두 번째 집(B)을 산 지 1년 이내에 전입해서

iii) 2년간 살고 매도하면 된다. 그럼 두 채가 다 비과세다. (9억 원 초과는 과세 대상) cf. 비과세 관련해 한 가지 강조하고 싶은 부분이 있다. 모든 비과세 조건은 최소 며칠 여유를 두라는 것이다. 그 시간을 아까워하지 말고 안전한 투자, 마음 편한 투자가 최고다.

예시

2019년 12월 15일에 첫 집을 구매했다면
두 번째 집은 2020년 12월 20일 이후로 잔금을 치르고(등기 치고)
두 번째 집의 입주 시기는 2021년 12월 18일까지 하는 것이 좋다.

곧, 첫 집은 2021년 12월 18일에 매도 및 잔금일정을 잡고
두 번째 집으로 이사하면 된다.

예시 - 타임라인

● 2019.12.15. (A)취득 후 실거주

● 2020.12.20. (B)취득

● 2021.12.18. (A)매도 후 (B)실거주

위의 예시는 다음의 요건을 만족시킨 것이다.
1. (A)주택 취득 후 2년 이상 보유했고 2년 이상 실거주함.
2. (A)주택 취득 후 1년 이후에 (B)주택을 취득함.
3. (B)주택 취득 후 1년 이내에 전입함.
4. (B)주택 취득 후 (A)주택을 2년 이내 매도함.

(B)주택을 2023년 12월 18일까지 실거주 2년을 채우고 매도하면 (A)주택
과 (B)주택 모두가 비과세가 된다. (9억 원 초과분에 한해서 그만큼만 양도세
가 발생함) 물론 (B)주택을 산 후 1년 이후에 (C)주택을 사서 1년 이내 전입
하면 무한 반복이 가능하다.

여러모로 과거보다 비과세 요건이 굉장히 까다로워진 것은 사실이
며 매입 후 1년 이내 전입이라는 것이 조금 불편한 상황이 될 수도 있
다. 그러나 부동산 투자를 위한 여유가 되거나 여윳돈을 활용하고 싶
은 분은 1가구 2주택을 최대한 활용하는 것이 괜찮은 선택지가 되리라
고 본다.

솔루션

1가구 2주택 전략을 꾸준히 쓰는 것은 일정을 맞추기 쉽지 않을 것이다. 만약 2주택 상황에서 소유하고 있는 두 개의 물건 (A), (B) 가운데 하나의 비과세를 포기해야 한다면 양도차익이 적은 것을 먼저 매도하는 것이 좋다.

집값을
쉽게 예측하지 마라

　폭락론과 폭등론의 공통점은 무엇일까? 바로 결론을 미리 상정하고 과정을 결론에 짜 맞춘다는 것이다. 미래를 정확히 보고 온 사람처럼 말하는 경우가 많다. 하지만 미래를 정확히 예측하는 것은 필자를 포함해 누구도 불가능하다. 또한 그런 주장을 한다면 일단 경계해야 한다.

　2020년 3월 미국이 기준금리를 한 번에 0.5% 낮췄다. 평소에 오르든 내리든 0.25%씩 등락이 있었는데 이번 결정은 다소 파격적이었다. 그런데 이런 상황을 2019년 이전에 예상할 수 있었던 사람이 있을까? 금리 인하는 코로나 사태 때문에 경기침체를 막기 위해 돈을 시중에 풀게 된 것이다. 하지만 이를 예측한 사람은 없었으리라 생각한다. 2019년 폭락론자들의 단골 소재가 바로 '금리인상'이었고 각종 커뮤니티 댓글 창에 "미국이 금리를 올리면 우리도 따라갈 수밖에 없다"는 말들이 베스트 글이 되던 시기였다.

> '금리 인하'가 유동성을 증가시킬 것은 예상해도,
> – 특정한 가정에 대한 합리적 예상
>
> 코로나가 터져서 유동성이 증가하게 될 것을 예상할 수는 없었다.
> – 불가능한 예상

실제로 이렇게 금리가 낮아지면 당연히 실물자산의 가치가 오르고 화폐의 가치가 내려가는 인플레이션이 필수로 동반된다. 결국 부동산으로 자금이 쏠리는 것은 자명한 이치다. 코로나가 터졌음에도 전 세계 각국의 부동산 가격이 오르게 된 것은 바로 이런 이유다. (미국, 영국, 독일, 캐나다, 프랑스 등)

부동산이 아니더라도 현금을 쥐고 있으면 점점 가치를 잃어 손해를 보게 돼 금, 은 등의 실물자산도 언젠가는 급등하게 된다. 그런데 2020년 3월에 금리가 이렇게 낮아질 거라고 누가 확신할 수 있었겠는가? 2015년에도 2016년에도 현재 우리나라 금리는 최저점이고 무조건 미국연준이 올리면 우리나라도 단기간에 금리 급등이 초읽기라는 주장은 비일비재해서 익숙할 정도였다.

2008년 미국발 경제위기가 세계 전체의 부동산 경기에 대악재를 줄 것이라고 누가 예상을 했을까? 만약 2007년까지 보유하다가 2008년 직전에 팔았다면 수익을 극대화할 수 있었을 것이다. 하지만 미래를 정확히 예측한 사람이 얼마나 될까? 그렇다면 과연 현재 폭락론을 주장하는 사람들이 그렇게 해왔을까?

2003~2004년에도 부동산은 꺼진다고 주장한 사람들도 있었다. 2003년 즈음부터 부동산이 끝났다고 폭락한다고 주장한 사람들은 소

위 인디언 기우제에 비유할 수 있는데 고장 난 시계도 하루에 두 번은 맞듯이 계속 기우제를 지내다 보면 언젠가는 비가 오는 것이다. 결국 2008년부터 5년간의 하락기가 왔지만 2013년 상반기(하락기가 끝나는 시점이니 2008년 하반기 이후 최저점인 셈이다)의 가격도 2003년 가격보다는 한참 높으며, 2008년 꼭지였다는 가격도 2020년 현재 가격보다는 한참 낮다. 또한 2003년 당시 폭락을 주장한 사람은 지금도 아직 욕을 많이 먹고 있다.

그런데 5년이나 틀어져버린 시간 동안 날린 기회비용은 돌이킬 수 없는 현실이 됐다. 2003년에 2억 원이던 집값이 2008년에 6억 원이 됐다면 2013년 상반기에 5억 원이 되는 것이다. 늘 상승폭에 비해 하락폭은 극히 미미했었다. (특히 2급지의 경우는 그러하다)

폭등론자는 어떨까? 그들은 비교적 논리가 빈약하다. 폭락론이 지엽적인 근거에 목을 매서 큰 그림을 못 본다면 폭등론자들은 화폐가치와 인플레이션에만 치중해 주장하는 경우가 많다. 필자를 포함해 코로나 바이러스가 창궐해 부동산 시장까지 영향을 주리라고 누가 예측을 했겠는가? 부동산 투자는 예측의 영역이 아니다. 대응의 영역이다. 우리는 선제 대응을 통해 어떤 정책이 나오더라도 이에 맞는 솔루션이 있으면 될 일이다. 정책은 바꿀 수 없지만 대응은 바꿀 수 있기 때문이다. 아무러한 고수라도 잘 대응하는 정답을 잘 찾을 뿐이다.

그런데 현실적으로 폭등이나 폭락을 주장하는 사람들에 열광하는 이유는 뭘까? 바로 스스로에 대한 자신감 부족이다. 여러분들이 잘 모르면 모를수록 무언가에 의지하고 싶어지는 것이 사실일 것이다. 누군가가 정답을 찾아서 찍어준다면 그리고 확신에 차서 갖가지 정보들을 나열한다면 왠지 그 말을 듣고 싶은 것이 인간의 본성이다. 인간의 안전에 대한 욕구는 상당히 크다. 여러분들이 선택의 책임을 일부 떠넘기고 싶은 마음도 자리 잡고 있다.

자신은 부동산 전문가의 의견을 들었다는 자기 위안을 얻기 위해서 그리고 중대한 부동산이라는 결정에서 책임을 일부라도 면피 받고 싶은 마음에 결국 결론에 맞게 과정을 짜 맞추는 폭등론이나 폭락론을 경청하고 있다. 거기에 덤으로 수많은 구독자는 여러분이 더 안심하도록 부채질하고 여러분의 확증편향은 강해질 것이다.

사실 필자도 부동산에 대해 전혀 예측을 안 하는 게 아니다. 미래에 대한 혜안이 없다면 어떻게 책까지 내면서 자기 생각을 말할 수 있겠는가? 다만 차이가 있다면 무조건적인 장담이 아닌 예측과 타당한 근거에 대한 구체적인 설명을 제시하고 독자분들의 판단에 도움을 주고 있을 뿐이다.

> 실거주 1채는 팔지 말라는 것
> 2019년 말에 매수심리가 죽을 수 있으며
> 다소 조심해야 한다고 말해온 것
> 그럼에도 2급지는 비상할 것이라고 주장한 것
> 2018년, 2019년, 2020년 필자가 분석해서 공개해온 추천지가
> 타 단지보다 많이 오른 것

필자가 늘 주장해 온 위 네 가지는 결과적으로 다 맞는 말이 됐다. 그러나 어떤 내용을 말하더라도 내가 틀릴 가능성을 열어두고 있으며 무조건이라고 주장하진 않는다. 내 의견이 합리적이고 타당하다고 독

자분들이 생각하시면 동의할 것이고 그렇지 않다면 거부할 것이다. 다만 내가 예언가처럼 정확하고 확실하게 모든 것을 안다고 말하지 않을 뿐이며 독자분들께 참고할만한 내용을 소개할 뿐이다. 비교적 강하게 주장한 실거주 1채는 진리라는 말도 청약 가점이 높으면 실거주 1채를 포기하고 전세살이를 해야 하는 경우도 있다는 가정을 세웠다. 이런 주장은 어디까지나 합당한 근거에 의한 추측과 예상일 뿐 결코 부동산 시장의 미래를 보고 온 것은 아니며 타인에게 내 생각을 주입할 생각은 더더욱 없다.

필자가 점쟁이도 아니고 그렇게 매사에 장담할 수는 없다. 혹시나 좀 더 강하게 말하면 많은 사람들이 보고 관심을 끌 수 있겠지만 그렇게 거품으로 쌓은 인기는 결국은 무너질 수밖에 없다. 내가 할 수 있는 말만 해야겠기에 현재 프로필 사진도 비트겐슈타인(현대의 천재 철학자 – 말할 수 없는 것에 대해서는 침묵해야 한다는 명언을 남겼다)이다.

만약에 여러분이 폭등론과 폭락론처럼 강한 확신을 주는 이야기만을 듣고 싶다면 어느 쪽을 들어야 할까? 일단 경험적으로 보면 폭락론이 더 나쁘다. 어느 시기에 서울아파트를 샀더라도 2021년 현재 가격이 가장 비싸기 때문에(장기 우상향) 결과적으로 보면 폭락론을 들은 사람들이 경제적으로 더 힘들어졌다. 얼마 전 한 폭락론자가 그동안 폭락론(2013년 최저점에도 폭락을 부르짖은 인물이다)을 주장해 온 자신의 말을 들은 사람들에게 자동차 안에서 사과의 동영상을 찍고 공개한 바 있다. 해당 유튜버는 그동안 막대한 구독자 수를 자랑하고 10년 이상을 활동하면서 책도 내고 수입을 상당히 올린 것으로 알려졌지만 정작 그 유튜버의 주장에 귀를 기울인 사람들에게 경제적으로 너무나도 힘든 고난의 시간을 선사했고, 이는 그에 대한 사과의 영상으로 보였다.

집을 살까 말까 고민하는 당신! 폭락론을 겪으면서 한 번 더 망설이게 된다. 하지만 우린 지금 버나드 쇼의 묘비명으로 알려진 문구를 한번 곱씹어볼 필요가 있다. 결국 부동산은 실천이다.

> "우물쭈물하다가 내 이럴 줄 알았지."
> 버나드 쇼의 묘비명으로 알려진 문구

필자가 폭락론자를 지칭해 일컬을 때 이런 표현을 자주 언급했는데 한번 음미해보시기를 바란다.

> 폭락론자는 자신은 부자가 되고
> 자신의 이야기를 듣는 사람은 가난해지게 만드는 존재다.

군이 폭락론자만 언급한 이유는 폭등론자 중에 이렇다 할 네임드 유튜버가 없기 때문이지 둘 다 똑같다.

여러분의 마음속에 혹시라도 누군가가 확 잡아주길 바라는 건 아닐까? 점집에 가나 폭등과 폭락론을 들으나 같다. 필자는 독자 여러분들에게 이런 말씀을 드리고 싶다. 본인 자신의 확고한 투자철학이 정립되면 여과할 내용은 여과하고 버릴 것은 버리는 필터링 기능이 생긴다. 그때까지 부단히 공부하고 노력을 게을리해선 안 된다. 타인 한두 명의 주장으로 자신의 투자패턴을 완벽히 짜 맞춰선 안 된다.

이 책 역시 필자가 고심참담하고 또한 절차탁마의 노력으로 만들어낸 결과물이지만 이 한 권의 책으로 여러분들의 부동산 공부가 끝났다고 생각하지 않았으면 좋겠다. 필자의 의견이 100% 정답도 아니다. 그러나 합리적인 판단을 내릴 수 있도록 합리적인 근거를 제시해 줄 뿐이다. 곧 본 책의 내용을 팩트 체크 한다면 필자는 도리어 감사해 할 것이다. (빈정 상하기는커녕) 나름 수차례 사실을 확인하고 많은 분들의 도움으로 열심히 만들어 출간했으나 만약 필자와 의견이 다르다면 합리적인 비판과 반박을 하면 된다. 그뿐이다. 무조건 누군가의 결정과 판단을 맹신해서는 안 된다. 개별 상황마다 솔루션이 다르듯 판단은 개인의 몫이다. 그래서 꾸준히 부동산과 접해야 한다.

그래야 내 누적된 경험이 현실과 얼마나 잘 맞는지 다른 이들의 주장에 어느 정도의 합리성이 있는지를 판별할 수 있기 때문이다. 맨날 뉴스 댓글만 보면서 위안을 삼기보다는 부동산에 전화 한 통 걸어보는 것이 현실을 파악하는 데 도움이 된다. 거기에 최근 실거래가와 네이버 호가 등을 조합하면 현재 시세를 정확하게 파악할 수 있다. 적어도 여러분은 커뮤니티와 뉴스에 나오는 댓글의 공감 수로 현실을 파악하지 말고 팩트는 팩트대로 견해는 견해대로 나눠서 옳고 그름을 스스로 파악하시길 바란다.

또한 좋은 양질의 서적을 읽으며 균형 있는 소신을 지닌 유튜버들의 이야기도 듣고 각종 카페나 모임에서 토론도 하며 조금씩 성장하는 것이지 한 번에 하루아침에 투자의 원칙이 정립돼선 안 된다. 그러기 위해 부단한 노력이 필요하다. 적어도 이 책은 그렇게 노력하는 여러분들을 위한 작은 사다리가 될 것이다.

폭락론자의 문제점 - 부동산 실전에 대한 경험이 느껴지지 않는다.
비현실적.
폭등론자의 문제점 - 근거가 빈약하다. (인플레이션 말고도 변수는 많다)
둘의 공통적인 문제점 - 너무 확신에 가득 차 미래를 예측한다.

애초에 미래의 시세를 정확히 맞춘다는 것은 무리가 있고, 어느 정도 예견을 할 수는 있으나 포인트는 예상이 아닌 대응에 있다는 사실이다. 우리는 우리가 처한 상황에 맞는 물건을 소유하고 있어야 한다. 그 물건이 무엇인지를 알기 위해 미리 공부해봐야 한다.

내가 무엇을 할 수 있는지, 내가 무엇을 살 수 있는지, 어떤 자세로 현 시장을 지켜봐야 할지 고민해야 한다. 현 정책이 어떤 결과를 가져올지 부동산 흐름이 어떠한지를 보고 대응할 뿐이다. 무리한 예측은 자신을 피폐하게 만들 것이다.

2008년 9월에 일어난 리먼 브러더스 사태를 2006년에 예측한 사람은 거의 없다.

05

관심 가는 단지를
꾸준히 지켜보자

필자도 항상 관심권에 두는 단지들의 목록이 있다. 예를 들면

1. 용산구 산천동 리버힐삼성
2. 강동구 명일동 LG아파트
3. 동대문구 답십리동 두산위브
4. 광진구 구의동 현대프라임
5. 송파구 가락동 가락쌍용1차
6. 동작구 상도동 힐스테이트상도센트럴파크

이 외에도 많지만 목록들은 수시로 업데이트 된다. 리스트는 일단 지하철 1km 이내, 500세대 이상, 저평가였던 2급지의 아파트라는 특성이 있다. (현재는 가격 상승도가 높아서 저평가는 해소된 단지도 있지만 말이다)

또한 위의 단지들을 보면 드라마틱한 하락을 경험한 곳이 없다. 곧, 리스크가 굉장히 낮다. 그리고 상승장 때 강한 상승을 보여준다. 곧, 상승장에 많이 오른다.

시간의 흐름에 따라 가격의 변동을 생각해보면 등락폭 없이 보합세

를 꾸준히 유지하다가 특정한 시점에 확 튀어 오른다. 각종 이슈가 터지거나 한번 탄력을 받으면 쭉쭉 치고 나가는 모습을 보여줬다. 예를 들면 다음과 같은 그래프의 모양이다.

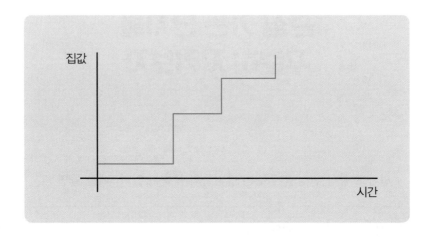

선호하는 단지의 특성은 다를 수 있지만. 중요한 건 자신의 취향과 선호도, 관심 정도에 따라 일정한 몇 개의 단지를 정해 놓고 꾸준히 호가와 실거래를 살펴봐야 한다는 것이다. 그러면 현재가 그래프상 어느 지점이 될까를 유추하는 데 큰 도움이 된다. 절대적인 지표는 아니다. 여러분이 생각하는 타이밍에 최근 매매가 변동률, 시장 상황, 정책 등을 종합적으로 봐야 한다. 이렇게 관심이 있는 단지들을 관심 단지에 넣어두고 시세파악을 항시 하는 것이 좋다.

> 꾸준히 보다 보면 현 시세가 높이 떠 있는지 안정세인지
> 구분할 수 있고 시세를 보는 흐름 파악에도 도움이 된다.

06

판단력+실행력
=고수의 필수 덕목

배우자를 설득해라

필자에게 부동산 상담을 요청하시는 분 가운데 자주 등장하는 안타까운 사연이 있다. 내담자가 (상담을 요청한 사람) 집을 사자고 계속 주장했는데 배우자가 폭락을 주장해 2013년부터 꾸준히 전세를 살다가 집값/전세값이 오르자 전세금을 올려줄 돈이 없어서 경기도로 쫓겨나게 생겼다는 서울에 사는 전세 거주자의 이야기다. 이분은 부부간의 갈등을 이기지 못하고 주택구매를 포기했다.

아무리 좋은 통찰력이 있어도 이를 믿고 함께 실행해줄 배우자가 없다면 공상에 불과할 것이다. 심지어 자신과 반대의 부동산적 성향을 지녔다면 둘 중 한 명이 포기하거나 어느 정도 합의를 봐놓아야 한다. 그렇지 않으면 시간만 질질 끌릴 것이다. '수신제가치국평천하'라는 말처럼 집안에서 불협화음이 나지 않도록 하는 것은 투자의 첫걸음이다. 이 첫걸음을 내딛지 못한다면 계속 제자리일 수밖에 없다.

부동산 투자에서 가장 중요한 덕목이 무엇일까? 지식, 겸손, 인맥, 경험 등 중요한 것이 너무나도 많지만, 이것보다 중요한 것이 있다.

> 가장 중요한 부동산 투자 덕목은 바로 판단력과 실행력이다.

스스로 집을 사야겠다는 확신이 들기까지 냉정하고 정확한 자기 입장에 맞는 판단이 필요하고 이를 집행할 실행력이 있어야 한다. 이 두 가지를 다 갖추고 있다면 여러분이 부린이라 하더라도 금방 고수가 될 것이며, 단기적으로 투자하다가 손실을 볼 수는 있겠지만 적어도 장기적으로 보면 큰 수익을 올릴 수 있으리라고 본다.

판단력도 그렇지만 실행력을 방해하는 가장 큰 적이 누구일까? 내부의 적이 첫 번째 요소가 되는데 바로 자신의 배우자다. 평생의 반려자이자 함께 해야 할 동반자와 의견이 충돌하면 결정적인 순간에 망설이게 되고 좋은 시기를 놓치게 된다.

가장 좋은 방법은 평소에 부부간에 서울아파트 투자에 대한 간략한 윤곽(큰 틀)을 정해 놓고 결정의 순간이 오면 그동안 정해둔 설정과 비교해서 빠르고 냉정하게 실행에 옮길 수 있어야 한다.

아니면 부부 가운데 한 명이 확실한 주도권을 지니고 있어도 좋다. 이 말은 부부의 다른 쪽이 확실히 믿어준다는 전제가 필요한데 필자의 경우가 그렇다. 우리 마나님께선 필자의 부동산에 대한 주장을 잘 따라줬다. 작은 경험이 누적되고 연구와 분석이 거듭되면서 필자의 부동산에 대한 인사이트도 좋아졌지만 더 좋은 것은 가정의 평화다. 집안에서 부동산 이야기가 나오는 것이 하나의 토론 주제와 같다. 그래서 필자도 더 신이 나서 많이 알아보고 열심히 했는지도 모른다. 이런 집 안 분위기가 형성된 주요한 이유는 결정의 순간에 내 말을 믿고 함께 해준 우리 마나님의 공 역시 무시할 수 없다. 댁내의 평화롭고 합리적 인 부동산 투자를 위해 한 명이 주도권을 쥐든 협의를 하든 이런 부분 을 미리 정해두는 편이 좋다.

오버하면 안 된다 (무리는 無理다)

영끌도 좋지만, 자신의 능력을 벗어난 대출은 해선 안 된다. 아무 리 저평가 2급지라고 하더라도 자산이 1억 원이고 연봉이 3,000만 원 인 사람이 10억 원짜리 집을 산다는 것은 너무나도 위험하다. 최소한 집값의 40% 이상은 순자산으로 가지고 있어야 하며 원리금 상환액이 부부 합산 월급의 1/3이 넘지 않도록 하는 것이 바람직하다.

집을 사면 올랐을 때 기분이 좋지만, 하락기가 왔을 때 이에 대한 대비가 안 되는 기초체력을 지니고 있다면 심한 멘탈의 흔들림으로 좋 은 물건을 급매로 던져야 할 수도 있다. 그래서 최소한 하락기에도 매 도하지 않고 버틸 수 있을 만한 아파트 단지를 골라야 한다.

또한, 매수 시 매도 계획도 어느 정도 설정해두면 좋다. 출구전략 은 매우 중요한데 이 부분을 이야기하기 전에 한 지인의 이야기를 들 려주고 싶다.

이분은 현재 강동구 명일동에 있는 솔베뉴의 재건축아파트 시절인 삼익그린1차를 소유했다. 그러나 추가분담금을 내지 못해 20평형대를 4억 원도 안 되는 가격에 급매로 팔았다. 이 경우 약간의 체력만 받쳐 줬다면 현재의 솔베뉴(2020년 11월 13억 4,500만 원)에서 상당한 시세 차익을 얻었을 것이다.

자신의 출구전략은 매수전략과 같이 중요하다. 팔아야 할 때 세금 문제가 얽혀서 복잡한 상황에 부닥쳐 급매로 떨이 처분해야 한다면 그 아픔은 오래갈지도 모른다.

조급해하면 진다

특히 올해(2020년) 30대 분들에게 "계속 오를 것 같아서 지금이라도 영끌해서 사야 할까요?"라는 질문을 유독 많이 받았다. 계속 이야기를 하지만 지금 집을 사야 하는 사람도 있고 팔아야 하는 사람도 있다. 즉, 케바케(case by case)다. 단순히 집값이 오르고 있는데 마음이 급하니까 높은 호가라도 덥석 물어야 하는 건 아닌가 걱정이 되는 마음은 물론 이해한다.

그러나 세밀한 분석이 없었다면 조급한 마음에 집을 사는 것은 절대 추천하지 않는다. 물론 상승장에서 덜 먹을 수도 있겠지만, 일주일만 최선을 다해 공부하고 필요한 내용만 숙지해서 접근해도 아무런 대책 없이 사는 사람보다는 나은 결과를 가져올 것이다.

조급함은 실수를 부를 것이다. 그러나 부동산이란 시장의 특성상한 번의 실수가 치명적으로 다가올 수 있음을 명심하고 평소에 사려고 했던 것인지, 지금 샀을 때 후회하지 않을 수 있겠는지를 꼼꼼하고 신중하게 판단해야 한다.

글을 써보라

자신의 생각을 정리해서 글로 옮기는 것은 매우 유용하다. 아는 것을 글로 옮길 때 애매한 부분은 팩트 체크하게 되고, 잘 아는 부분은 더욱 정교화된다. 되도록 글로 쓴 후 게시판에 올리면 더 좋다. 보통 부동산카페는 재테크 가운데서도 최고봉이라 할 수 있고 많은 유저들이 초보자가 아니다. 필자도 처음 글을 쓸 때 '다른 사람들이 내 글을 읽고 악플을 달면 어쩌지?'라는 생각을 했다. (솔직히 지금도 그런 생각을 하면서 글을 쓴다)

하지만 막상 글을 쓰고 나면 댓글들은 대부분 호의적이다. 열심히 연구해서 글을 올렸을 때 상대방이 인정해주고 그런 것이 피드백돼 다시 정성껏 쓰고 잘못된 부분은 수정하는 과정을 거치면서 나 자신이 강해지는 것이다. 피드백도 무료로 받을 수 있지만, 정성껏 글을 쓰면서 내 의견을 정교화시킬 수 있기에 게시판에 글을 쓰는 것은 실력 향상에 굉장한 도움이 된다.

STEP 4

서울
저평가 단지를
찾아라

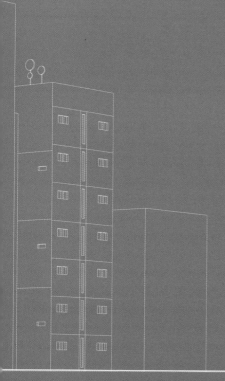

이번 장에서는 필자가 여러분께 소개해주기 위해 2020년 9월 기준 일시적 저평가 상태인 2급지 아파트들을 준비했다. 즐겁게 감상해 주기를 바라며 여러분들의 성공투자에 좋은 정보로 활용되기를 바란다.

만약 책에서 나온 가격에서 여러분이 살펴보는 타이밍의 가격이 비슷하다면 진입해도 리스크가 적을 것이다. 그러나 책이 출간되고 여러분들이 살펴보는 시간 사이에 추천 단지의 집값이 크게 올랐다면 과감하게 삭제하셔도 좋다.

저평가 단지를 소개하는 이유가 '현재 저평가니 지금 이 단지를 사라'는 게 아니다. 저평가로 보이는 이유와 단지를 분석하는 '과정'을 보라는 의미가 크다. (참고 자료로만 활용)

서울을 중심으로 서남권, 강남 4구, 강북권의 3개 방면으로 나눠 추천지를 정했으니 여러분의 삶의 근처에 있는 곳이라면 관심 있게 한 번 살펴보시길 바란다.

특히 이제부터 제시될 단지들의 단지분석표에 있는 항목 중 호재/악재, 직주근접, 학군, 단점, 하방경직성 등의 평가 항목은 대중들의 의견을 수합해 필자가 임의로 표현했다.

01

강남 4구

송파동 송파삼성래미안

송파구 송파동에 위치한 송파삼성래미안은 2016년 상반기에도 7억 원 이상(공급 109㎡ 기준)으로 거래되던 곳이다. 일반적으로 당 기간에 2배는 기본이고 3배 정도 오른 단지도 수두룩한데 강남3구의 잠실과 근접한 송파삼성래미안이 이렇게 덜 오른 것은 다소 애매한 지하철 역세권인 것과 애매한 연식(2001년), 재건축 사업성이 잘 나오기 힘든 용적률 때문일 것이다.

송파구 유일의 1급지인 잠실의 비상(2020년 하반기 기준 전용 84㎡ 기준 22억 원)과 호재(종합운동장 개발 및 삼성동 GBC 간접수혜 등)에 송파동도 간접적인 영향을 받을 수 있다. 이는 지리적으로 석촌 호수를 두고 잠실과 인접해있기 때문이다.

인근의 송파 파인탑(2012년식 공급 111㎡)의 경우 2016년 기준 15% 정도 가격 차이가 났었는데 2020년 하반기에 30% 정도 가격 차이가 나고 있다. (글 쓸 때 조사 시점 기준) 이는 파인탑이 잘 지은 아파트로 알려진 면도 있겠지만 굉장히 근접한 위치임에도 키 맞추기가 조금 적게 된 상황이라고 볼 수 있겠다. 파인탑이 오버슈팅을 했다기보단 송파삼성래미안의 상승률이 낮았다고 평할 수 있다.

이런 경우 송파삼성래미안이 안전한 투자처가 될 수 있다. 파인탑과 25% 정도 이상 유격이 벌어져 있다면 일시적 저평가 상태로 풀이될 수 있다. (그만큼 리스크가 적다는 말)

체념한 당신이 놓치고 있는 서울아파트 2급지의 비밀

지도에 나오는 14.5억 원은 현재 나와있는 매물들을 종합해서 나온 것이며 13.5억 원은 집필 당시 실제 있었던 물건의(기준층 이상) 호가다.
지도의 14.5억 원 위에 있는 4,398만 원이 평당가인데 전체 평형의 평균을 나타낸다. 또한 소형이 비싸지고 대형이 적게 오른 지금 일반적인 평당가는 소형이 비싸다. 실제로 대형이 많을수록 단지 전체의 평당가가 낮아지는 착시현상이 나오기도 한다. 동평형 기준 더 비싼 상급지임에도 대형이 많은 경우 매물 전체 평당가는 인근의 하급지보다 낮게 나올 수 있다.

또한, 한 가지 특징적인 점은 인근에 있는 한양 1, 2차와 미성, 가락 삼익 등이 싹 다 재건축 단지인데 이들이 재건축하는 시점에 송파삼성래미안도 리모델링 이슈가 터질 공산이 크다는 것이다. 만약 현재 가격에서 순간적으로 20%가 점프하게 될 가능성까지 고려하면 굉장히 메리트가 느껴지는 곳이다.

송파삼성래미안은 최근 상승장에서 연식으로 인한 손해를 많이 본 편이다. 어중간한 연식과 지하철 역세권 및 거리가 먼 초등학교 등을 이유로 투자자들이 과감하게 접근하지 못한 측면이 있다. 그러나 서울 아파트의 연식은 어차피 시간이 지나면 다시 황금기가 온다. 한편으론 당 단지의 경우에 인접한 한양 1, 2차도 매력적인데 한 방을 노리며 재건축 단지를 선호하는 투자자의 경우 괜찮은 투자처라 하겠다.

〈송파삼성래미안〉

단지분석표

단지명		중요도 (비중)	설명	점수
호재 / 악재		20	잠실 호재 간접효과 한양 1, 2차 삼익, 미성 재건축 시 동반효과	
역세권		10	도보 1.1km (3호선 오금역) 3, 5, 8, 9호선이 직선거리로 1km 근방에 있음. (도보는 1~1.4km 정도)	
세대수		8	845세대	
직주근접		7	중상(中上), (강남과 가까움)	
학군		6	중 (초등학교 저학년 학생 수 > 초등학교 고학년 학생 수) 방이동 학원가가 좋음. & 대치학원가 이용 용이함.	
연식		4	2001년식	
평지 여부		4	평지	
예상되는 하방 경직성		3	하방 리스크 다소 약함.	
전세가율		3	55~60%	
초교 도보거리		3	11분 (중대초)	
평형 구성		2	30평대 절반, 40평 이상 절반	
건설사		1	삼성물산	
주차장		1	1.63대	
관리비		1	18.9만 원 (공급 109㎡ 기준)	
용적률	신축	1	290%	
	구축	3	장점 - 노선을 리모델링으로 확실히 정할 수 있음. (재건축vs리모델링의 의견 조율을 위한 불필요한 시간 낭비가 없을 것으로 보임)	
	재건축	20		
단점		-5	애매한 지하철 (3, 5, 8, 9호선의 쿼드러플로 4개의 역이 이용 가능하나 모두 역세권이 아님)	
총점				

여러분이 점수를 직접 매겨보시기 바랍니다.

명일동 LG아파트

강동구 명일동에 위치한 LG아파트는 독특한 모양이며 단 2개 동으로 이뤄져 있다. 여기서 착각할 수 있는 것이 있는데 동이 2개니까 '나홀로와 비슷하지 않겠는가' 하는 점이다.

명일LG는 나홀로인가?

여러분들이 반드시 알아야 하는 건 나홀로라는 말의 의미다. 동이 1개라서 나홀로라는 말이 나오는 것이다. 단독동(단일 1개동)의 경우 세대 수가 적기 때문에 문제가 된다. 만약 단독동인데 1,000세대가 넘는다면 (주상복합의 경우 가능하다) 그런 단지를 나홀로라는 이유로 평가절하하지는 않을 것이다.

그런 의미에서 LG는 어원상으로도 나홀로가 아니며(두 개의 동) 실질적으로도 나홀로와는 거리가 멀다. 기본적으로 700세대가 넘어 중규모 단지라고 보면 된다. 특히 공급면적 116㎡의 관리비가 15만 원인 것을 생각해보면 규모의 경제가 어느 정도 실현되고 있으리라 짐작되는 부분이다.

가장 중요한 것은 명일동의 내재적 가치다. 돈이 좀 더 된다면 명일동 재건축(명일4인방〈신동아, 현대, 우성, 한양〉 or 가장 속도가 빠른 삼익가든 등)이 수익액으로 따지면 당연히 더 좋으리라 예상된다. 가로정비 사업으로 새단장을 준비하는 명일 삼환(상업지라 초초역세) 등도 괜찮은 선택지다. 그러나 안정적인 투자를 희망한다면 딱히 이슈가 발생하지 않아도 하방 경직성이 강력한 LG가 나을 수 있다.

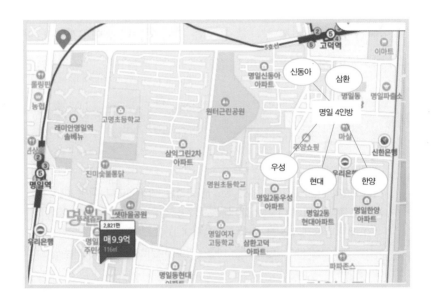

또한 학군이 엄청 뛰어난 것은 아니지만, 가격 대비 학군으로 생각하면 굉장히 우수하다고 볼 수 있다. 10억 원 밑으로 강남 4구에 있는 30평대 초역세권의 괜찮은 학군까지 지닌 아파트는 사실상 명일동 LG를 제외하고는 없다. 특히 2018년부터 폭락론자들의 단골 근거로 제시된 고덕 대량 입주가 성공적으로 마무리되고 오히려 신축 대단지에 대한 열망으로 대박이 났다는 점을 고려하면 시간이 지날수록 고덕동과 인접한 명일동의 미래는 밝다고 하겠다.

서울아파트의 경우 리모델링 이슈가 터지면 몇 달 사이에 30%가 순간적으로 떴던 전례까지 고려하면 더더욱 매력적인 단지라고 할 수 있다. 작년 말부터 최근까지 나쁘지 않은 상승률을 보여주고 있지만

2016년 상반기 때 4억 원 후반이었던 점을 고려하면 목표가는 아직도 요원하다.

리모델링이 진행된 아파트의 전후 시세

리모델링은 재건축보다 사업성이 떨어져서 안 하느니만 못하다는 말들이 많다. 과연 그럴까? 다음의 사례를 살펴보자.

강남권 최초의 리모델링 사례로 손꼽히는 도곡동 동신아파트는 도곡동 쌍용예가 클래식으로 2011년 탈바꿈했다. 리모델링 전 3억 2,000만 원이었던 쌍용예가는 조합원 분담금 약 2억 원을 들여 공급 57㎡에서 공급 83㎡으로 바뀌었으며 6억 3,000만 원 정도로 시세가 형성됐다. 해당 기간 하락장이 펼쳐진 시기였고 도곡동의 경우 평균 10%가량 하락추세에 있었던 점을 돌아보면 리모델링이 상당한 수익을 보여줬다고 평할 수 있다.

명일LG의 로고를 자이로 변경하는 주민 동의를 받는다는 정보가 2020년 12월에 입수됐다. LG보다 자이로 바뀌면 단지 느낌도 약간은 달라질 수 있지만 더 큰 건 리모델링이다. 이런 주민들의 관심이 추후 리모델링을 할 때 영향을 미치면 속도가 빨라져 사업성이 좋아질 것으로 보인다.

또한 5호선 직결화 사업은 명일동의 강남 접근성을 유리하게 만들어 입지가 조금 더 좋아질 것으로 사료된다.

⟨명일 LG⟩

단지분석표

단지명		중요도 (비중)	설명	점수
호재 / 악재		20	명일동 재건축 시행과 더불어 리모델링 이슈가 생길 가능성이 매우 높음. 5호선 직결화 가능성 있음. 9호선 급행 고덕역 완공으로 명일동 가치 상승	
역세권		10	도보 306m (5호선 명일역)	
세대수		8	772세대	
직주근접		7	중중(中中), 강남과 가까움, 고덕 비즈밸리	
학군		6	중상 (초등학교 저학년 학생 수 〈 초등학교 고학년 학생 수) (학원가 밀집도 매우 높음) 명일동은 오래전부터 학구적인 분위기로 인기를 얻어왔음. 특히 여아의 경우 더 추천함.	
연식		4	1999년식	
평지 여부		4	거의 평지	
예상되는 하방 경직성		3	하방 리스크 많이 약함.	
전세가율		3	63%	
초교 도보거리		3	8분 (명원초)	
평형 구성		2	20평대 40%, 30평대 60%	
건설사		1	LG	
주차장		1	1.06	
관리비		1	15만 원	
용적률	신축	1	380% 장점 - 재건축이 불가능한데 차라리 노선을 리모델링으로 확실히 정할 수 있음.	
	구축	3		
	재건축	20		
단점		–5	주말에 혼잡해 다소 불편하다는 평이 있음. 명일역은 반쪽짜리 호선으로 강동역까진 배차간격이 좋지 못함.	
총점				

여러분이 점수를 직접 매겨보시기 바랍니다.

논현동 신동아파밀리에

강남구 논현동에 위치한 신동아파밀리에는 이 책이 서점에 입고되고 몇 달 지나지 않아 현재의 호가가 대부분 사라질 것으로 보인다. 일단 이 단지를 설명하기 전에 논현동에 대한 이해가 필요한데 일단 다음의 지도를 보자.

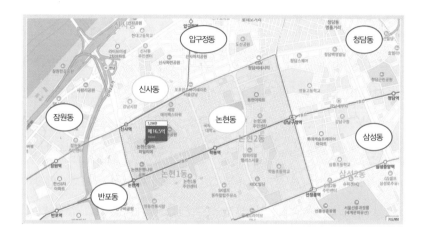

부동산에서 가장 핵심 판단 기준이 바로 입지라는 사실에는 이견이 없으리라 생각한다. 그런데 대한민국의 수도인 서울! 그중에서도 강남!! 그중에서도 초1급지인 압구정동과 삼성동 및 청담동과 인접해 있는 곳!!! 이곳이 바로 논현동과 신사동이다.

또한, 2016년을 기점으로 수많은 신축이 들어서 현재는 신축가격 기준 부동의 평당가 1위를 차지하고 있는 반포동-잠원동 (2016년에 지어진 아크로 리버파크는 대한민국 최초 평당 1억 원을 찍은 단지로 유명해졌다) 역시 붙어 있다.

쉽게 말해 대한민국에서 가장 비싼 동네가 좌, 우, 상단에 있는 초1급지가 바로 신사동과 논현동이다. 그러나 이 두 동네는 집값이 그리 비싸지 않다. 가장 큰 이유는 역시 인근에 큰 규모의 아파트 단지들이 전혀 없고 근처에 학교가 적기 때문이다. 신동아 파밀리에도 역시 초등학교까지 가려면 15분 정도가 소요되는데 논현초를 가기 위해 학동로를 건너야 하는 등 초등학교 자녀를 둔 학부모로서는 다소 부담스럽다. 또한, 대형 클럽이 인근에 있어 자녀들을 양육하기에 불편한 환경일 수 있다.

그러나 이 모든 것을 차치하고라도 현 가격은 너무도 낮다. 학군이야 자녀가 없는 부부라든지 혼자 사는 사람들의 수요가 있을 테고 강남 핵심지 안에 있으면서 위로는 가로수길 바로 옆에는 학동공원이 붙어 있어 생활의 편의성을 더한다. 가장 큰 문제점인 단지 규모에서도 신동아는 644세대이므로 중규모 단지에 속해 일반적인 논현, 신사동의 한계(대부분 나홀로)를 넘어서는 전혀 다른 속성을 보여준다. (논현, 신사 두 개 동에서 딱 2개의 단지만 500세대가 넘는다. '신동아, 동현')

신동아 파밀리에는 2020년 하반기 기준 저층의 경우 전용 84㎡이 15억 원 밑으로 접근이 가능하다. 이는 마용성(마포, 용산, 성동)은 커녕 고덕, 신길의 신축아파트도 살 수 없는 돈이다. 추천 단지는 대부분 2급지를 위주로 썼지만 입지만 보면 초1급지인 신동아 파밀리에의 경우 2급지 가격에 살 수 있으므로 굳이 말하자면 2급지로 분류할 수 있으며 당 단지와 인근 초1급지와의 가격 차는 더 벌어져도 가격비는 다소 줄어들 것으로 보인다.

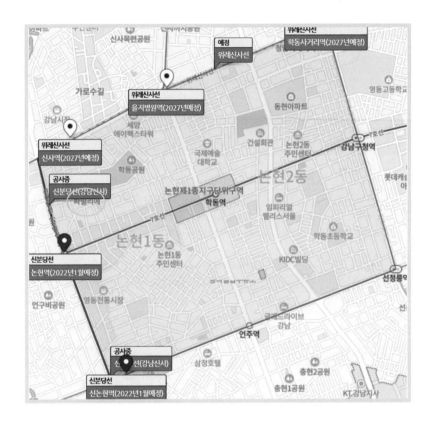

위 지도는 향후 개통되는 도시철도를 나타내는 것이다. 노란 동그라미(신동아 파밀리에)가 있는 곳 중심으로 무려 8개의 교통 호재가 있다. 자세히 뜯어보면 결국 신분당선의 논현역과 위례신사선의 신사역 개통이 주요할 것으로 보이며 그러잖아도 저평가 상태인데 교통 호재가 구현되는 시점(지하철 착공)부터 더욱 빛을 발하리라 예상된다.

또한, 강남 삼성동에 GBC가 생기면 결국 엄청난 수준의 직장이 창출될 것이다. 가성비가 좋은 집을 찾기 위한 수요가 강남의 한복판부터 검색을 시작하리란 예측이 가능하다. 3, 7호선의 더블역세권에 신분당선, 위례신사선이 들어오는 교통 최적의 입지! 3대 업무지구 중에서도 최강인 GBC(강남)에 초인접한 논현동의 미래가 기대된다.

〈논현동 신동아파밀리에〉
단지분석표

단지명	중요도 (비중)	설명	점수
호재 / 악재	20	신분당선(논현역, 신논현역) 위례신사선(을지병원역, 신사역)	
역세권	10	320m (3호선 신사역), 573m (7호선 논현역)	
세대수	8	644세대	
직주근접	7	상상(上上), 강남 그 자체	
학군	6	중하 (초등학교 저학년 학생 수 〉 초등학교 고학년 학생 수)	
연식	4	1997년식	
평지 여부	4	약한 언덕	
예상되는 하방 경직성	3	하방 리스크 매우 낮음.	
전세가율	3	45%	
초교 도보거리	3	논현초 14분	
평형 구성	2	소형(전용 59㎡)이 없고 초소형(전용 35㎡), 중형(전용 84㎡), 대형(전용 114㎡)이 1/3씩 있음.	
건설사	1	신동아건설	
주차장	1	1.06대	
관리비	1	18.6만 원(공급 103㎡ 기준)	
용적률	(구축) 3	245%	
단점	–5	초등학교가 상당히 멀다는 점. 야간소음이 많은 편(클럽) 인근에 유흥가 이런 단점을 상쇄하고도 남을 저평가지로 보임.	
총점			

여러분이 점수를 직접 매겨보시기 바랍니다.

평형 특이사항

- 공급면적 103㎡과 공급면적 125㎡은 전용면적이 84㎡로 비슷한데 이런 경우 같은 면적이라고 봐도 무방하다. 공급면적 103㎡은 계단식이고 공급면적 125㎡은 복도식인 점으로 미뤄보아 오히려 시세는 공급면적 103㎡이 더 인기가 있을 수 있다는 점을 참고하자. (공급면적 125㎡의 경우 13세대밖에 없어서 시세에 큰 영향을 주지 못하나 참고로 말씀을 드림)
- 공급면적은 크게 중요하지 않다. 결국은 전용면적이 실제 사용면적이 되기 때문이다.
- 그래서 실평수(전용면적)가 더 중요한 것이다.

서남권

목동 금호베스트빌

양천구 목동에 위치한 금호베스트빌은 최근 상승률이 굉장히 더딘 편이다. 목동이라고 하면 학군으로 유명하지만, 해당 단지가 있는 목2동의 경우 학군지로 보긴 어렵다. 그러나 9호선 급행 염창역이 도보 664m로 10분 이내의 준역세권이라는 점을 생각할 때 현재의 낮은 상승률은 상당히 매력적으로 느껴진다. 2016년 하반기에 실거래 5억 원위로 찍었던 단지가 2020년 하반기에 8억 원대인 점은 어지간한 3급지도 2배 가까이 올랐던 현시점을 비춰보면 더더욱 놀랍다.

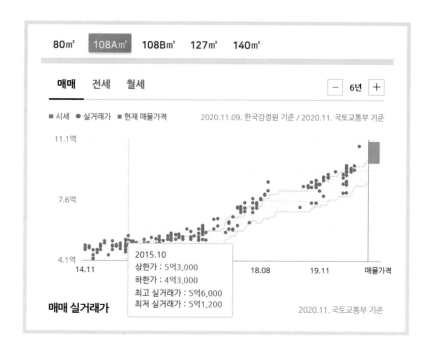

매매 실거래가

또한, 지도를 보면 인접해 있는 마에스트로(목3동)와 위너(목3동)라는 단지가 있다. 마에스트로는(2019년식, 410세대) 초신축에 중소규모 단지고 위너는(2005년식, 1067세대) 15년쯤 된 애매한 연식인데 대단지에 입지가 셋 중 가장 낮다. 이 셋을 비교하면 입지는 위너, 신축은 마에스트로, 가성비는 금호베스트빌로 정리된다. (이는 2020년 하반기 기준이며 가격 변동에 따라 가성비는 바뀔 수 있음)

위너와 마에스트로 역시 상승률이 높은 편은 아니지만, 이들과 50%의 시세 차를 보이는 상황에서 9호선 급행이 700m 이내이고 초등학교와 중학교가 가까운 것을 종합하면 금호베스트빌은 그냥 가성비라는 말 하나로 정리된다.

체념한 당신이 놓치고 있는 서울아파트 2급지의 비밀

〈목동 금호베스트빌〉

단지분석표

단지명	중요도 (비중)	설명	점수
호재 / 악재	20	마곡의 기업 유치가 간접적으로나마 영향을 미칠 수는 있음.	
역세권	10	664m	
세대수	8	495세대	
직주근접	7	중상(中上), 마곡과의 거리가 가까움.	
학군	6	중 (초등학교 저학년 학생 수 〉 초등학교 고학년 학생 수)	
연식	4	2002년 3월	
평지 여부	4	약언덕	
예상되는 하방 경직성	3	하방 리스크 매우 약함.	
전세가율	3	65%	
초교 도보거리	3	9분 (양화초)	
평형 구성	2	23평부터 49평까지 골고루 섞여 있음.	
건설사	1	금호산업	
주차장	1	1.39대	
관리비	1	20.1만 원	
용적률	(구축) 3	236%	
단점	−5	지하주차장이 연결되지 않음. 여고는 다소 멀리 있음.	
총점			

여러분이 점수를 직접 매겨보시기 바랍니다.

당산동 래미안당산1차

영등포구 당산동에 위치한 래미안 1차를 설명하기 전에 당산동이라는 입지적 특성을 이해해야 한다. 당산동은 기본적으로 여의도와 급행 1정거장으로 직주 초근접이라 불릴 수 있으며 교통의 끝판왕이라 불러도 좋을 만큼의 자차 및 지하철 이용면에서 극도로 편리하다. 특히 래미안 1차의 경우 '한강뷰+2호선+9호선 급행'이라는 강력한 무기가 있다.

348세대의 소규모 단지긴 하지만 나홀로와는 분명히 다르며 4개 동으로 구성돼있다. 최근 트랜드인 한강뷰 선호와 역세권 선호 현상을 생각하면 이 둘을 갖춘 래미안 1차의 상승률은 전혀 높지 않았다고 판단되며 저평가로써 큰 메리트가 있다.

또한, 놓치지 말아야 할 점은 바로 당산동 역세권 개발 및 당산동의 개발이며 추후 여의도가 재건축을 할 때 자금력의 문제로 여의도에 들어가지 못하는 경우 인접한 당산동을 관심 있게 볼 여지가 높다.

래미안당산1차 한 줄 정리

교통 끝판왕(자차, 지하철), 한강뷰, 직주근접 but 30평대 10억 원 밑으로 접근 가능

〈래미안당산1차〉
단지분석표

단지명	중요도 (비중)	설명	점수
호재 / 악재	20	1. 당산동 개발 및 장기적으로 볼 때 여의도 재건축 이슈가 당산동에 영향을 미칠 수 있음. 2. 언젠가 리모델링 이슈가 터지면 퀀텀점프를 예상할 수 있음. 3. 당산역세권 개발	
역세권	10	도보 343m (2호선, 9호선 급행 당산역)	
세대수	8	348세대	
직주근접	7	상중(上中), 3대 업무지구인 여의도와 인접함.	
학군	6	중 (초등학교 저학년 학생 수 〈 초등학교 고학년 학생 수)	
연식	4	1995년식	
평지 여부	4	평지	
예상되는 하방 경직성	3	하방 리스크 낮은 편	
전세가율	3	52%	
초교 도보거리	3	13분 (영동초)	
평형 구성	2	20, 30, 40평대가 고르게 분포	
건설사	1	삼성종합건설	
주차장	1	0.94	
관리비	1	21.8만 원 (109 기준)	
용적률	(구축) 3	364%	
단점	-5	초등학교와 거리가 멀다. 전세가율이 비교적 낮다.	
총점			

여러분이 점수를 직접 매겨보시기 바랍니다.

학군의 경우 당장은 좋다고 말하기 어렵지만, 지역의 발전과 더불어 조금씩 나아지리라 예상된다. 현재 자녀가 없는 신혼부부가 입주한다면 직주근접으로의 유리함, 한강공원 이용 등 여러모로 생활의 편리함을 느낄 수 있을 것이다.

사당동 사당자이

　동작구 사당동에 위치한 사당자이는 가성비가 좋다는 말로 표현이 가능하다. 비록 역세권은 아니지만, 또한 언덕 경사도 있지만, 그럼에도 불구하고 동작구라는 입지적 특성을 고려하면 2020년 하반기 기준 전용 84㎡이 8억 7,000만 원에 살 수 있다는 것은(확인매물) 상당히 저평가로 보인다.

　지도를 보면 관악구와 붙어 있음을 알 수 있다. 특히 인접해 있는 관악푸르지오(관악구)보다 가격이 싸다. (관악푸르지오는 대단지에 지하철도 조금 더 가깝고 5년 더 신축) 그렇지만 사당자이가 현재 1억에서 1억 5,000만 원 정도 가격이 낮게 형성되고 있는 것은 다소 이해하기 어려운 측면이 있다. 물론 서부선의 호재가 관악푸르지오에 직접적인 효과를 불러오는 점은 분명하기에 양쪽의 추이를 세심히 지켜볼 필요는 있다.

　사당자이의 현재 전세가율을 계산해보면 65%라는 굉장히 높은 수치가 나온다. 이는 3급지에도 잘 보기 힘든 수치다. 전세가가 높으면 하방 경직성이 올라간다는 것은 주지의 사실이다. 리스크가 낮은 만큼 집값이 내려갈 걱정에 아직도 실거주 1채를 못 사고 계신 분들이 반드시 관심을 가져볼 만한 곳임은 분명하다. 특히 이 정도의 가격으로 강남권에 출퇴근하기 좋은 단지는 찾기 어렵다. 역시 지하철역이 멀다는 부분에 대해 크게 부담스럽지 않다면 실거주로도 좋은 단지임은 분명하다.

〈사당자이〉
단지분석표

단지명	중요도 (비중)	설명	점수
호재 / 악재	20	서울대입구에 주변에 생기는 서부선에 간접적인 효과 발생	
역세권	10	1km (7호선 남성역)	
세대수	8	719세대	
직주근접	7	중상(中上), 강남과 가까움.	
학군	6	중 (초등학교 저학년 학생 수 〈 초등학교 고학년 학생 수)	
연식	4	1999년	
평지 여부	4	언덕지형	
예상되는 하방 경직성	3	하방 리스크 매우 낮음.	
전세가율	3	65%	
초교 도보거리	3	8분 (신남성초)	
평형 구성	2	대부분이 20평대와 30평대며, 40평대도 조금 섞여 있음.	
건설사	1	LG건설	
주차장	1	1.04대	
관리비	1	15.7만 원 (공급 107㎡기준)	
용적률	(구축) 3	287%	
단점	-5	지하주차장과 연결 안 됨. 지하철까지 멀어서 마을버스를 탈 일이 많다. 언덕 경사가 좀 있어서 유모차를 끌고 다니기 다소 불편함.	
총점			

여러분이 점수를 직접 매겨보시기 바랍니다.

상도동 힐스테이트상도프레스티지

　동작구 상도동에 위치한 힐스테이트상도프레스티지는 숭실대입구역을 두고 힐스테이트상도센트럴파크와 1년 차이로 쌍둥이처럼 옆에 지어져 있다. 물론 건설사 및 도색을 비롯해 전체적인 분위기도 비슷하다.

　필자는 부동산 카페에 2020년 7월 힐스테이트상도센트럴파크에 대한 추천 글을 쓴 바 있다. 당시 저평가였고 전용 84㎡을 13억 원 근방에서 잡을 수 있어서 저평가지로 소개했다. 당시에는 센트럴파크와 프레스티지의 가격 차가 적어서 당연히 센트럴파크를 추천했지만 한두 달 만에 두 단지 간 차이가 다소 벌어져서 현재는 프레스티지의 가격 메리트가 좋아졌다. cf. 어차피 인접한 단지는 시세가 같이 가기 때문에 어디를 사도 크게 상관이 없다. 다만 센트럴파크는 입지가 조금 더 좋고 프레스티지는 1년 늦게 지어진 정도의 차이일 뿐이다.

　당 단지는 동작구의 준신축 대단지급인데 가격이 아직 12억 원에

저층(1층)물건이 남아있고 고층도 13억 원대에 접근이 가능하다. 바로 옆에 산이 있고 녹지가 풍부해 숲세권으로 불릴 만하고 아늑한 분위기를 연출해 실거주 만족도가 높다고 알려져 있다. 다만 중학교까지 가는 거리가 매우 멀다는 점이 아쉽다고 하겠다.

〈힐스테이트상도프레스티지〉

단지분석표

단지명	중요도 (비중)	설명	점수
호재 / 악재	20	서부선 간접, 등산로로 통행 편리	
역세권	10	695m (7호선 숭실대입구)	
세대수	8	882세대	
직주근접	7	중상(中上), 강남과 가까움.	
학군	6	중하 (초등학교 저학년 학생 수 〉 초등학교 고학년 학생 수)	
연식	4	2013년식	
평지 여부	4	언덕	
예상되는 하방 경직성	3	하방 리스크 약함.	
전세가율	3	60~65%	
초교 도보거리	3	6분 (상현초)	
평형 구성	2	대부분 30평대 20, 40평대도 있긴 함.	
건설사	1	현대엔지니어링	
주차장	1	1.34대	
관리비	1	20.2만 원 (공급 112 기준)	
용적률	(신축) 3	신축 202%	
단점	−5	애매한 학군, 언덕, 중학교가 근처에 없다. (상현중 도보 20분)	
총점			

여러분이 점수를 직접 매겨보시기 바랍니다.

03

강북권

길음동 길음동부센트레빌

성북구 길음동에 위치한 길음동부센트레빌은 길음뉴타운에 속해 있으며 인근이 신축으로 덮여 있다. 일단 지도를 보자. 바로 위에 미아재정비촉진지구(사업규모: 5810세대)가 있고, 우측에 센터피스와 클라시아라는 신축 단지들이 있다. 곧, 주변이 깨끗해지고 있다는 말이며, 단지 주변이 재정비돼 입지적 가치가 높아진다는 뜻이다.

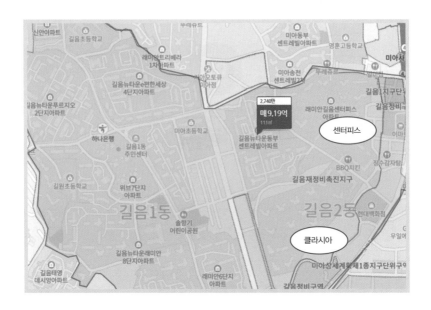

특히 센트레빌 정문 입구 쪽 상가 옆에 있는 옹벽을 제거하며, 주변에 지대 평탄화 작업을 해서 평지공원으로 조성된다. 이는 단지 내 편의성을 올릴 것이며 불편한 미관을 해소해 투자가치에도 다소간에 영향을 미칠 것으로 예상한다.

성북구 하면 두 개의 뉴타운이 떠오르는데 바로 길음뉴타운과 장위뉴타운이다. 장위뉴타운보다는 길음뉴타운이 입지적으로 서울 중심부에 가깝다. 길음동부센트레빌은 길음뉴타운 초창기에 지어진 단지로 위의 지도를 보면 재정비지구, 정비구역 등이 근처에 많이 있음을 알 수 있다.

〈길음동부센트레빌〉
단지분석표

단지명	중요도 (비중)	설명	점수
호재 / 악재	20	동북선 신미아역 개통 길음, 미아의 도시개발로 길음동이 전체적으 로 입지적 열위 해소 전망	
역세권	10	592m (4호선 미아사거리)	
세대수	8	1377세대	
직주근접	7	중중(中中), (광화문까지 가까움)	
학군	6	중 (초등학교 저학년 학생 수 〉 초등학교 고학년 학생 수)	
연식	4	2003년식	
평지 여부	4	길뉴에서 평지대에 속함.	
예상되는 하방 경직성	3	하방 리스크 약함.	
전세가율	3	61%	
초교 도보거리	3	3분 (미아초)	
평형 구성	2	30평대가 절반이고, 20평대와 40평대가 1/4씩 구성됨.	
건설사	1	동부건설	
주차장	1	1.22대	
관리비	1	18.7만 원 (공급 111㎡ 기준)	
용적률	(구축) 3	269%	
단점	−5	성북구에 비싼 아파트를 사려는 매수세가 적어서 투자자가 눈을 상위의 2급지로 두려는 경향이 있음.	
총점			

여러분이 점수를 직접 매겨보시기 바랍니다.

현저동 독립문극동

서대문구 현저동에 위치한 독립문극동은 최근 급등기에 상당히 소외된 모습을 보여줬다. 2015년에 5억 6,000만 원이던 단지가 2020년에 10억 원 밑인 곳은 많지 않다. 게다가 지하철 331m 역세권에 1,000세대가 넘는 대단지인 점을 고려하면 현재 316%의 용적률로는 재건축이 불가하지만 (300% 초과) 차라리 리모델링으로 빠르게 노선을 정할 수 있어 장기적으로도 나쁘지 않다.

초등학교가 다소 먼 점에서 학령기 자녀를 둔 부모는 망설여질 수 있지만, 도서관과 공원을 품은 단지로서 삶의 쾌적함을 더하며 직주근접을 원하는 신혼부부의 경우 투자가치가 높은 단지다.

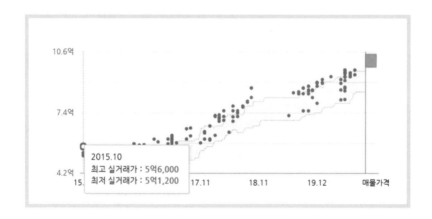

매매 실거래가

계약 월	매매가
2020.08	9억 6,500(30일, 11층) 9억 4,000(29일, 2층)
2020.07	9억 4,000(11일, 14층) 9억 3,000(6일, 7층) 9억 5,000(6일, 6층)

역시 가장 중요한 것은 입지다. 서울의 한복판에 있어 직주근접이라는 조건에도 잘 부합되는 곳이다. 광화문(3대 업무지구인 CBD)까지 지하철로 25분, 자차로 10분이면 통과한다.

인근에 연세 세브란스와 강북 삼성병원도 자차로 6분이면 도착할 수 있는데 대형병원이 가까운 것도 거주하기에 유리한 점이다.

〈독립문극동〉
단지분석표

단지명	중요도 (비중)	설명	점수
호재 / 악재	20	영천시장 주변 재개발	
역세권	10	331m (3호선 독립문역)	
세대수	8	1300세대	
직주근접	7	상하(上下), 광화문과 매우 가까움.	
학군	6	중 (초등학교 저학년 학생 수 〉 초등학교 고학년 학생 수) 학원가가 적음.	
연식	4	1998년식	
평지 여부	4	약한 언덕	
예상되는 하방 경직성	3	하방 리스크 약함.	
전세가율	3	62%	
초교 도보거리	3	11분 (금화초)	
평형 구성	2	30평대가 절반 이상이며 20평대가 1/4이 좀 넘고 40평대도 조금 섞여 있음.	
건설사	1	극동건설	
주차장	1	1.03대	
관리비	1	20.1만 원 (공급 108㎡ 기준)	
용적률	(구축) 3	316%	
단점	−5	초등학교가 멀다.	
총점			

여러분이 점수를 직접 매겨보시기 바랍니다.

송정동 송정건영

성동구 송정동에 위치한 송정건영은 마용성이란 이름에 걸맞지 않게 굉장히 저렴하다. (지방에서 보면 어떨지 몰라도 서울에서도 잘나가는 마용성의 30평대가 7억 원대면 가성비는 극강이라 할 수 있다) 게다가 중랑천을 끼고 뷰(중랑천뷰, 아차산뷰, 세종대뷰)가 이쁘게 나와서 전망을 선호하는 경우 메리트가 있다.

장단점이 확실한 단지인데 여타의 단점을 고려하더라도 가격 면에서 상당히 저평가라고 보인다. 동부간선로 지하화 및 도시재생(이건 사실 호재라고 보기 어렵긴 하다) 등이 주요 호재로 손꼽히는데 아무래도 소음, 매연 문제를 획기적으로 줄여줄 동부간선로 지하화 작업이 가장 영향력이 크다고 하겠다.

성동구지만 우측 끝에 쏠려있고 지하철에서 먼 점, 단지 규모가 작은 점과 인근에 상가시설을 이용하기 불편한 점은 다소 아쉽다. 하지

만 그 모든 것을 차치하고라도 현재 7억 원은 너무나도 싸다. 이는 최근 3급지의 상승으로 어지간한 3급지도 7억 원을 찍는 시대가 됐기 때문이다. 이런 이유로 송정건영은 3급지로 볼 수도 있다.

동부간선로 지하화 말고도 현재의 중랑천이 근접해 있어서 자연경관 측면에서는 가성비가 매우 좋으며 지하철에서 멀지만 5, 7호선의 더블역세권인 군자역은 강동 방면에서는 굉장히 편리한 노선이다.

커뮤니티를 보면 여름철에 정전된다는 글들이 있는데 실제로 정전이 일어나면 다소 생활의 불편함은 있겠지만 집값에 큰 타격을 줄 정도는 아니다. 이런 불편함보다 주차장이 여유롭다는 점이 더 생활에 큰 영향을 준다.

〈송정건영〉

단지분석표

단지명	중요도 (비중)	설명	점수
호재 / 악재	20	동부간선도로 지하화 작업	
역세권	10	도보 1.1km (5호선 군자역)	
세대수	8	447세대	
직주근접	7	중중(中中), 강남과 가까움.	
학군	6	중하 (초등학교 저학년 학생 수 〉 초등학교 고학년 학생 수)	
연식	4	2000년식	
평지 여부	4	평지	
예상되는 하방 경직성	3	하방 리스크 약함.	
전세가율	3	60% 내외	
초교 도보거리	3	2분 (송원초)	
평형 구성	2	40평대가 7% 정도 있고 20평대와 30평대가 40% 정도 있음.	
건설사	1	건영	
주차장	1	1	
관리비	1	18만 원	
용적률	(구축) 3	349%	
단점	–5	도보로 지하철 이용이 불편함. (도보 16분) 인근에 상가시설을 이용하기 다소 불편	
총점			

여러분이 점수를 직접 매겨보시기 바랍니다.

응봉동 응봉대림1차, 응봉대림2차

성동구 응봉동에 위치한 응봉대림 1, 2차는 재건축 연한이 도래한 단지다. 응봉동의 입지적 특성이 바로 한강 인접 및 서울 중앙(약간 우측)이라는 점인데 응봉대림의 경우 입지 대비 가격 상승이 더딘 편이다. 지하철 응봉역은 자체적인 메리트는 낮지만 한 정거장만 이동하면 쿼드러플(4개 환승선) 역세권인 왕십리역(2, 5, 중앙, 분당)이 있다.

서울숲이 가깝고 야경이 예쁜 응봉산도 바로 앞이라 산책하기에 좋고 도심 어디든 이동이 용이하다.

응봉대림의 핵심 화두는 역시나 재건축이다. 응봉대림1차의 경우 대지지분이 높으며 입지가 좋아 용적률 등을 볼 때 사업성이 무리 없이 나오리라 예상한다. 어떻게 보면 고위험 고수익(high risk high return)으로 볼 수 있겠으나 장기 투자를 생각한다면 좋은 입지라는 점을 고려할 때 실패할 공산은 대단히 낮다고 보인다.

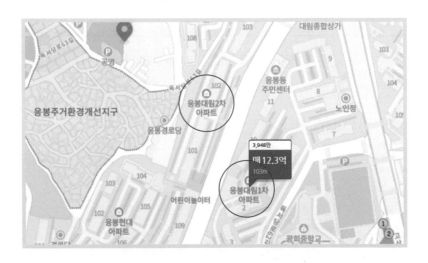

응봉대림의 경우 1, 2차는 투자자의 성향에 따라 선택이 매우 쉽다. 1차의 경우 재건축이 진행되면 시세 상승에 있어 큰 한 방이 나타날 것이다. 또한 입지도 1차가 좋고 전반적인 시세를 리딩할 확률이 높다. (가격 또한 1차가 높다) 그러나 2차의 경우 1차의 재건축 진행 상황에 따라 시세가 함께 연동될 공산이 크므로 재건축이 얼마나 진행되는가를 지켜보면서 매수 및 매도 타이밍을 잡기가 굉장히 용이하다. 이런 측면에서 본인이 타이밍을 재는 투자자인가 아니면 조금 더 좋은 입지의 장기 투자를 기획하는가에 따라 물건을 선별하면 되겠다.

〈응봉대림1차〉
단지분석표

단지명	중요도 (비중)	설명	점수
호재 / 악재	20	용산업무 지구 근접 행당 7구역 재개발 간접효과 재건축 연한 도래	
역세권	10	380m (중앙선 응봉역)	
세대수	8	855세대	
직주근접	7	중상(中上), (광화문, 강남과 가까움)	
학군	6	중상 (초등학교 저학년 학생 수 < 초등학교 고학년 학생 수)	
연식	4	86년식	
평지 여부	4	언덕	
예상되는 하방 경직성	3	하방 리스크 중간	
전세가율	3	45%	
초교 도보거리	3	3분 (응봉초)	
평형 구성	2	대부분이 30평대며 20평대와 40평대가 조금 섞여 있음.	
건설사	1	대림산업	
주차장	1	1대	
관리비	1	17.6만 원 (103㎡ 기준)	
용적률	(구축) 3	208%	
단점	–5	현재 도색 이야기가 나온다고 알려져 있는데 만약 도색(도장)이 진행되면 재건축 진행에 좋지 않은 영향을 다소 미칠 수 있음. 그러나 당장 외관이 깨끗해져 아파트 자체 메리트로 승부를 보게 됨. 주차 공간이 협소함.	
총점			

여러분이 점수를 직접 매겨보시기 바랍니다.

〈응봉대림2차〉

단지분석표

단지명	중요도 (비중)	설명	점수
호재 / 악재	20	용산 업무 지구 근접 행당 7구역 재개발 간접효과 재건축 연한 도래	
역세권	10	646m (중앙선 응봉역)	
세대수	8	410세대	
직주근접	7	중상(中上), (광화문, 강남과 가까움)	
학군	6	중상 (초등학교 저학년 학생 수 < 초등학교 고학년 학생 수)	
연식	4	89년식	
평지 여부	4	언덕	
예상되는 하방 경직성	3	하방 리스크 약한 편	
전세가율	3	50~55%	
초교 도보거리	3	8분 (응봉초)	
평형 구성	2	20평대 37%, 30평대 63%	
건설사	1	대림산업	
주차장	1	1대	
관리비	1	19.7만 원 (112㎡ 기준)	
용적률	(구축) 3	231%	
단점	−5	1차의 재건축이 지지부진할 경우 하위 호환하는 단지로서 영향을 미침.	
총점			

여러분이 점수를 직접 매겨보시기 바랍니다.

성수동 동아그린

성동구 성수동에 위치한 동아그린은 강남 접근성 및 직주근접의 차원에서 굉장히 좋다. 또한 성수동의 카페거리 활성화로 동네 분위기의 앙양은 아파트의 메리트를 높여준다고 하겠다. 또한, 인접해 있는 쌍용아파트와 1억 원 정도의 갭을 유지했으나 상승장에서 갭이 크게 벌어져서 쌍용 공급면적 75㎡와 동아그린 공급면적 110㎡의 시세가 비슷해졌다.

현재 동아그린의 경우 일시적 저평가이자 가격 메리트가 굉장히 큰 구간이라고 보이며 쌍용아파트와의 갭이 15%에 근접할 때까지 저평가 구간으로 볼 수 있다. 또한 성수동은 강북 전체에서 최상급 입지를 자랑하는 곳으로, 특히 환상적인 한강뷰가 나오는 트리마제(평당가 1억 원 육박)도 역시 성수동이다.

초등학교가 멀다는 게 아쉽지만 조용하고 산책하기 괜찮은 동네로 가격에 비해 교통, 직주근접, 편의시설(핫플레이스) 등에서 우월하다고 평할 수 있다.

〈동아그린〉
단지분석표

단지명	중요도 (비중)	설명	점수
호재 / 악재	20	성수동 블루보틀, 메가박스 등 입점으로 상권 발달 가능성	
역세권	10	522m (2호선 뚝섬역)	
세대수	8	331세대	
직주근접	7	상하(上下), (광화문, 강남과 가까움)	
학군	6	중 (초등학교 저학년 학생 수 〉 초등학교 고학년 학생 수)	
연식	4	1999년식	
평지 여부	4	평지	
예상되는 하방 경직성	3	하방 리스크 약함.	
전세가율	3	50~55%	
초교 도보거리	3	14분 (경동초)	
평형 구성	2	20평대와 30평대가 주류고, 40평대도 섞여 있음.	
건설사	1	동아건설	
주차장	1	1.13	
관리비	1	19.3만 원	
용적률	(구축) 3	279%	
단점	-5	주차장 천장이 낮고 노후함. 두 동이며 소단지라 상가시설 이용이 다소 불편함. 초등학교가 멀다.	
총점			

여러분이 점수를 직접 매겨보시기 바랍니다.

별책부록

1. 부동산 Q n A
2. 인테리어 싸고 좋게 하는 법
3. 단지분석표와 매물분석표

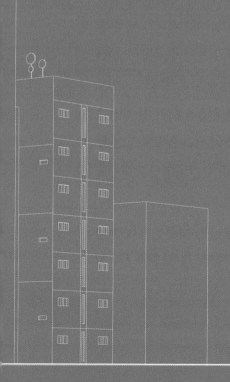

1

부동산 Q n A

Question. 2020년 6월 (oh**ra** 님)

2017년부터 미친 듯이 오르는 부동산에 한숨만 쉬다가 결국 경기 외곽까지 오게 됐습니다. 이사 와서 영등포 쪽에 아파트를 구입하고 싶어 계속 임장을 다녔지만 가격이 너무 올라서 감당이 안 되더라고요. 하루하루 괴롭던 중 우연히 2019년 11월 18일에 작성된 가즈하 님의 글을 읽고 말씀하신 성북구의 단지를 찾아갔습니다. 태어나서 처음으로 가 본 성북구는 버스 타고 2시간 걸렸어요. 추운 겨울이라 정말 눈물 콧물 다 날 것 같더라고요. 근데 생각보다 단지가 괜찮았고 물건도 좋은 게 나와서 좋은 금액에 구입하게 되었습니다.

근데 요즘 고민이 하나 더 생겼습니다. 빌라는 전망이 어떨까요? 투자 금액도 좀 저렴하고 괜찮을 것 같은데 가즈하 님은 어떻게 생각하실지 궁금합니다.

Answer. 2020년 6월 가즈하's 틈

2020년 6월 현재 빌라는 저평가 상태입니다. 제가 조만간 빌라 관련 글을 쓸까 하는데 투자금이 적고(갭 3,000만 원에 강남 신축 투룸 입성 가능), 전세가율이 높아 하방경직성을 생각할 때 손해 보기는 굉장히 힘들 것으로 보입니다.

2013년 하반기부터 상승장이 시작되었고 2017년부터는 폭등기였죠. 아파트의 폭등 수준에 비해서 빌라의 상승은 미미했어요. 빌라는 투자 가치가 없을까요? 그 때(2017년)은 맞고 지금(2020년)은 틀립니다. 제가 2014년에 집 사러 돌아다닐 때 빌라와 아파트의 가격이 비슷한 경우도 있었으나 지금은 동일 컨디션일 때 몇 배 차이가 납니다. 2014년은 아파트가 저평가였으나 2020년은 빌라가 저평가죠. 무조건 '오른다, 확실하다'는 등의 무책임한 말씀은 드릴 수 없으나 제 감을 믿으신다면 한번 과감하게 투자해 보시길 바랍니다. 조만간 빌라 글을 쓸 예정이니 그 내용도 한번 보세요. ^^

서울아파트는 어디를 사도 결국은 오른다고 생각하지만 입지와 물건 분석만 잘 되어 있으면 서울빌라도 괜찮은 투자처가 될 수 있습니다.

이 쪽지를 보내고 8월 14일
'빌라 투자의 모든 것'이라는 글을 올렸다.
그리고 실제로 두 달이 지나 빌라 가격이 오른다는 뉴스가
여기저기 나오고 있다.

Question. 2020년 2월 (pa**sa** 님)

실례를 너무 무릅쓰고 연락드려요 카페에 올리신 글 읽으면서 '아~ 이렇구나!' 느끼기도 하고 '너무 무지하구나' 하면서 자기반성(?)을 엄청 하는 그런 애독자입니다.

무주택 기간이 짧고 신특 대상이기 하지만 '자녀가 한 명+수원 거주+ 서울시 출퇴근' 등의 조건으로 청약이 쉽지가 않네요. 자금력이 3억 원도 되지 않고요. ㅠㅠ

막연히 강동 쪽이 좋고 살고 싶은 동네라는 생각만 하고 있어요. 아이 초등학교 보내기 전에 자리 잡고 싶은 터라 혹시 짧은 조언이라도 조언 가능하신지 부탁해봅니다.

Answer. 2020년 2월 가즈하's 틈

일단 신특 대상이라고 하시니 현 상황에서 청약이 가능한지 보시고 승산이 있으면 청약을 하세요. 단, 현 상태가 청약 당첨권과 거리가 있다면 최대한 빠르게 실거주 1채는 가져가

셔야 합니다. 2020년 2월 현재 자금력 3억 원 밑으로 살 수 있는 서울아파트가 아직 많습니다. 제가 작년 11월 18일에 쓴 저평가 단지 추천글을 한번 보시고 접근 가능한 곳이 있다면 물건 잘 보셔서 신중히 그리고 결정이 되면 빠르게 실행하시길 바랍니다. 부동산은 판단력과 실행력이죠. 잘 찾아보시고 도저히 모르겠으면 다시 쪽지 주세요.

젊은 분인 것 같아서 조언을 조금 추가하자면 '링 위의 승부는 링 밖에서 결정된다'고 합니다. 내공을 충분히 쌓으시면 실전이 왔을 때 바로 실행할 수 있고, 남들보다 한 박자 빠르게 움직였을 때 좋은 결과가 나올 것입니다. 공부 +_+!

Question. 2020년 2월 (ka**at** 님)

저희 부모님이 이번에 부천에 있는 아파트를 팔고 11월 초 일산에 전세로 들어오실 예정이에요. 제 아이를 봐주시려고요. ㅠㅠ 그래서 2억 원 정도의 자금이 있는데 어떻게 해야 좋을지 고민 중이에요. 무주택 상태가 되기에 갭투자를 생각 중입니다. 조심스레 조언 부탁드려요.

Answer. 2020년 2월 가즈하's 틈

지금 같은 저금리 시기에는 돈을 은행에 넣어두는 것이 의미가 없습니다. 코로나가 창궐해 어찌 될지 모르는 시국이지만 그래도 2억 원이면 서울에 아파트 1채는 살 수 있습니다. 되도록 지하철 1km 이내 500세대 이상을 추천드리며 2급지 내에서 저평가지를 산다면 언제 사도 괜찮은 수익이 나리라고 예상합니다.

Question. 2019년 8월 (lk**3l**63 님)

서울에 꼭 집을 마련하고픈 간절한 소망을 이루려고 아무것도 모르는 부동산 깜깜이가 이제 발걸음을 떼었어요. 학창시절 이후 오랜 세월을 서울을 떠나와서 지리도 전혀 모르고 부동산 세상도 모르고, 사실 글을 읽어도 너무나 막연합니다. ㅠㅠ 면목 없지만 자산 5~10억 원 정도로 제가 움직여볼 수 있는 지역 내지는 아파트명을 알려주실 수 있을까요?

Answer. 2019년 8월 가즈하's 를

5~10억 원은 좀 광범위하기 합니다. 그렇지만 2019년 8월 기준 현재 가장 추천할 만한 곳은 강동구 명일동 정도겠네요. 폭락론자들이 서울 집값이 떨어지는 공급폭탄으로 지목한 곳이 바로 헬리오시티와 고덕동 대량입주입니다. 그런데 고덕동이 흥행에 성공함에 따라 인접지인 명일동이 급부상할 수

밖에 없습니다. 게다가 현재 가격은 고덕동과의 갭이 큰 상태라 갭가격은 늘어날지언정 갭비율은 줄어들 것이라 조심스레 예상합니다. 최대한 지하철에서 가까우면서 500세대 넘는 곳 위주로 보시길 바라며 재건축 단지를 볼 땐 용적률을 함께 보시고 판단하시길 바랍니다.

Question. 2019년 12월 (pa**du**2 님)

가즈하 님 글을 보고 저평가된 선사현대 5층을 6억 3,000만 원에 구매했어요. 현재 리모델링 진행 중이고요. 지금 롯캐와 2억 원의 갭이 생겼는데 갭 매우기 될까요? 가즈하 님 선사현대가 계속 오를 가능성이 클까요? 구매 후 잠이 오질 않아 쪽지 보내봅니다.

Answer. 2019년 8월 가즈하's

일단 집을 사셨으면 시세는 보지 마시고 묵혀두세요. ^^; 그게 정신건강에 좋습니다. 스트레스를 받을 바엔 2년만 관심을 끄심이 +_+! 다만 궁금해하시니 짧게만 말씀드리면 제가 선사현대를 저평가라고 할 때 롯캐와 3억 원 가까이 차이가 났는데 지금 2억 원 차이면 이미 갭이 줄어든 겁니다. 갭가격이 더 줄어들 것을 예상하기 어려우나 (알 수 없음) 아직은 하방경직성이 굉장히 높은 상태라 구매하신 6억 3,000만 원 밑으로 떨어지진 않을 겁니다. 6억 3,000만 원에 5층이면 엄청 성투를 하신 것 같네요. 축하드려요. 이제는 너무 걱정하지 마시고 좋은 곳에서 행복하게 지내시길 바랍니다.

*이 외에도 흔쾌히 상담 내용 첨부를 허락해주신 분들께 감사를 전하며, 한정된 지면으로 다 담지 못한 점 죄송스럽게 생각합니다. 늘 건강하고 행복하시길 기원합니다.

2

인테리어
싸고 좋게 하는 법

> 비싸고 안 좋은 인테리어는 있어도 싸고 좋은 인테리어는 없다!
> 굉장히 명언처럼 들리는데 만약 공정을 바꿀 수만 있다면
> 이 말을 틀린 말로 만들 수도 있다.
> → 싸고 좋은 개별공사는 얼마든지 가능하다!

인테리어를 할 때 가장 큰 문제가 무엇일까? 바로 우리가 인테리어에 대해 무지하다는 사실이다. 조금만 잘 알고 있다면 어떻게든 접근을 해보겠는데 도통 내용을 모르니 그냥 돈 더 주고 한군데 맡기는 게속 편할지도 모른다.

필자가 좀 싸고 좋게 인테리어를 해보고 싶어서 공부를 해보니 나름의 팁도 좀 생겼다. 이런 내용을 부동산스터디 카페에 올렸는데 2020년 1월 28일부터 4월 18일까지 장기간 120만 부동산 카페 회원들의 Best 글이었으며 10달이 지난 후에도 어제의 베스트 글로 올라올 정도의 이슈가 되어 여러분들께 작은 도움이 되지 않을까 하는 마음에

소개해드릴까 한다.

이 방법대로 진행하면 괜찮은 퀄리티를 낼 수 있으며 인테리어 비용을 최소 30~60% 정도 싸게 시공할 수 있다.

1. 인테리어의 방법
(A > B > C > D 가격순으로 배열)

인테리어를 시작할 때 먼저 살펴보는 것이 '어디에 맡길까?'이다. 이번에 우리 집 인테리어를 하면서 알게 된 사실이 몇 가지 있다. 바로 어디에서 어떻게 하는가에 따라 가격이 천차만별이라는 것이다. 크게 인테리어는 4가지의 방법으로 시공이 가능하다. 각기 장단점은 다음과 같다.

C의 개별공사가 핵심이며
A, B, D는 C를 설명하기 위한 비교 설명이다.

A. 도급공사

특징: 인테리어 전문 업체에 의뢰하면 해당 업체가 각기 전문가를 초빙해 원하는 스타일에 맞게 디자인해준다.

장점: 디자인이 탁월하고 굉장히 깔끔하게 잘 처리돼 어디를 가도 잘했다는 소리를 들을 수 있다.

단점: 비싸다. 그런데 매~우 비싸다. ㅜㅠ.ㅠㅠ

비용: 평당 250만 원 정도는 각오해야 하며 32평의 경우 8,000만 원인데 어떤 디자이너를 선택하는가에 따라 1억 원 이상도 고려해야 한다.

도급공사를 해야 하는 경우
• 집안을 화려하게 꾸미는 데 관심이 많은 분
• 금전적 여유가 있으신 분

B. 직영공사

특징 : 동네에서 인테리어 사장님이 직접 시공한다. 모든 과정을 본인이 전담해서 하는데 일부 작업은 필요할 때 외부에서 일손을 가지고 온다.

장점 : 집에서 가까워서 일단 편하다. A/S 받을 때 부담이 적다. (가깝기 때문)

단점 : 도급공사보다 퀄리티가 떨어진다. 내역이 투명하게 공개되지 않는 곳이 많다. 비용을 확인하는 과정에서 상호 간에 불편함(어색함)이 생길 수 있다. 중간중간 인테리어 사장님과 의견을 조율하는 면에서 마찰이 생길 수 있다.

비용 : 평당 120~150만 원 정도를 많이 한다. 32평의 경우 3,500~ 4,000만 원 정도에서 많이 이뤄짐.

- 적당히 하고 싶고 최대한 신경을 쓰기 싫은 분
- 시간적 여유가 없는 분

C. 개별공사 ☆

특징: 집주인이 각각의 공정 과정별로 프로세스를 계획하고 각기
　　　업체들을 따로 섭외해 총괄함.

장점: 매우 싸고 모든 자재 및 공정을 확연히 투명하게 관찰할 수
　　　있음.

단점: 공부하는 게 힘들다. 과정을 계속 살펴야 하는데 보통 일이
　　　아니다. 조금만 실수해도 굉장히 불편해진다. 순서가 엉키면
　　　이전에 했던 공사를 다시 해야 하는 번거로움이 발생할 수
　　　있다.

비용: 직영공사의 60% 가격 정도 보면 된다. (32평 기준 2,000~2,200
　　　만 원 정도)

- 어느 정도의 공부할 시간과 체력이 있고
- 이 책을 최소 3번 이상 정독할 수 있으신 분
- 깔끔하고 가성비 좋게 자기 스타일대로 인테리어를 진행하고 싶으신 분

D. 셀프공사

특징: 집주인이 모든 과정의 재료를 사서 직접 시공한다.

장점: 재료값만 들면 된다. 아주 많~이 싸다.

단점: 시간이 많이 소요된다.

　　　인테리어가 깨끗하게 되기에는 한계가 있다.

　　　체력소모와 스트레스가 극심하다.

비용: 순수 재료값(딱 잘라 말하긴 어렵지만 보통 개별공사의 1/3 정도)

셀프공사를 해야 하는 경우
- 손재주가 뛰어나고 돈을 최대한 적게 써야 하며
- 시간과 체력이 굉장히 여유로운 사람

　사실 도급과 직영공사의 경우 그냥 업체에 맡기면 되니까 금전적인 여유가 많다면(경제적으로 자유롭다면 or 돈을 생각나는 대로 쓸 수 있다면) 이 부분을 패스하고 바로 p.321의 단지분석표와 매물분석표의 항목들을 다시 한 번 보러 가자.

　셀프공사를 계획하는 경우에는 애초에 인테리어에 대한 이해도가 높고 잘 알고 계시리라 여겨지므로 이 부분은 작은 참고 정도로 생각하면 좋겠다.

　이제 메인테마인 개별공사를 한번 파헤쳐 보도록 하겠다.

---

p.s : 도급과 직영 인테리어를 하시는 분들께는 다소 서운한 내용일 수 있기에 미리 양해를 구하는 바다. 이 내용은 철저하게 수요자의 입장에서 쓴 글임을 밝힌다.

2. 인테리어의 순서

개별공사를 할 때 가장 중요한 것이 바로 순서다. 순서가 엉키게 되면 이전의 공정을 다시 진행해야 할 수도 있으며, 인테리어가 끝난 후 공정의 결과물이 깔끔하게 나오기 힘들다.

그래서 집주인은 반드시 일정을 정확히 계산해서 진행해야 한다.

예를 들어 6월 14일에 싱크대 철거가 잡혀있고 15일에 마루 시공이 있는데 14일 싱크대 철거팀과 시간을 잘못 잡아서 14일에 싱크대 철거가 이뤄지지 않으면 마루 시공 자체가 진행이 안 된다는 점을 잊지 말아야 한다.

철거 일정이 틀어지게 되면 마루 공정의 작업자와 시간을 다시 조율해야 한다. 이때 마루 작업을 하는 작업자에게 일당(작업이 불가능해 실제 공정이 이뤄지지 않았음에도)을 드려야 할 수도 있어서 막대한 손실을 발생시킬 수 있다.

> 그래서 사전에 시간약속을 몇 번이고 재확인할 필요가 있으며
> 공정 과정도 정확히 순서에 맞게 해야 한다.

인테리어를 업으로 하시는 분들도 성향과 경험에 따라 순서를 다르게 설명하는데 실제 해보니까 다음의 순서가 가장 정확하다.

인테리어를 진행하는 순서

1) 철거(싱크대, 마루, 신발장 등)
2) 샷시
3) 시공설비(수도, 소방, 가스, 매립 등)
free. 콘센트와 스위치는 언제 해도 크게 무방하나 가급적 도배 전에 하는 것이 좋다.
4) 목공(문, 문틀, 가벽, 몰딩 상단)
5) 페인트
6) 화장실 시공
7) 필름 작업
8) 마루 시공(걸레받이 포함. cf. 천정은 몰딩이라 하고 마닥에 하는 몰딩은 걸레받이라 함)
9) 도배 시공
10) 중문 설치, 신발장 설치
11) 조명공사
12) 입주청소

이렇게 총 12가지 정도의 공정이 있는데(공정은 나누기에 따라서 늘어날 수도 줄어들 수도 있다) 이 과정을 귀찮다고 생각하면 안 된다. 귀찮음을 생각하면 끝도 없다. 인내는 쓰고 열매는 달다! 인테리어를 반값에 하고 그냥 남은 돈으로는 세계 일주 한번 하면 된다는 마음으로 공부를 시작해보자. ^_^*

3. 인테리어 범위 설정

인테리어의 과정 중에서 어디까지 진행을 할 것인가를 정해야 한다. 그래서 최소로 공정을 간략하게 줄이고 상황을 간소화해야 통제하기가 좋다.

> 전세라도 대부분 바꾸는 도배부터 시작해서
> 자가라면 기본인 마루,
> 집안 분위기를 바꿔주는 필름지와 조명,
> 단열과 방음에 필수적이며 가장 중요한 공정으로도 불리는 샷시,
> 쾌적한 삶을 도와주는 화장실 리모델링,
> 안 하면 지저분해 보여서 어쩔 수 없이 해야 하는 콘센트 작업
> 최근 주목받고 있으며 외부 단열 및 소음을 상당히 줄여주는 중문 등.

일단 집안의 상태를 보고 인테리어를 통해 얻고자 하는 것이 무엇인지를 머릿속으로 생각해서 접근해야 한다. 5년 전에 올수리했는데 굳이 인테리어를 다시 할 필요가 없는 것처럼 20년 된 싱크대가 있거나 15년 이상 화장실 리모델링을 하지 않은 경우라면 꼭 시공범위에 포함시키는 것이 좋다. 즉, 집의 컨디션(상태)과 내 희망 사항에 따라 시공범위를 빨리 결정해야 한다. 공정의 순서에 맞게 업체 선정을 하는 결정일은 다음과 같다.

1) 철거(싱크대, 마루, 신발장 등)
– 최소 시공 20일 전 업체 선정

- 싱크대교체, 마루교체, 신발장 교체가 없다면 본 공정은 필요가 없다.
- 싱크대는 싱크대 교체하는 곳에서, 마루는 마루시공팀에서, 신발장은 신발장팀에서 철거
- 싱크대, 신발장은 필름지로 대체 가능하나 마루의 경우 어지간하면 강마루가 가성비는 끝판왕으로 추천한다.

2) 샷시 – 최소 시공 40일 전 업체 선정

- 샷시팀은 사전답사를 반드시 하기에 시공 30일 이전에는 사전답사가 완료되는 것이 좋다.
- 외부와의 단열에 핵심적 역할을 한다. 또한 소음을 잡아주는 데 가장 큰 역할을 하며 외관상 깔끔해 보이는 역할을 한다.
- '다른 공정은 안 해도 샷시는 해야 한다'는 말이 있을 정도로 샷시는 매우 중요한 공정이며 어지간하면 진행하는 것을 추천한다.

샷시의 4가지 효과
1. 방음성 : 소음차단
2. 단열성 : 열을 차단
3. 기밀성 : 공기 차단
4. 수밀성 : 액체, 습기 차단

- 샷시 작업 시 확장이 돼있다면 무조건 이중창을 해야 하며(단열,

소음 때문) 확장이 돼있지 않으면 단창을 해도 된다.

곧, 상황에 따라 샷시의 종류를 선택하는 것이 포인트다.

3) 시공설비(수도, 소방, 가스, 매립등)
– 최소 시공 30일 전 업체 선정

• 보통 확장한 경우에 난방 문제 등을 해소하기 위해서 진행하거나 간접등(조명)을 설치할 때 하는데 이 공정은 상황에 따라 통으로 생략이 가능하다.

• 굉장히 난해한 항목으로 어디를 어떻게 수리할지 판가름하기 가장 어려운 항목이다. 일단 집안 상태를 확인하고 문제가 있는 부분을 수리한다는 개념으로 접근해야 한다.

• 기존에 거주한 사람과 이야기해서 어디가 어떤 이상이 있는지 알아내는 것이 가장 중요하다.

free. 콘센트와 스위치 – 최소 시공 3일 전 업체 선정

• 도배를 진행하기 전에는 끝내두는 편이 좋다. (전기 설비 기사가 실력이 좋다면 도배가 끝난 후에 진행해도 큰 상관은 없다)

• 콘센트, 스위치는 예전과 달라져서 본인이 사서 끼는 것은 추천하지 않는다.

• 설치기사가 와야 하는 게 조금 번거로울 수 있는데 인터넷을 찾아보면 어렵지 않게 찾을 수 있다.

cf. 필자는 1일 전에 선정해서 하루 만에 시공을 완료했다. (콘센트 작업만 1일 전)

4) 목공(문, 문틀, 가벽, 몰딩 상단)
– 최소 시공 3일 전 업체 선정

• 목공도 목공 내에서 범위를 선정해야 한다. 문만 교체하면 1개당 15만 원에 ABS도어(최신 트랜드)로 교체가 가능하다. 문틀까지 교체하는 경우는 공사비용과 시간적 부담이 커질 수 있다.

• 문틀까지 교체하는 것이 불편하다면 차라리 문 전체를 싹 다 필름 작업을 통해 세팅하는 것도 하나의 방법이다. (필름 역시 문보다는 문틀에 붙이는 것이 몇 배 더 비싸다)

• 문에 필름을 붙일 때 도어 경첩과 손잡이는 따로 구매하고 나서 필름 작업자에게 달아달라고 요청하면 쉽게 달아주니 참고하길 바란다.

• 필름을 붙이고 도어 경첩과 손잡이만 바꿔도 새 문으로 보이는 효과가 있다.

  cf. 손잡이는 평균 만 원이면 인터넷에서 괜찮은 디자인을 고를 수 있다.

• 인테리어를 위한 가벽(임의로 만든 벽)은 간접등(조명)이나 중문 설치 시 필요할 수 있다.

• 몰딩은 비용이 크게 들지 않으므로 (32평 기준 55만 정도) 오래된 집이면 반드시 하는 것을 추천한다.

• 예전에는 갈매기 몰딩을 많이 했는데 요즘엔 일자몰딩을 많이들 한다고 하니 (일자 몰딩이 더 깨끗한 느낌을 준다) 참고하시면 좋다. 또한 요즘 가장 인기있는 마이너스 몰딩을 하게 되면 퍼티작업(다른 말로는 핸디작업, 또 다른 말로는 빠데작업)이 추가되며 (약 20~30만 원 작업비 추가), 무몰딩 시 비용이 2~3배 이상으로 오르니 참고하자.

5) 페인트 – 최소 시공 30일 전 업체 선정

- 페인트도 굳이 하지 않아도 무리가 없는 공정이지만, 베란다 같은 애매한 부분은 페인트 작업으로 처리하는 것이 깔끔할 수 있다.
- 냄새가 빠질 시간이 필요한 작업이다.

6) 화장실 시공 – 최소 시공 30일 전 업체 선정

- 화장실은 보통 규격이 정해져 있어서 굳이 사전답사가 필요 없는 공정이다. cf. 거실욕실, 부부욕실은 전국 아파트 사이즈에 큰 차이가 없다.
- 쉽게 업체 선정이 가능하다.
- 부부욕실은 200만 원 이내로, 거실욕실은 250만 원 이내면 고급 형으로 괜찮은 곳에서 진행할 수 있다. (다만 기존의 타일 위에 덧붙이는 덧방 시공)

7) 필름 작업 – 최소 시공 20일 전 업체 선정

- 필름은 작업 범위를 설정하기에 따라 말 그대로 천차만별인 공정이다.
- 필름은 집안 분위기와 색상을 전체적으로 바꿔줄 수 있다.
- 필름지를 붙이면 다른 집이 된다. 곧, 이 공정은 필수적으로 진행하길 추천한다. (다만 어느 정도를 할지 결정하는 것이 관건)

8) 마루 시공 – 최소 시공 20일 전 업체 선정

- 마루는 시공 5년 이내일 경우는 그냥 쓰는 것이 좋다. 그러나 이미 시공한 지 10년이 지났거나 '강화마루 or 장판'인 경우에는 새

로 시공하는 것을 추천한다.

- 마루 작업을 할 때는 걸레받이도 포함해서 진행하는 것이 좋다. (천장에 하는 것을 몰딩이라 하고 마루 바닥에 하는 몰딩을 걸레받이라고 하며, 일하시는 업자분에 따라서 상부몰딩과 하부몰딩으로 부르기도 한다)

- 사전답사가 반드시 필요한 항목이니 독자분께선 꼭 기억해 두시길 바란다.

- 원목마루 〉 온돌마루 〉 강마루 〉 강화마루 〉 장판 등으로 가격이 비싸다. 특히 강화마루의 단점을 보완한 강마루가 최신 트랜드에 잘 맞고 가격도 좋다.

- 원목마루는 너무 비싸고(그 대신 좀 부티가 남) 장판은 싼 티가 많이 난다.

- 강화마루가 조립식이라면 강마루는 본드를 발라서 붙이는 방법이다. 강화마루에 비해 강마루는 열전도율이 높고 생활흠집, 벌어짐 등의 문제에서 내구성이 강하다.

9) 도배 시공 – 최소 시공 20일 전 업체 선정

- 사전답사가 필요 없이 그냥 와서 진행하면 된다. 다만 아트월(디자인 구조물)이 있거나 조명을 바꾸면 공정 순서를 업체들과 한번 체크해두는 편이 좋다.

- 이 공정은 시공 당일 도배 시작 1시간 이내에 집주인이 도착해서 협의하는 과정을 거치는 것이 좋다. (특히 조명과 전등 위에 덧붙임 때문)

- 도배는 조명 및 콘센트와 관련이 있다. 일단 벽지를 깨끗하게 다 발라놓고 그 후에 조명을 해야 한다. 조명을 바꿀 계획이 있다면

일단 조명을 떼어낸 후(제거 필수) 벽지 작업을 진행하고 나서 편한 시간에 조명기사를 부르는 것이 좋다. (조명은 인테리어가 끝난 후에 해도 문제는 없다. 청소가 힘들 뿐)

• 도배는 크게 합지와 실크가 있다. 예전에는 실크가 환경적으로 좋지 않다고 해서 합지를 쓰는 경우가 많았다. 그런데 최근에는 이러한 단점을 보완한 친환경 실크지의 출현으로 실크의 한계가 다소간에 극복됐다는 도배업 종사자의 평이 많았다.

• 실크는 초배지를 바르고 벽면을 평평하게 해 손이 많이 가는 대신에 완공된 후의 디자인감이 굉장히 좋고 깔끔한 분위기를 연출할 수 있다.

• 가격은 합지 x 1.5배 정도로 보면 된다. ex〉 전용 84㎡ 기준 합지는 100~120만 원, 실크는 150~170만 원 정도가 들어간다.

• 요즘에는 거실은 실크로 하고 방은 합지로 진행하기도 한다. 이런 퓨전의 경우에는 130만 원 정도를 예상하면 된다. 합지는 비교적 공정이 간단하고 환경적으로 에러사항이 전혀 없다는 것이 통설이므로 많이들 찾는데 손상에는 다소 약하다.

10) 중문설치, 신발장 설치 – 최소 시공 10일 전 업체 선정

• 특별한 사정이 없는한 중문은 필수로 설치하기를 권장한다.

• 중문의 설치는 일단 가성비가 매우 좋다. 특히 계단식의 경우 엘리베이터 소리와 옆집 현관문 소리를 거의 완벽에 가깝게 잡아준다.

• 단열, 방음의 차원에서 중문은 필수며, 디자인적으로도 좋아서 집에 시각적으로 포인트를 줄 수 있다.

- 중문은 가벽이 있는지, 있는 가벽은 쓸 수 있는지 등을 확인하는 것이 중요하다. 새롭게 설치할 가벽은 어떤 종류의 것이 필요한 지를 확인해야 하기에 사전답사가 반드시 필요하다.
- 중문은 최소 시공 일주일 전에 답사해야 한다.
- 중문의 경우 쉽게 인터넷에서 업체를 찾을 수 있기 때문에 비교적 업체 선정이 늦어도 된다.

11) 조명공사 – 최소 시공 20일 전 업체 선정

- 이건 인테리어를 끝낸 후에 해도 되기 때문에 크게 신경을 쓰지 않고 개별공사를 진행해도 좋다.
- 인터넷에서 조명팀을 찾을 경우, 원하는 조명을 찾는 시간+조명 집에서 공수해오는 시간+작업자 방문시간까지 열흘 정도 보면 된다.
- 필름과 함께 집안 분위기를 살려주는 공사다. 조명은 LED가 설치되지 않았으면 필수로 교체하는 편이 좋다. 또한, 특별한 사유가 없는 한 조금 약하게 하더라도 반드시 진행하는 것이 좋다.
- 도배 후 2일 이상 지난 후에 조명을 실시하는 것이 좋다. 이유는 벽지가 잘 붙기 전에 조명 작업을 하면 어려움이 발생하기 때문이다.

12) 입주청소 – 최소 시공 10일 전 업체 선정

- 이사할 때 내 손으로 청소를 모두 다 진행한다고 생각하면 후회할 수 있다. 그만큼 은근히 해야 할 일이 많다. 입주청소를

부르면 렌지후드를 포함해 구석구석을 싹 다 치워주므로 평당 11,000원 주고 하시길 권한다.

- 입주청소를 할 예정이라면 반드시 이삿짐이 들어오기 전에 진행해야 하며 최소 6시간의 작업을 3명 이상이 한다고 예상하면 된다.
- 인테리어를 개별공사로 진행하면 사람들이 뒤처리를 깔끔하게 하지 않는 경우가 간혹 발생한다. 이때 입주청소를 필수로 해줘야 빠르게 일상생활을 할 수 있다.
- 비용이 부담되면(평당 11,000원) 청소 어플에서 청소하시는 분을 구해서 집주인이 함께 청소하는 방법도 있으나 어지간하면 청소하다 다치느니 이 부분에선 돈을 좀 쓰시는 것을 추천한다.

4. 업체선정

1) 샷시
개별공사 진행 시 샷시 시공하는 방법

① 비추천 방법 – 정석대로
브랜드별 공식사이트에 들어가서 직접 결재 후 시공한다.

장점: 믿고 맡길 수 있으며 A/S 요청이 편하다.

단점: 할인이 적고 비싸다. (그럴 리 없지만 만약 추천방법보다 싸다면 공식사이트에서 하는 것이 최선이다)

② 추천하는 방법 – 효율성 극대화

- 샷시 시공업체에 맡긴다.

- 시공업체가 공장과 연결돼 직접 물건을 따오는 곳도 있으며, 시공업체가 공장(다른 업체)에서 물건을 사서 본인들이 공사하는 업체가 있다.

- 공장과 연결되지 않은 업체라면 공식사이트에서 진행하는 것과 가격 차가 비슷하다.

- 공장과 직접 연결돼 물건을 따오는 업체에 맡기면 가격은 30% 이상 저렴하게 시공할 수 있다. ex〉 2군 브랜드로 32평을 시공할 때 24t(유리두께) 창호 전체 교체(내부는 이중창) 시공 시 필자는 철거, 시공, 사다리 포함 640만 원에 견적을 받은 바 있다. 그러나 정석적인 방법으로 접근하면 최소 1,000만 원 이상이 나올 것이다.

2) 시공설비(수도, 소방, 가스, 매립등)

- 검색창에 '아파트 설비공사'를 치고 나오는 목록에서 지도 부분에 나오는 연락처의 링크를 타고 들어가서 집 주변에 있는 업체를 이용하는 것을 추천한다.

- 집에서 가까운 곳에서 하는 것이 여러모로 좋다. 그 이유는 해당 지역을 잘 알고 있으며 경험이 많기 때문이다.

3) 전기 1차(콘센트, 스위치)

- 검색창에 '콘센트 설치'라고 적으면 검색결과가 많이 나온다. 보통 1개당 만 원꼴로 잡으면 된다. ex〉 콘센트와 스위치를 포함해 총 40

개를 교체한다면 40만 원이다. cf. 보통 32평은 콘센트와 스위치를 합쳐서 40개 정도가 있음.

- 콘센트, 스위치를 따로 사면 개당 2,000~3,000원 정도로 구매할 수 있는데 기사의 일당을 하루 15만 원으로 잡으면 훨씬 더 싸게도 가능하다.

- 콘센트의 종류를 잘 몰라서 시공에 실수가 있을까 염려된다면 평당 15,000원 정도로 계산해서 작업자를 부르면 된다.

- 참고로 전기/조명공사는 아무 업체나 부르면 안 되고 반드시 '전기공사 면허업체'를 통해 해야 한다. 이는 법령으로도 정해져 있으며 추후 사고 시 보상받을 수 있다. 비 면허업체가 시공하다 걸리면 해당 작업자는 벌금 등의 처벌을 받을 수 있다. 한국전기공사협회에서 검색해서 나오는 업체면 가능하다.

- 다만 전기공사업법(1장 3조 2항)에 따르면 대통령령으로 정하는 경미한 전기공사의 경우 면허업체가 아니라도 시행할 수 있다. 지금 진행하는 인테리어가 경미한 전기공사인지 아닌지는 반드시 확인하는 것이 좋다.

- 전기공사업법 시행령 제5조에 따르면 퓨즈를 떼어내거나 부착하는 공사는 경미한 전기공사로 볼 수 있다.

4) 목공(문, 문틀, 가벽, 몰딩 상단)

- 검색에 '숨고'라고 치면 고수들이 많이 나오는데 상당히 싸게 할 수 있다. 최근에 핫한 곳인데 32평 기준 50만 원 정도(상부만) 들어간다고 보면 된다.

5) 페인트

- 검색창에 '페인트 작업'이라고 치면 동네에 있는 업체가 뜬다. 그 중 대화 잘되고 마음에 드는 업체를 선정하면 된다.
- 특별히 아는 것이 아니라면 동네 페인트집에서 하는 걸 추천한다.

6) 화장실 시공

- 네이버 쇼핑에 들어가서 '욕실 리모델링'이라고 검색하고 최소가격을 1,500,000원으로 설정한 후 리뷰순으로 나열해 최상단에 있는 업체부터 검색해서 찾으면 된다.
- 보통 거실 욕실은 200~250만 원을 잡고, 안방 욕실은 150~200만 원 잡으면 충분하다. 그리고 약간의 옵션을 추가하고 주방 타일과 현관 타일까지 화장실 업체에 의뢰하는 것이 좋다. 이렇게 했을 때 총비용 450만 원 밑으로 진행하면 좋다. p.s : 필자는 380만 원에 고급형으로 (덧방 시공) 주방타일, 현관타일까지 갈았음.(이렇게 싸게 하려고 무리해서 찾지 않으시길 바란다. 적당한 가격에 하면 된다.)
- 인테리어 시공 기간 중 가장 많은 시간을 잡아먹는 공정으로 순수하게 4~5일 정도가 걸린다. (화장실 2개 기준) Tip 화장실 시공업체에 주방 타일과 현관 타일을 부탁하면 좋은 가격에 할 수 있으니 참고하자!
* 타일의 경우 작은 백색 타일은 옛스러운 느낌을 주며 최근 트랜드와 맞지 않는다. 가급적 무늬가 있거나 회색 계열로 선택하고 타일은 최대한 큰 것으로 하자. 특히 현관도 사이즈 큰 타일을 4개 붙이는 것이 가장 깔끔하다.
- 특히 화장실의 경우 하자가 가장 많이 발생하는 공정이다. 반드시 리뷰를 읽어보고 특히 악플이나 불평사항을 꼼꼼히 살펴보자.

7) 필름 작업

- 필름은 을지로에 직접 방문하거나 인터넷 검색을 통한 방법을 총
  동원해 최저가로 시공 잘하는 곳을 찾아야 한다.
- 을지로에 가면 조명, 필름, 중문, 몰딩, 목공 등 인테리어의 고수
  들이 많지만, 상대적으로 가격도 비싸기 때문에 자신의 상황을
  고려해서 선택해야 한다. 인테리어의 초보자라면 일단 가볼 만한
  곳이므로 추천한다.
- 필름 작업도 깔끔해야 하므로 실력이 중요하다. 한편으로는 어지
  간하면 필름 작업은 다 잘해서 사실상 실력이 무의미하다.
- 문의 경우 화장실 문과 방문의 컨디션에 따라 바꿀 필요가 없으
  면(소리 나거나 벌어짐 등) 필름 작업을 하는 것이 좋다.

8) 마루 시공

- 마루는 '마루스타일'을 추천한다.
- 우연히 네이버 쪽지가 와서 전화해보고 찾아가 본 업체다. 직접
  가보면 인테리어 일정표 및 계획표를 함께 짜주며, 수시로 전화
  해서 이것저것 물어봐도 짜증 한 번 안 내고 본인과 상관없는 공
  정을 끝까지 상담해준다.
- 다른 공정은 업체 선정을 계약금 넣기 직전까지 고민했으나 마루
  하나만큼은 고민하지 않았다. 심지어 가격도 싸고 시공도 깔끔하
  게 잘한다. 32평 기준 강마루(한솔SB마루)에 친환경 본드를 사용
  했을 때 철거비가 52만 원, 시공비가 248만 원 들었다.
- 마루업체는 인터넷에 많다. 특별한 경우가 아니라면 직접 업장에

찾아가서 상담을 받는 것을 추천한다.

Tip 필자가 추천한 곳이 아니더라도 샷시처럼 마루도 공장과 연계돼 있다면 괜찮다. 물건을 유통하는 과정이 적은 곳일수록 좋다.

9) 도배 시공

- 도배 역시 을지로에 가거나 '마루스타일' 연계업체, '숨고' 등 세 군데를 추천한다.
- 도배를 못하는 경우는 흔치 않으므로 굳이 고수를 찾을 필요가 없이 재질과 가격만 보고 결정해도 무난하다.

10-1) 중문 설치

- 중문은 네이버 검색창을 통해서 찾으면 많다. 네이버쇼핑에서 '중문시공'이라고 치면 나온다.
- 리뷰순으로 나열하고 평점을 보고 선택하면 무난하게 시공할 수 있다.
- 가벽이 있는 상태에서 중문만을 설치할 때 '슬림형+3연동+브론 즈+반투명'일 경우 모든 비용을 싹 다 계산해서 49만 원에 견적 을 받았다. 오프라인에서 중문을 시공할 경우 보통 100만 원 넘 게 부르는 경우가 많다.
- 그러나 기존에 벽이 있어서 철거하는 경우 철거비가 들고, 가벽 을 설치해야 하는데 이때는 철거비와 시공비가 많아져서 총비용 이 130만 원 정도까지 나올 수 있다.
- 약간 돈이 들더라도 어지간하면 중문은 진행하길 바라는데 이유

는 가성비가 좋기 때문이다.

10-2) 신발장 설치

- 신발장의 경우 신발장 내부가 쓸만하면 겉에 필름지 붙이기를 권한다. 필름지만 붙여도 감쪽같이 새것 같다.

  cf. 쓰고 있는 신발장에 필름지를 붙이는 작업을 하면 대충 15만 원 안팎이 든다. 이 비용은 다른 필름 작업과 병행할 경우에 추가비용을 말한 것이다.

- 만약 기존 신발장을 없애고 새로 만들고자 한다면 네이버 쇼핑에서 '신발장'으로 치고 리뷰순으로 나열해서 최상단 업체와 하면 된다. 시공비 포함해서 80만 원 정도가 드는데 그 정도의 가치는 없다고 보인다. 차라리 필름처리로 돈을 아껴두고 남는 돈으로 조명에 더 투자하는 것 하는 것을 추천한다.

11) 조명공사

- 조명은 일단 선호하는 취향이 무엇인지를 정해야 하며, 간접등을 설치할 것인지 등을 봐야 한다. (간접등을 하게 될 경우 가벽 설치 등 목공작업이 들어가는데 비용 및 시간의 부담이 커진다) 또한 일정 조율이 복잡해진다. 조명은 32평 전체를 기준으로 150만 원은 들어가야 보기에도 좋고 최소한 자신만의 스타일을 만들어갈 수 있다.

- 조명은 비싸게 하면 1,000만 원이 넘게도 가능하며, 종류도 천차만별이라 가격을 가지고 말하기 가장 어려운 항목이다.

- 을지로에 찾아가서 다양하게 진열돼있는 조명을 살펴보고, 스스로 어떤 느낌으로 하면 좋겠다는 대략적인 결정을 하는 것을 추

천한다. 아니면 이케아 같은 가구점에 가면 다양한 조명이 많은데 이런 곳을 한번 찾아가 보는 것도 괜찮다.

- 조명을 선택할 때 인터넷에 나와 있는 사진을 많이 보는데 인터넷에 있는 사진은 포토샵 등 처리가 되어 실제랑 다를 수 있으므로 이 부분에 유념해야 한다.

- 조명은 반드시 직접 가서 눈으로 한번 보는 것을 추천한다.

12) 입주청소

- 입주청소는 32평 기준 3명이 6~8시간을 하는데 비용은 35만 원 내외다.

- 청소하기 전에 전화가 올 것이다. 업체에서 옵션으로 피톤치드를 뿌려주는데 이에 대한 동의를 구하는 내용이다. 어떤 업체는 20만 원을 요구하기도 하고 특별히 10만 원에 해주겠다는 말을 남기기도 했다. 하지만 절대 하지 말기를 바란다. 이 전화를 받았을 때 느낌은 '나랑 언제 봤다고 반값에 해준다는 거지?'였다. 어쨌든 좀 알아보니 그다지 효과도 없고 보여주기 식이란 말이 많은 항목이다.

- 입주청소는 청소 당일에 배치될 인원과 시간이 중요하며, 얼마나 오랫동안 청소업체가 많은 일을 해왔는지, 한국인이 와서 하는지 등을 종합적으로 고려해서 너무 싼 것만 찾지 않는 것이 좋다.

- 평당 11,000원 정도를 부른다면 가격은 그만 생각하고 깨끗하게 잘할 수 있는지만 여러모로(검색과 응대 태도 등) 확인해보면 된다.

가즈하네 인테리어 달력표

서울 - 32평

첫째 주

월 오전: 마루철거 (거실 전체, 방 전체, 베란다 전체)

월 오후~금: 화장실 철거 및 시공 (거실 화장실 및 안방 화장실)

둘째 주

월: 몰딩 (일자몰딩 – 거실 및 방 전체)

화/수: 필름지 (문 7개, 문틀 7개, 샷시 전체, 싱크대 하부장, 신발장, 아트월 및 각
종 선반 전체) 수요일 야간에는 콘센트 교체

목: 마루 시공

금: 벽지 시공

셋째 주

월 오전: 중문 설치

월 오후: 입주청소

화: 이사 당일

p.s : 공정 중에서 생략된 항목이 많은데 필자의 상황에 필요한 부분만 진행했기 때
문이다.

단지분석표

단지명		중요도	A 단지		B 단지		C 단지	
			설명	점수	설명	점수	설명	점수
호재 / 악재		20						
역세권		10						
세대수		8						
직주근접		7						
학군		6						
연식		4						
평지 여부		4						
예상되는 하방 경직성		3						
전세가율		3						
초교 도보거리		3						
평형 구성		2						
건설사		1						
주차장		1						
관리비		1						
용적률	신축	1						
	구축	3						
	재건축	20						
단점		−5						
총점								

　단지분석표는 어떤 단지를 사야 할지 고를 때 비교 분석하기 좋은 표다.

3-2

매물분석표

연번	매도 호가	층	뷰	향	동	현관 구조	형	특이사항
1								
2								
3								
4								
5								
6								
7								
8								
9								
10								

매물분석표는 단지가 정해진 후 어떤 매물을 고르는 것이 좋은지 결정할 때 쓴다. 곧, 단지분석 후 단지 내 매물 분석 후 여러분이 살 집을 최종적으로 선택하는 것이다.

에필로그

2021년 새해가 밝았다. 너무 혼란스러운 부동산시장이다. 도대체 끝없이 오르는 아파트값이 도저히 이해가 안 가는 분도 많겠지만 때로는 이해가 가지 않으면 그냥 받아들이는 것도 하나의 방법이다. 2019년 12월 16일 부동산종합대책이 발표되자 LTV 제한으로 15억 원 위의 아파트가 이제 하락세를 걷게 될 것이라는 추측이 많았다. '대출 없이 누가 15억 원이 넘는 집을 척척 사겠는가'라는 글에 많은 분이 호응했다. 그러나 2020년 11월 25일 아크로리버파크의 45평형은 45억 원에 실거래를 찍었다. 그리고 2019년 12월 16일 당시 15억 원이던 아파트는 이제 20억 원을 넘기지 않은 단지를 찾기 힘들다.

또한, 2020년에 일부 지방이 폭등해 오히려 서울이 싸 보이는 효과가 나타나기도 했다. 그래서 2020년 12월에 많이 나온 뉴스가 바로 투자자의 서울 회귀다. 서울과 지방의 집값이 비슷하면 당연히 서울 아니겠는가. 결국 갈 길 없는 투자금이나 안전자산에 투자하고 싶은 많은 자금은 서울아파트로 몰릴 수밖에 없다. 서울아파트로 귀결되는 것이다. 서울아파트는 언제 어디를 사더라도 평타는 칠 것이다.

우리는 우리 입장에서만 시장을 봐선 안 된다. '내 주변에 이런 사람들이 있으니 대한민국은 보통 이렇겠지' 하면 우물 안 개구리가 되기에 십상이다. 생각보다 돈 많은 사람이 많다. 그리고 시장 참여자가 어떤 생각으로 시장을 바라보는지가 중요하다. 절대로 검색사이트에 있는 베스트댓글에 달린 공감 수로 시장을 판단하지 않으시길 간곡히 바란다.

과거에도 부동산 폭등은 있었다. 그때도 상승장에 타지 못한 분들이 좌절하는 모습은 곳곳에 연출됐다. 하지만 다시 폭등은 찾아왔다. 만약 이번에도 상승장에 타지 못했더라도 상심하거나 좌절하지 마시고 다음 폭등에는 꼭 주인공이 되시길 바란다. 결국 부동산은 돌고 돈다. 자금력이 부족하신 분들은 시드머니를 모으시길 권한다. 기회는 다음에도 분명히 온다.

이 책이 여러분의 현명한 부동산 선택에 좋은 영향을 미치길 진심으로 기원한다.

– 여러분의 성공적인 부동산을 위하여

feat. 가즈하

Thanks to

1년이 넘는 기간 동안 책 쓰는 데 곁에서 내조해준 사랑하는 나의 반쪽과 작은 천사, 부동산에 처음 눈을 뜨게 해준 엄마와 가족들, 가즈하(박광섭)를 믿고 좋은 책을 만들기 위해 물심양면 지원해주신 델피노 이경재 사장님, 초보작가를 최선을 다해서 보필해주신 이수미 편집장님과 디자이너 얼앤똘비악, 그리고 가즈하를 사랑해주시는 모든 분께 감사함을 표한다.